Staatsverständnisse

Herausgegeben von
Rüdiger Voigt

Band 86

Robert Chr. van Ooyen/Martin H. W. Möllers (Hrsg.)

Verfassungs-Kultur

Staat, Europa und pluralistische Gesellschaft bei Peter Häberle

Nomos

© Titelbild: istockphoto.com (Europaflagge), Peter Häberle;
Collage nach einer Idee von Martin H. W. Möllers.

Die Deutsche Nationalbibliothek verzeichnet diese Publikation in der Deutschen Nationalbibliografie; detaillierte bibliografische Daten sind im Internet über http://dnb.d-nb.de abrufbar.

ISBN 978-3-8487-3057-5 (Print)
ISBN 978-3-8452-7205-4 (ePDF)

1. Auflage 2016

Editorial

Das Staatsverständnis hat sich im Laufe der Jahrhunderte immer wieder grundlegend gewandelt. Wir sind Zeugen einer Entwicklung, an deren Ende die Auflösung der uns bekannten Form des territorial definierten Nationalstaates zu stehen scheint. Denn die Globalisierung führt nicht nur zu ökonomischen und technischen Veränderungen, sondern sie hat vor allem auch Auswirkungen auf die Staatlichkeit. Ob die „Entgrenzung der Staatenwelt" jemals zu einem Weltstaat führen kann, ist allerdings zweifelhaft. Umso interessanter sind die Theorien früherer und heutiger Staatsdenker, deren Modelle und Theorien, aber auch Utopien, uns Einblick in den Prozess der Entstehung und des Wandels von Staatsverständnissen geben, einen Wandel, der nicht mit der Globalisierung begonnen hat und nicht mit ihr enden wird.

Auf die Staatsideen von Platon und Aristoteles, auf denen alle Überlegungen über den Staat basieren, wird unter dem Leitthema „Wiederaneignung der Klassiker" immer wieder zurück zu kommen sein. Der Schwerpunkt der in der Reihe *Staatsverständnisse* veröffentlichten Arbeiten liegt allerdings auf den neuzeitlichen Ideen vom Staat. Dieses Spektrum reicht von dem Altmeister *Niccolò Machiavelli*, der wie kein Anderer den engen Zusammenhang zwischen Staatstheorie und Staatspraxis verkörpert, über *Thomas Hobbes*, den Vater des Leviathan, bis hin zu *Karl Marx*, den sicher einflussreichsten Staatsdenker der Neuzeit, und schließlich zu den Weimarer Staatstheoretikern *Carl Schmitt*, *Hans Kelsen* und *Hermann Heller* und weiter zu den zeitgenössischen Theoretikern.

Nicht nur die Verfälschung der Marxschen Ideen zu einer marxistischen Ideologie, die einen repressiven Staatsapparat rechtfertigen sollte, macht deutlich, dass Theorie und Praxis des Staates nicht auf Dauer voneinander zu trennen sind. Auch die Verstrickung Carl Schmitts in die nationalsozialistischen Machenschaften, die heute sein Bild als führender Staatsdenker seiner Epoche trüben, weisen in diese Richtung. Auf eine Analyse moderner Staatspraxis kann daher in diesem Zusammenhang nicht verzichtet werden.

Was ergibt sich daraus für ein zeitgemäßes Verständnis des Staates im Sinne einer modernen Staatswissenschaft? Die Reihe *Staatsverständnisse* richtet sich mit dieser Fragestellung nicht nur an (politische) Philosophen, sondern vor allem auch an Studierende der Geistes- und Sozialwissenschaften. In den Beiträgen wird daher zum einen der Anschluss an den allgemeinen Diskurs hergestellt, zum anderen werden die wissenschaftlichen Erkenntnisse in klarer und aussagekräftiger Sprache – mit dem Mut zur Pointierung – vorgetragen.

Rüdiger Voigt

Inhalt

III. Ausgewählte Rezeptionslinien

IV. Interview mit Peter Häberle

Einführung

Peter Häberle, die Wiener-Weimarer Staatsklassik und die offene Gesellschaft der europäischen Verfassungs-Kultur

Zu Lebzeiten schon als „Klassiker" gehandelt zu werden, ist selten. In der deutschen Philosophie gilt das wohl für Jürgen Habermas, in der Staats- und Verfassungstheorie für den „Europäischen Juristen"[1] Peter Häberle – im Ausland, das ihn inzwischen weit über Europa hinaus in einer ganzen Reihe von Übersetzungen liest, ist man sich darüber vielleicht sogar eher im Klaren. Wie in der sozialphilosophischen Debatte mit „Habermas", so verbinden sich mit „Häberle" gleich eine ganze Reihe von Begriffen und Schlagworten: kulturwissenschaftlicher Ansatz, Rechtsvergleichung als fünfte Auslegungsmethode, Kultur als viertes „Staatselement", Verfassungstheorie der pluralistischen Gesellschaft und schließlich die Verfassung verstanden als „lebendiger" öffentlicher Prozess der Verfassungsinterpreten – im letzteren Fall dem Habermasschen herrschaftsfreien gesellschaftlichen Diskurs vielleicht gar nicht unähnlich. Auch das angesehene und gerade der Verfassungsentwicklung im internationalen Raum – und damit dem Vergleich – gewidmete Jahrbuch des öffentlichen Rechts betreut er in der Nachfolge von Gerhard Leibholz seit Jahrzehnten.

Vor allem aber ist Häberle seit Jahren mit seinem „Projekt" einer bahnbrechenden „Europäischen Verfassungslehre" unterwegs, zunächst in „Einzelstudien",[2] die schließlich 2002 in ein gleichnamiges, rasch mehrfach aufgelegtes systematisches Hauptwerk mündeten.[3] Die problematischen etatistischen, bisweilen offen antipluralistischen und in der Folge Carl Schmitts gleich noch „volkslastigen" Hypotheken der deutschen Staatslehre ließ er früh hinter sich, unbeirrt auch von der „Trinitätslehre" des Bundesverfassungsgerichts und dessen „neo-etatistisch-nationaler" Wende in der Europa-Rechtsprechung von Maastricht bis Lissabon[4] – im Gegenteil![5]

Das hat auch mit der ihn zunächst prägenden „Freiburger Schule" und Konrad Hesse zu tun, zumal sich Rudolf Smend, der in Weimar noch gegen die demokratische Republik Position bezog,[6] sich mit seiner „Schule" in Richtung „Westen" öffnete.[7] Häberle jedoch einfach der „Smend-Schule" zuzuordnen, ist irreführend. Gemessen an den sich seinerzeit gegenseitig heftigst bekämpfenden „Großen Vier" von Wien und Weimar ist

1 *Pernice* 2004: 3 ff.
2 *Häberle* 1999.
3 Vgl. *Häberle* 2011a (7. Aufl.).
4 Vgl. *van Ooyen* 2014a (5. Aufl.).
5 Vgl. *Häberle* 2010: 317 ff.
6 Vgl. *van Ooyen* 2014b.
7 Vgl. *Günther* 2004.

seine Staats- und Verfassungstheorie vielmehr keinem dieser Ansätze zuzuordnen – oder wenn man will: (fast) allen: „Kultur als Bedingung der Verfassung“ und die „Verfassungskultur“ im Sinne der Verfassung als einer kulturellen Technik – das bleibt natürlich durch Hermann Heller und nicht Rudolf Smend geprägt: Denn „Staatslehre ist Kulturwissenschaft“.[8]

Vom radikal-modern-rationalistischen staats- und demokratietheoretischen Ansatz des Rechtspositivisten Hans Kelsen wusste er, dass „Souveränität“ des „Staates“ und selbst des „Volkes“ ein völlig überholtes Konzept, Demokratie vielmehr ein den Machtwechsel in einer pluralistischen Gesellschaft organisierendes Verfahren um Mehrheitsherrschaft und Minderheitsschutz ist.[9] In der „offenen Gesellschaft der Verfassungsinterpreten“ radikalisiert er wohl sogar noch Kelsens Demokratietheorie, indem er sie von der Fixierung auf die parlamentarischen bzw. parteipolitischen Repräsentationsinstanzen[10] löst und weit in den zivilgesellschaftlichen Bereich hinein verlängert. Denn mit dem liberalen kritischen Rationalisten Karl Popper weiß Häberle zugleich um die Bedeutung einer „open society“ als Zivilgesellschaft.

Die Kelsen-Gegner Rudolf Smend und Hermann Heller – ja vielleicht selbst der für den Mythos des (untergehenden) Staates als „Ius Publicum Europaeum“ kämpfende politische Theologe Carl Schmitt, der diesen im totalitären Volk als „Freund-Feind-Entscheidung“ revitalisieren wollte – wiederum zeigten ihm, dass Recht und Verfassung über das rationalistische Kalkül des juristischen Positivismus hinausgehen. Der „Verfassungspatriot“ im Sinne Dolf Sternbergers muss letztendlich die „Integration durch Verfassung“ emotional „erleben“. Nationalhymnen und „Denk-Male“ sind Häberle daher wichtig[11] – mit Smend sozusagen Faktoren der Integration durch Symbole[12] aber gerade nicht „volkstümelnd“, sondern eher in dem von diesem verachteten funktionellen Sinne, wie man sie als „dignified parts“ auch beim Altmeister des britischen Konstitutionalismus Walter Bagehot findet.[13] Gekoppelt an das „Kulturparadigma“ würde das Häberles Theorie im Begriff der „Kulturnation“ vielleicht aber dann doch viel näher an das „Deutschnationale“ der Weimarer Republikkritiker bringen als ihm lieb sein könnte. Auch enthält sein Grundrechtsverständnis[14], das wie bei Carl Schmitts „Institutionellen Garantien“[15] durch die Institutionenlehre von Maurice Hauriou beeinflusst wurde, stark „gemeinschaftsbezogene“, die individuelle Freiheit durch Gesetzgebung einschränkende

8 *Heller* 1983 (6. Aufl.): 44.
9 Zur Demokratietheorie von Kelsen vgl. *van Ooyen* 2003 und *van Ooyen* 2010.
10 Vgl. *Kelsen* 1981 (2. Aufl.) und *Kelsen* 1993.
11 Vgl. *Häberle* 2013a (2. Aufl.) und *Häberle* 2011b.
12 Vgl. Formen der „Integration“, hier die „sachliche Integration“, *Smend* 1955: 160 ff.
13 *Bagehot* 1963.
14 Vgl. *Häberle* 1983 (3. Aufl.).
15 *Schmitt* 1993 (8. Aufl.): 170 ff.

Facetten.[16] Doch dieser Gefahr begegnet er erstens durch das konsequente Verfolgen einer pluralistischen Konzeption[17], sodass er seine „antiliberale" Ambivalenz im Grundrechtsverständnis gerade nicht wie bei Carl Schmitt durch einen homogenen Volkswillen im Sinne (pseudo-)rousseauscher, identitärer Demokratietheorie flankiert[18], sondern ausdrücklich „republikanisch“ in den offenen Politik- und Gesetzgebungsprozess eingebettet sehen will; in der Diktion Fraenkels also am Gemeinwohl „a posteriori“ orientiert.[19] Zweitens begegnet er dieser Gefahr durch konsequente Europäisierung, zuletzt sogar Universalisierung der Verfassungslehre.[20] Und dem selbst hier auf der europäischen Ebene drohenden „Kampf der Kulturen“ (Huntington) entgeht er durch unerschütterliches Festhalten an der offenen Gesellschaft. „Nationalkulturen“ sind für Häberle so gesehen daher „nur“ die Mittler zwischen „Welt“ – „Verfassung“ – „Mensch“, gleichberechtigt und im Bereich der Verfassungstexte sich wechselseitig inspirierend und durchdringend, sodass sie sich in einem offenen Prozess der staatlichen und gesellschaftlichen, nationalen wie internationalen Verfassungsinterpreten zu einer – jeweils „regional“ gefärbten – gemeinsamen Europa-, letztendlich Weltverfassungskultur entwickeln.

Und so ist Häberles Verfassungstheorie zugleich:
individualistisch und gemeinschaftlich,
liberal und republikanisch,
rationalistisch und irrational,
national und europäisch-international.

Denn Häberle ist ein undogmatischer „Groß-Integrator“, der die Dialektik der konkurrierenden Weimarer und Wiener Ansätze in einem „gemischten Verfassungsverständnis“ aufhebt, indem er deren Stärken – mal mehr, mal weniger – zu einem eigenen Konzept amalgamiert hat.

Das mag man durchaus kritisch sehen, bleibt doch der deutsche Begriff „Kultur“ subkutan nach wie vor mit den Bedeutungen „hoch“ oder „niedrig“ bzw. entsprechenden „Entwicklungsmaßstäben“ konnotiert. Völlig frei ist ein Denken, das sich gerade am Kritischen Rationalismus – und dessen Fortschritt-durch-Vernunft-Glauben – orientiert, hiervon nicht.[21] Auch droht bei der Verbindung von „Kultur und Verfassung“ ein über Raum und Zeit streuendes Mäandern, das in die Beliebigkeit der Auswahl abzurutschen und so den normativen Gehalt von Verfassungsbestimmungen auszufransen droht. Und ein an Max Weber geschulter Politologe würde schließlich dort weiterfragen, wo – wie

16 Vgl. *Hatajiri* 2004: 520 ff.
17 Vgl. schon *Häberle* 1980.
18 Vgl. Thiele 2003.
19 Zu Fraenkel vgl. *van Ooyen* / *Möllers* 2009.
20 *Häberle* 2013b.
21 Das gilt nicht nur für den kritischen Rationalisten Kelsen, sondern gerade auch für Popper; vgl. m. w. N. *van Ooyen* 2014c: 147 ff.

im Falle der Diskurstheorie von Habermas – auch die Verfassungstheorie von Häberle aufhört: Was sind die konkreten machtpolitischen Bedingungen, die eine gleichberechtigte Teilnahme an der „offenen Gesellschaft der Verfassungsinterpreten“ überhaupt garantieren? Bei so viel „Kultur-Verfassungs-Diskurs“ und „Textstufenanalyse“ scheint die „Macht“ weggezaubert zu sein.

Aber: Vor allem wegen seines weit ausgreifenden kultur-ideengeschichtlich-vergleichenden Zugangs hat Häberle in der konkreten verfassungsrechtlichen Analyse gerade die problematischen Seiten solcher Begriffe wie „Souveränität“, „Staatsangehörigkeit“ oder auch „Staatskirchenrecht“ souverän offen legen, peinlichst meiden und hart kritisieren können, die bis heute bei vielen politisch-theoretisch unreflektiert durch die staatsrechtliche Debatte bis in das Bundesverfassungsgericht hinein geistern – sei es in der aktuellen Kontroverse um die europäische Integration oder um die von Zuwanderung und „Kopftuch“. Denn richtig Peter Häberle: „Staat“ ist nur soviel, wie durch die Bürger-Verfassung konstituiert wird und „souverän“ in einer pluralistischen Demokratie noch nicht einmal das „Volk“; selbstverständlich „gehört“ man nicht dem „Staat“ und Glaubensfragen werden natürlich durch ein „Religionsverfassungsrecht“ geregelt – wenn man nicht schon begrifflich die christliche „Staatskirche“ präjudizieren will, usw.

Und so hat Häberle en passant auch noch eine der leistungsfähigsten Theorien für ein modernes Verfassungsverständnis des Grundgesetzes kreiert.*

Robert Chr. van Ooyen

Zu den Beiträgen:

Im *ersten Teil* geht es im engeren Sinne um den Zusammenhang von Verfassung und Kultur, der in der „Staatstheorie“ von Häberle eine herausragende Rolle spielt:

Hans Vorländer stellt zunächst Häberles Programm einer Verfassungslehre als Kulturwissenschaft vor. Dieses bestehe darin, die Verfassung auch geistes-, sozial- und eben kulturwissenschaftlich in den Blick zu nehmen. Dahinter stehe die Überzeugung, dass das Recht immer auch über Normen, die aus der Kultur hervorgehen, erzeugt werde. Normen würden nicht nur einfach deshalb gelten, weil sie (positivistisch) gesetzt oder (dezisionistisch) entschieden seien. Satzungsgeltung sei nur eine Form der Geltung und wohl nicht einmal die, die Verfassungen auf Dauer am Leben halte. Eine Verfassung verfüge daher immer über eine „kulturelle Grundierung“, die als Kontext einwirke. Hierauf beruhe Häberles Methodik des „historischen und kontemporären Textstufenvergleichs“, die zugleich zeige, dass über Raum und Zeit verschiedene Verfassungskulturen wiederum als Kontext aufeinander einwirkten. Von hier aus prüft Vorländer dann die

* Zuerst erschienen in: Recht und Politik (RuP), 2/2014, S. 99-101.

Schnittstelle für eine Politikwissenschaft, die lange den zentralen Gegenstand der Verfassung verloren und erst jüngst (wieder) für sich neu entdeckt habe. Vorländer sieht diese in der politischen Kultur, an der auch die hier nur scheinbar voraussetzungslosen normativen bzw. diskurstheoretischen Konzepte von Rawls und Habermas nicht vorbeikämen. Die politikwissenschaftliche Kulturforschung müsse dabei über den Ansatz von Almond / Verba hinausgehen, da sich mit bloß empirischen Umfragen die kollektiven kulturellen „Weltbilder" kaum erfassen ließen; denn Institutionen und soziale Praktiken würden erst durch ihre Verankerung in einem kulturellen Bedeutungsfeld zu dem, was sie seien. Eine politikwissenschaftliche Verfassungstheorie habe genau hier anzusetzen. Verstehe man mit Aristoteles Politik als Wissenschaft vom Handeln des Menschen in einer guten und gerechten Ordnung, dann sei der Begriff der Verfassung als allgemeiner politischer Ordnungsbegriff zu restituieren. In der Verfassung würden die grundlegenden Ordnungsvorstellungen des politischen Gemeinwesens symbolisch zum Ausdruck gebracht. Symbolische Formen (i. S. von Cassirer) der Ordnungsrepräsentation ließen sich daher nicht auf emotionalen Expressionismus oder gar bloße machiavellistische Täuschungsmanöver sog. symbolischer Politik reduzieren. Verfassungen seien vielmehr auf symbolische Darstellungsformen angewiesen, die ihnen Geltung durch Akzeptanz und Anerkennung verschafften. Symbolizität und Funktionalität, so Vorländer, ließen sich deshalb nicht trennen: die Funktionalität der Verfassung liege vielmehr in ihrer symbolischen Bedeutung. Wie bei Häberle sei daher der Begriff der Verfassung aus der juristischen Engführung zu befreien. Denn eine Verfassung sei immer in die politische Kultur eingebettet, aus der heraus erst sich ihr Rang und Ordnungsgehalt ergebe.

Der Beitrag von *Andreas Voßkuhle* und *Thomas Wischmeyer* wurde ursprünglich verfasst aus Anlass des 80. Geburtstags – für das JöR, dessen Herausgeberschaft Häberle in der Nachfolge von Leibholz an die nächste Generation übergab. Mit Voßkuhle schreibt auch ein Autor, der durch das Bayreuther Seminar „lebenslang" geprägt worden sei, im formellen Sinne aber nicht zu Häberles „Schülern" zählt. Es ist – vielleicht gerade deshalb – kein „Geburtstagsständchen" herausgekommen, sondern eine ausführliche, kritische Würdigung dieses „Juristen im Kontext". Häberles „Brückenschlag", so Voßkuhle / Wischmeyer, vom Staat als Verfassungsordnung über Europa hin zur „Weltgemeinschaft der Verfassungsstaaten" und von dort wieder zurück zum „kooperativen Verfassungsstaat" markiere den intellektuellen Wirkungskreis. Die kulturwissenschaftliche Erweiterung der Forschungsperspektive zielte dabei schon früh auf eine „Integrationswissenschaft". So wie Häberle die Relevanz der Verfassungstheorie des Pluralismus auf die Bestimmungen des Grundgesetzes zurückführe, begründe sich allgemein die rechtliche Relevanz von Kontexten von den (Rechts-)Texten her, die eben nicht aus sich selbst heraus verständlich seien. Der Textstufenvergleich erfasse dabei mittelbar auch die Verfassungswirklichkeit, da die normierende Kraft der Praxis zu Texten führe – die ihrerseits dann wieder als „faktische Kraft des Normativen" die Wirklichkeit bestimmten. Speziell herausgegriffen werden dann drei zentrale Werkbereiche, bei denen der „Kontext" von besonderer Relevanz und Aktualität sei: Häberles Sicht, das Grundrechtsverständnis von seinen sozialen Funktionen her zu erfassen, mahne die Rechtswissenschaft, die Grundrechtstheorie im Kontext der Freiheitsgefährdungen des 21. Jahrhunderts zu aktualisieren. Seine – gegen das Böckenförde-Theorem gerichtete – These von der Selbststabilisierung des Verfassungsstaats, der seine Voraussetzungen im Verfassungsdiskurs einer offenen Gesellschaft selbst schaffe, sei vielleicht zu optimistisch geraten; sie zeige aber, wie wichtig eine „Verfassungskultur" sei. Drittens habe Häberle die klassischen Begriffe der Staatslehre („Souveränität"; „Volk" usw.) im Lichte des Kontextes der europäischen Integration einer Revision unterzogen – und das Bundesverfassungsgericht aufgefordert, als „europäisches Verfassungsgericht" zu agieren. Schließlich formulieren Voßkuhle / Wischmeyer eine klare Kritik: Kontextsensible Rechtswissenschaft habe bei der Lösung konkreter Fälle das Problem, Kriterien für die rechtliche Relevanz von rechtsexternen Umständen zu entwickeln; sie laufe daher Gefahr, (hegelianisch) Norm und Wirklichkeit identisch zu setzen und stehe vor der Schwierigkeit der Abgrenzung, welche kulturellen Umstände denn überhaupt relevant seien. Das ist auch das alte Problem von Hoch- und Trivialkultur – Bach, Jazz oder Heino. Ließe sich aber, so Voßkuhle / Wischmeyer, die Auswahl bei einer kulturwissenschaftlichen Verfassungstheorie nicht klar begründen – worin liege dann eigentlich der Mehrwert des Kontext-Ansatzes?

Rainer Schmidt erörtert genau diese Ambivalenz am Beispiel eines Gegenstands, dem sich Häberle in den letzten Jahren ausführlicher vergleichend zugewandt hat: den symbolischen Formen der Repräsentation durch Fahnen, Feiertage, Denkmäler und vor allem – Hymnen. Dabei gebe Häberle einen beeindruckenden Überblick über die musikalischen und textlichen Entwürfe und lege Überlegungen vor, musikwissenschaftliche Erkenntnisse mit Textanalyse und Geschichtswissenschaft im Rahmen einer übergeordneten Kulturwissenschaft zu verbinden. Das werde schließlich sogar auf populärmusikalische Formen der Integration (im Sinne Smends) ausgeweitet wie etwa Verdis Nationaloper, aber z. B. auch „Woodstock" oder die Hymnen zur Fußball-WM. Gleiches gelte für die Denkmäler, die einschließlich Museen, Bibliotheken, Theatern, Natur- und Kulturlandschaften als „Verfassungsorte" verstanden würden. Häberle gehe es dabei immer auch um den Zusammenhang zwischen Symbolen und „Verfassungspädagogik". Der kulturwissenschaftliche Ansatz vermittle hier, dass die Verfassung in den Alltag eindringe und ihre Geltung sich auch an Alltagspraktiken ablesen lasse müsse – andernfalls sie das viel zitierte bloße Stück Papier bliebe. Im Unterschied zu Diktaturen aber tue sich der demokratische Republikanismus im postheroischen Zeitalter mit einer eigenen Ästhetik schwer. Flaggen, Hymnen usw. seien zudem gerade hier oft umstritten, weil sie die Deutungsoffenheit demokratischer Verfassungen auf eine ausgewählte Deutung autoritativ verkürzten. Genau an dieser Stelle bliebe Häberle stehen, vielleicht, weil er ahne, wie schwierig das hierfür erforderliche klare Kriterium zur Unterscheidung von „Hoch"- und „Trivial-", „guter"- und „böser" Kultur zu greifen sei. Unklar sei daher, so Schmidt, nicht nur, was überhaupt die diffuse Botschaft von Fußball-Hymnen bedeute, die zwar emotionalen Aufruhr im Sinn hätten, jedoch ohne politisch verwertbare Botschaften blieben. Vor allem sei zu klären, ob es eine genuin republikanische Bild-, Denkmal- und Tonsprache überhaupt gebe und wie sie sich vom aggressiv anti-republikanischen Furor totalitärer Musik genau unterscheide. Und wenn Leidenschaften für die Verfassung mobilisiert würden, müsse schließlich geklärt werden, inwieweit das ohne die auch zerstörerische Kraft der Emotionen gehe.

Roland Lhotta geht schließlich der besonderen Dynamik im Verfassungsverständnis von Häberle nach, die er der Rezeption des Verfassungsbegriffs von Smend zuschreibt. Zwar habe Häberle die Bezeichnung einer Verfassungslehre als Kulturwissenschaft aus der Staatslehre von Heller adaptiert. Doch wie Smend verstehe er hierunter ein ganzheitlich-holistisches Konzept. „Verfassung" sei nicht so sehr ein Rechtsbegriff im Sinne der Summe positiv gesetzter Normen, sondern durch die Dominanz außerrechtlicher Faktoren der „Wirklichkeit" einem permanenten dynamischen Wandlungsprozess unterworfen; bezogen auf die Bürger bedeutete das bei Smend: Integration des Bürgers zum Staat hin. Dabei würden – nahezu hegelianisch – die herkömmlichen Gegensätze von Norm und Wirklichkeit, Staat und Recht, Individuum und Gemeinschaft usw. in einem dialektischen Prozess aufgehoben. Eine solche „Totalisierung" und Dynamisierung des Verfassungsbegriffs ergebe sich auch bei Häberle insofern, als er „Verfassung" als umfassenden und alles durchdringenden „öffentlichen Prozess" und institutionellen Speicher der Kultur verstehe. Von hier aus betrachtet sei Rechtswissenschaft dann tatsächlich nur eine besondere Form der Kulturwissenschaft und Verfassungsinterpretation werde zum Bestandteil eines öffentlichen Prozesses permanenter Verfassungsgebung – und zwar durch die „Verfassungsinterpreten". Ein entscheidender Unterschied zur wertbezogenen und etatistischen Lehre Smends liege jedoch darin, dass die verfassungstheoretischen „Leitideen" bei Häberle „Offenheit", „Öffentlichkeit", „Freiheitlichkeit", „Pluralismus", „Republikanismus", seien – und der zentrale Verfassungsakteur, der die Verfassung erst zum Leben erwecke: der Bürger. Das hätten Juristen z. T. belächelt, als wollte Häberle aus der Staatsrechtslehrerzunft eine Laienspielschar machen. Doch Häberle gehe es vielmehr darum, Ort und Zeit zu bestimmen, an dem in einer freien Gesellschaft das Recht entstehe – nämlich „täglich und überall". Er öffne damit den Weg, die Wechselbeziehung zwischen Normen bzw. Institutionen und Normadressaten neu zu erfassen, besonders aber auch die Wichtigkeit von Kommunikation und Narrativen für das Funktionieren einer Verfassung zu berücksichtigen. Daher habe er so auch schon Positionen formuliert, die aktuell in der Politikwissenschaft im „Neo-Institutionalismus" und „Neo-Republikanismus" diskutiert würden. Mit der Forderung seiner „kinetischen Verfassungstheorie", die Pluralität einer Gesellschaft und die Pluralität von Interpretationen aufzunehmen, beständig abzugleichen und als demokratischen Prozess eines „law in public action" zu begreifen, stehe Häberle in der ehrwürdigen Tradition eines James Madison und dessen „commerce of ideas".

Im *zweiten Teil* werden zwei besondere Werkaspekte thematisiert: die Theorie der Verfassungsgerichtsbarkeit – sie ist wichtiger Bestandteil moderner Verfassungslehren – und natürlich die Grundrechtstheorie von Häberle, die zu heftiger Kritik reizte.

Stellung und Funktion der Verfassungsgerichtsbarkeit spielen in jeder Verfassungslehre des 20. Jahrhunderts eine zentrale Rolle. Häberle hat denn auch kontinuierlich demokratietheoretisch und konkret rechtspolitisch Position bezogen, etwa mit seiner Forderung zur Reform der Richterwahl durch öffentliche „Hearings". *Tamara Ehs* spürt hier dem „Politischen" in der Verfassungsgerichtsbarkeit nach. Häberle habe schon in den 70er Jahren die alte Wiener-Weimarer Kontroverse um den „Hüter" aufgegriffen und die in der Rechtswissenschaft dann mit Schmitt radikalisierte und bis heute verbreitete These der Entgegensetzung von Recht und Politik zurückgewiesen. Unpolitische Verfassungsgerichtsbarkeit sei daher genauso naiv wie unpolitisches Verfassungsrecht; vielmehr komme es darauf an, welche Politik durch die Richter/innen gemacht werde. Denn auch Richter/innen artikulierten Wertvorstellungen, interpretierten und entwickelten die in der Rechtsordnung eingeschriebenen Werte einer Gesellschaft. Wie Kelsen begreife Häberle daher die Judikative, namentlich ein Verfassungsgericht, als Teil des politischen Systems. Das Bundesverfassungsgericht als „gesellschaftliches Gericht" zu verstehen, das seine politische Aufgabe mit Parlament, Regierung und den Bürger/innen teile, sei wesentliches Verdienst Häberles. Angesichts der zunehmenden Bedeutung von Verfassungsgerichten – man denke nur auch an den EuGH – sei es daher besonders wichtig, dass sich solche Instanzen im System der Checks and Balances als „dritte gesetzgebende Kammer" nicht zu weit selbst ermächtigten und entgrenzten. Aus demokratischer Sicht, so Ehs, könne das allenfalls in den Stabilisierungsphasen junger Demokratien, wie etwa in der frühen Bundesrepublik, akzeptiert werden. Die politische Macht von Verfassungsgerichten lasse sich mit den drei Dimensionen des Politikbegriffs erfassen: Policy, Polity und Politics. Häberles theoretische Leistung gelte vor allem der „Politics-Dimension" des Bundesverfassungsgerichts, also wie es im Zusammenspiel der Staatsfunktionen politisch agiere. Sein gesellschaftstheoretisches Pluralismuskonzept bilde dabei die Grundlage verfassungsgerichtlicher Interpretation, denn im demokratisch verfassten Staat müssten die Möglichkeiten, die das Grundgesetz biete, prinzipiell offen gehalten werden. Daher sei das Gericht ein zwar wichtiger, aber in der „offenen Gesellschaft der Verfassungsinterpreten" eben doch nur *ein* „Hüter der Verfassung" – und folglich auch ohne das „letzte Wort". So betrachtet sei mit Häberle das Verfassungsgericht (nur) ein „Hilfsorgan des demokratischen Prozesses", mit der besonderen Funktion eines „Wegweisers" im „Verfassungshüterpluralismus".

Bei der Grundrechtstheorie stellt *Martin Möllers* die doppelte Schutzrichtung der Menschenwürdeklausel bei Häberle heraus, die sich als subjektives öffentliches Recht und zugleich als Verfassungsauftrag an den Staat zum Schutz des Einzelnen vor der Gesellschaft darstelle. Weil sich aber Freiheit nicht mehr nur in der Abwehr staatlicher Eingriffe, sondern auch in notwendigen staatlichen Leistungen verwirkliche, müsse sich die Wissenschaft den Gefahren für die Freiheit der Bürgerinnen und Bürger auch hier und damit der sozialen Wirklichkeit stellen. Auf der Grundlage des institutionellen Grundrechtsverständnis, das Häberle schon Anfang der 1960er Jahre entwickelt hat, weist Möllers nach, dass dieser Hauriou, Kaufmann, Gehlen, Schmitt und Popper integriert, sich aber z. T. auch ausdrücklich hiervon abgrenzen will. Die Wechselbedingtheit zwischen grundrechtlicher Freiheit des Einzelnen (oder Gruppen) und der institutionellen Seite der Grundrechte sowie das Ineinandergreifen von Individual- und öffentlichem Interesse seien dabei als Eckpunkte von Häberles Grundrechtsverständnis zu begreifen. Verfassungsrechtsgüter stünden in einer Interdependenz zueinander, sodass es nicht nur um ein „Entweder-oder", sondern faktisch auch um ein „Sowohl-Als-auch" gehe. Denn Grundrechte würden erst durch den Bestand der Gesellschaft gewährleistet, sodass daraus eine konstitutive Bedeutung für die Gesellschaft und ihre Verfassung abzuleiten sei. Häberle überwinde – und hierin liege eine bahnbrechende Leistung – die bis heute in der Rechtswissenschaft festgeschriebene Entgegensetzung von Rechtsstaat und Demokratie, indem er Demokratie als organisatorische Konsequenz der Menschenwürde auf nationaler und europäischer Ebene einstufe. Die soziale Wirklichkeit im Grundrechtsinstitut würde dabei durch die Gesamtheit der Verhaltensweisen der das Grundrecht ausübenden Berechtigten gebildet. Weil aber die Verhaltensweisen nicht gleich blieben, sondern im steten Wandel seien, verändere auch das Grundrecht als Institut seinen Inhalt. Diese von Häberle geforderte Einbeziehung des „Faktischen" berge – so die verbreitete Kritik – die Gefahr, dass die Wandlungsfähigkeit des Grundrechts in einer bestimmten politischen Situation gegen den Grundrechtsschutz missbraucht werden könnte. Dagegen setze Häberle aber rezipierte Rechtsgehalte, die mit großer Sorgfalt ermittelt werden müssten. Seine Grundrechtstheorie schließe ausdrücklich ein, dass mit der Institutionalisierung der Grundrechte die individuelle Freiheit nicht gleichzeitig verblasse, sondern dass die Institutionalisierung gerade eine Stärkung der Freiheit bezwecke. Denn aus dem Verhältnis der Gleichrangigkeit und der Wechselbeziehung beider Grundrechtsseiten folge letztlich für den Gesetzgeber zwingend die Unantastbarkeit der institutionellen Seite der Grundrechte. Denn nur so könnten Grundrechte als subjektive Individualrechte existieren und umgekehrt bedingten die Individualrechte die institutionelle Seite der Grundrechte. Aus dieser Konstellation entwickele Häberle den „status activus processualis" als Wesensgehaltgarantie zur Lösung von Grundrechtskollisionen. Dieser bedeute nichts anderes, als dass Organisation und Verfahren bezogen auf die Verfassung, die res publica und ihre öffentlichen Funktionen als prozedural-demokratische, „soziale Kontaktstellen" zwischen Grundrechten und Leistungsstaat geschoben würden. Die Theorie der Doppelfunktion müsse daher für das Eingriffs- und Schrankendenken und die Weiterentwicklung der Wesensgehalte eines jeden Grundrechts als Meilenstein gelten. Ihr sei bleibende Relevanz zu bescheinigen, die vor allem darin bestehe, dass Häberle die Frage nach der „sozialen Funktion von Grundrechten" offen gehalten habe und zurecht zu dem Ergebnis komme, dass Freiheit „ohne die tatsächlichen Voraussetzungen ihres Gebrauchs wertlos“ sei und daher immer den sozialen Kontext der Freiheits*ausübung* berücksichtigen müsse. Freiheit sei für Häberle daher nicht (nur) Freiheit *vom*, sondern immer (auch) Freiheit *im* Recht und *im* Staat. Dies garantiere Gleichrangigkeit von individueller Freiheit und institutioneller Ordnung und Anbindung an die soziale Wirklichkeit.

Die Arbeiten Häberles werden national und international rezipiert. Im *dritten Teil* werden aus dieser Fülle, auf die in der Einführung und auch im Beitrag von Voßkuhle / Wischmeyer aufmerksam gemacht wird, zwei Rezeptionslinien näher behandelt, die bisher kaum thematisiert oder aber im nationalen Diskurs um die Verfassungstheorie nicht so wahrgenommen werden. Das betrifft die Demokratietheorie des Bundesverfassungsgerichts bzw. „Häberle in Lateinamerika“:

Anhand des berühmten „Brokdorf-Urteils“ von 1985 zeigt *Robert van Ooyen* ein inzwischen fast vergessenes Verständnis von Demokratie in der Rechtsprechung des Bundesverfassungsgerichts auf. Die Bedeutung von „Brokdorf“ liege gar nicht allein in seiner bahnbrechenden Modernisierung des in den 80ern in die Jahre gekommen Versammlungsrechts, das auf „artige“, von Parteien oder Verbänden „korrekt“ organisierte Umzüge, kaum aber auf die „Spontanversammlungen“ der neuen „Post-68er-Protestkultur“ ausgerichtet gewesen war. Diese Modernisierung sei dem Ersten Senat vielmehr nur gelungen, weil er der Auslegung von Art. 8 GG demokratietheoretisch das „lebendig-pluralistische“ Verständnis einer „offenen Gesellschaft“ fundamental zugrunde gelegt habe. In den Formulierungen der Begründung spiegelten sich nahezu wörtlich die Denkansätze und Begrifflichkeiten von Hesse, Häberle und Popper (unbewusst „subkutan“ auch Kelsen) wider, die hier Pionierarbeit geleistet hätten. Wegen der Bedeutung des Zweiten Senats in Sachen allgemeiner Auslegung des Demokratieprinzips („Maastricht“, „Ausländerwahlrecht“; „Lissabon“ usw.) sei jedoch diese Rezeptionslinie fast verdrängt worden – und zwar zugunsten des von Richter Böckenförde hier eingeführten „Legitimationskettenmodells“, das, wenn auch in liberal eingehegter Form, in der Tradition der problematischen Staats- und identitären Demokratietheorie von Schmitt stehe. Mit Blick auf den Dualismus zwischen Erstem und Zweitem Senat könne daher ein Rückblick auf „Brokdorf“ für die Zukunft dann nur bedeuten: „weniger“ Böckenförde – „mehr“ Häberle!

Im Verfassungsdiskurs Lateinamerikas ist Häberle ein „Star“, vielleicht vergleichbar mit Habermas in den USA – jedenfalls mehr noch als in der Bundesrepublik und den europäischen Nachbarländern. In besonderem Maße gilt das für Brasilien. *Marcos Augusto Maliska* verweist auf zahlreiche Rezeptionen und betont die allgemeine Bedeutung des kulturwissenschaftlichen Ansatzes für eine solch pluralistisch-komplexe Gesellschaft, weil dieser die Autonomie des kulturellen Kontextes und die Partizipation in den Konkretisierungsprozessen der Verfassung erlaube. Während anfänglich die brasilianische Verfassungslehre auf die Bekämpfung des Staatsautoritarismus, die Wiederherstellung und Konsolidierung der demokratischen Verfassungsordnung ausgerichtet gewesen sei, treten seit einigen Jahren nun die Fragen von internationaler Öffnung und Integration in den Vordergrund. Spätestens seit dem 1991 unterzeichneten Mercosur-Vertrag ließen sich im brasilianischen Verfassungsdiskurs daher ähnliche Debatten um „Vorrang“ und „Übertragung von Hoheitsrechten“ wie in Europa und seinen Mitgliedstaaten beobachten. Einerseits beanspruche auch die brasilianische Verfassung Souveränität, andererseits verankere sie zugleich die internationale Kooperation unter Vorrang der Menschenrechte. Es gebe sogar eine dem deutschen Grundgesetz vergleichbare Integrationsregelung, mit der Brasilien auf die Schaffung einer supranationalen lateinamerikanischen Gemeinschaft verpflichtet werde. Und genau hier komme dem Konzept des „kooperativen Verfassungsstaats“ des überzeugten Europäers Häberle besondere Bedeutung zu. Denn gegenüber dem klassischen, souveränitätsbezogenen Verständnis des Völkerrechts habe die Integration auch im brasilianischen Verfassungsrecht eine viel weitergehende Bedeutung; sie beinhalte nicht nur die Möglichkeiten traditioneller internationaler Kooperation, sondern vielmehr eine Grundkategorie des (offenen!) Verfassungsstaats. Da die Regelung in der brasilianischen Verfassung aber zu allgemein gehalten sei (ähnlich wie der alte „Integrationsartikel“ 24 GG) plädiert Maliska schließlich für eine Verfassungsreform (analog zur seinerzeitigen Schaffung des neuen Europa-Artikel 23 GG). Dabei müssten die Teilnahme der Länder am Willen des Bundes und ihre Vertretung in den supranationalen Institutionen, die Partizipation des Nationalkongresses an den Entscheidungen der supranationalen Institutionen und die Garantie der Demokratie konkretisierend geregelt werden.

Im *Schlussteil* gibt es dann noch ein Interview, das *Robert van Ooyen* mit *Peter Häberle* im Sommer 2014 geführt hat. Für die deutsche Wissenschaftstradition sei das, so Häberle selbst, eher ungewöhnlich, erlaube aber eine besondere, unmittelbare Spontanität. Da Häberle, an politischen Ämtern nicht interessiert, immer ein Mann der Wissenschaft – oder altmodisch formuliert: ein Gelehrter – geblieben ist, kann es auch hier natürlich „nur“ um Theorie gehen. In einer Tour d'Horizon tauchen noch einmal auf: die deutsche Staatslehre und die „Freiburger Schule“, die Klassiker Smend – Schmitt – Heller – Kelsen (sowie Kaufmann – Hauriou), die Verfassungstheorie einer „offenen Gesellschaft“, das Grundrecht auf Demokratie – und natürlich die Schweiz –, einige Juristen, Theologen, Philosophen und Sozialwissenschaftler wie Hesse, Ehmke, Dürig, Abendroth, Leibholz, Böckenförde, Luther, Weber, Popper, Arendt, Habermas und selbstverständlich die: „Verfassungs-Kultur – Staat, Europa und pluralistische Gesellschaft“.

Wir bedanken herzlich uns bei allen Beteiligten, ausdrücklich bei *Marcos Augusto Maliska,* der mit seinem Beitrag in deutscher Sprache (!) über die Rezeption in Brasilien ganz kurzfristig einsprang. Als Herausgeber freuen wir uns besonders darüber, dass – dem transdisziplinären Werk Häberles angemessen – die beteiligten Autorinnen und Autoren aus den Rechts- *und* Politikwissenschaften kommen, bisweilen sogar aus beiden Disziplinen zugleich.

Robert van Ooyen / Martin Möllers *Berlin und Heringsdorf i. H., Januar 2016*

Literatur

Bagehot, Walter, 1963: The English Constitution, Nachdr., London.

Blankenagel, Alexander / *Pernice*, Ingolf / *Schulze-Fielitz*, Helmuth (Hrsg.) 2004: Verfassung im Diskurs der Welt, Liber Amicorum für Peter Häberle, Tübingen.

Günther, Frieder, 2004: Denken vom Staat her. Die bundesdeutsche Staatsrechtslehre zwischen Dezision und Integration 1949-1970, München.

Häberle, Peter, 1972: Grundrechte im Leistungsstaat. 2. Mitbericht von Professor Dr. Peter Häberle, Marburg/Lahn; in: Veröffentlichungen der Vereinigung der Deutschen Staatsrechtslehrer (VVDStRL) 30, S. 43 ff.

Häberle, Peter, 1980: Die Verfassung des Pluralismus, Königstein.

Häberle, Peter, 1983: Die Wesensgehaltsgarantie des Art. 19 Abs. 2 Grundgesetz. Zugleich ein Beitrag zum institutionellen Verständnis der Grundrechte und der Lehre vom Gesetzesvorbehalt, 3. Aufl., Heidelberg.

Häberle, Peter, 1999: Europäische Verfassungslehre in Einzelstudien, Baden-Baden.

Häberle, Peter, 2010: Das retrospektive Lissabon-Urteil als versteinernde Maastricht II-Entscheidung; in: JöR, Bd. 58, S. 317 ff.

Häberle, Peter, 2011a: Europäische Verfassungslehre, 7. Aufl., Baden-Baden.

Häberle, Peter, 2011b: Die Erinnerungskultur im Verfassungsstaat, Berlin.

Häberle, Peter, 2013a: Nationalhymnen als kulturelle Identitätselemente des Verfassungsstaates, 2. Aufl., Berlin.

Häberle, Peter, 2013b: Der kooperative Verfassungsstaat aus Kultur und als Kultur. Vorstudien zu einer universalen Verfassungslehre, Berlin.

Hatajiri, Tsuyoshi, 2004: Eine Studie über die Verfassungslehre von P. Häberle und ihre Rezeption in Japan; in: Blankenagel, S. 520 ff.

Heller, Hermann 1983: Allgemeine Staatslehre, 6. Aufl., Tübingen.

Kelsen, Hans, 1981: Vom Wesen und Wert der Demokratie, 2. Neudruck der 2. Aufl. von 1929, Aalen.

Kelsen, Hans, 1993: Allgemeine Staatslehre, 2. Neudruck der Aufl. von 1925, Wien.

van Ooyen, Robert Chr., 2003: Der Staat der Moderne. Hans Kelsens Pluralismustheorie, Berlin.

van Ooyen, Robert Chr., 2010: Hans Kelsen und die offene Gesellschaft, Wiesbaden.

van Ooyen, Robert Chr., 2014a: Die Staatstheorie des Bundesverfassungsgerichts und Europa, 5. Aufl., Baden-Baden.

van Ooyen, Robert Chr., 2014b: Integration. Die antidemokratische Staatslehre von Rudolf Smend im politischen System der Bundesrepublik, Wiesbaden.

van Ooyen, Robert Chr., 2014c: Karl R. Popper: The Open Society And Its Enemies; in: Salzborn, Samuel (Hrsg.): Klassiker der Sozialwissenschaften, Wiesbaden, S. 147 ff.

van Ooyen, Robert Chr. / *Möllers*, Martin H. W., 2009: (Doppel-)Staat und Gruppeninteressen. Pluralismus – Parlamentarismus – Schmitt-Kritik bei Ernst Fraenkel, Baden-Baden.

Pernice, Ingolf, 2004: Peter Häberle. Der Europäische Jurist; in: Blankenagel, S. 3 ff.

Schmitt, Carl, 1993: Verfassungslehre, 8. Aufl., Berlin.

Smend, Rudolf, 1955: Verfassung und Verfassungsrecht; jetzt in: Staatsrechtliche Abhandlungen und andere Aufsätze, Berlin, S. 160 ff.

Thiele, Ulrich, 2003: Advokative Volkssouveränität. Carl Schmitts Konstruktion einer „demokratischen" Diktaturtheorie im Kontext der Interpretation politischer Theorien der Aufklärung, Berlin.

I.

Verfassung und Kultur

Hans Vorländer

„Verfassungskultur" aus politikwissenschaftlicher Perspektive

Prolegomena zu einer Verfassungswissenschaft als Kulturwissenschaft

Verfassungswissenschaften als Kulturwissenschaften – das ist Programm, und zwar in zwei Hinsichten: Verfassungslehre als Kulturwissenschaft ist Integrationswissenschaft: „Sie integriert das von den einzelnen Geistes- und Sozial-, von den Norm- und Wirklichkeitswissenschaften allzu getrennt Gedachte – soweit es die Sache Verfassung betrifft"[1]. Zweitens wird das Integrative, der „interdisziplinäre Gesprächszusammenhang" über die „Kultur" hergestellt: „Eine kulturwissenschaftliche (Verfassungs-) Rechtswissenschaft lenkt also den Lichtkegel des Erkenntnisinteresses auf die kulturellen Dimensionen der und in der Verfassung"[2]. Die Wissenschaft von der Verfassung, die sich über die Kultur ihren gemeinsamen Gegenstand und damit als Integrationswissenschaft findet – das ist das ambitionierte Programm einer Verfassungswissenschaft als Kulturwissenschaft. Was aber bedeutet das konkret? In aller gebotenen Kürze und stark pointierend möchte ich zunächst herausstellen, worauf es Peter Häberle ankommt.[3]

1 Peter Häberles Programm einer Verfassungslehre als Kulturwissenschaft

Häberle kommt es, *erstens*, darauf an, die unheilvolle Auseinanderentwicklung der Verfassungs- und Staatslehre und damit auch die Borniertheiten von Positivismus und Dezisionismus zu überwinden. Die kulturwissenschaftliche Wendung der Verfassungswissenschaft besteht für Häberle in der Verpflichtung, die Verfassung nicht nur juristisch, sondern auch geistes-, sozial- und eben kulturwissenschaftlich in den Blick zu nehmen.

Dahinter steht, *zweitens*, die Überzeugung, dass das Recht immer auch über Normen, die unmittelbar oder mittelbar aus der Kultur hervorgehen, erzeugt wird. Anders formuliert: Normen gelten nicht nur deshalb, weil sie gesetzt sind. Satzungsgeltung ist eine

1 *Häberle* 1998: 585.
2 *Häberle* 1998: 586.
3 Der Stil eines Vortrags (Hagen 2005) wurde im Wesentlichen beibehalten; auf eine aktualisierende Überarbeitung des Textes wurde verzichtet; in den Anmerkungen sind indes Verweise auf in der Zwischenzeit erfolgte, auch weiterführende Arbeiten des Verfassers eingefügt worden. Zum Thema jetzt v. a. *Hensel* u. a. (Hrsg.) 2012 (darin *Vorländer* 1998: 21-41). Zu Häberles Programm vgl. *Brodocz* 2004: 134 ff. und zu Häberles verfassungstheoretischem Ansatz bereits früher *Vorländer* 1981: 333 ff.

Form der Geltung, aber keineswegs die einzige, vor allem nicht eine solche, die die Verfassung auf Dauer in Geltung hält.[4]

Daraus folgt, *drittens*, dass Verfassung immer über eine „kulturelle Grundierung“[5] verfügt. Neben dem Verfassungstext gibt es einen (kulturellen) Kontext, der auf den Verfassungstext, seine Formulierung wie seine Interpretation und Fortbildung, einwirkt. Dahinter steht die Beobachtung, dass ein gleicher Text nicht die gleiche Bedeutung hat. Bedeutungsvarianten konstitutioneller Begrifflichkeiten erklären sich aus kulturellen Divergenzen und Partikularitäten.[6]

Neben dem Problemzusammenhang von Text und Kontext tritt der von Zeit und Raum. Damit ist die Rekonstruktion der kulturellen Grundierungen, viertens, auf den Rechtsvergleich in diachroner und synchroner Form angewiesen. Das Vorher und Nachher einer Verfassung wird historisch verglichen, und nebeneinander existierende Verfassungen werden im Raum, im Hier und Dort, miteinander verglichen.

Hierauf beruht, *fünftens*, die Methodik des „historischen und kontemporären Textstufenvergleichs“[7]. In Zeit und Raum können Textstellen identifiziert und miteinander verglichen werden. Die Unterschiede in den Texten lassen sich damit schließlich kulturell erklären. Kultur wird zur historischen und systematischen Vergleichsvariable.

Damit aber nicht genug. *Sechstens* gibt die kulturelle Perspektive den Blick frei auf die kulturelle Evolution verfassungsstaatlicher Verfassungen. Fast so, wie Arnold Toynbee sich den universellen Gang der Geschichte vorstellte, nämlich als ein Muster von *challenge and response*, so heißt es bei Häberle: „Die Textstufen sind ‚Antworten’ auf bisherige Entwicklungen, Herausforderungen und Probleme, aber auch Hinweise auf ‚neue Ufer’ bzw. Fragenkreise, zu denen der Verfassungsstaat als Typus aufbricht. Sie bilden insoweit verlässliche, aussagekräftige ‚Materialien’ der gestuften kulturellen Evolution des Verfassungsstaates“.[8] Die Methodik des Textstufenvergleichs zeigt also, dass verschiedene Verfassungen und Verfassungskulturen füreinander Kontext sind und aufeinander einwirken und dass die Rezeption anderer Verfassungskulturen dabei, nicht zuletzt auf dem Wege der Hybridisierung unterschiedlicher Konstitutionalismen, zum wichtigsten Mechanismus konstitutioneller Evolution wird.[9]

In diesem Zusammenhang nimmt dann schließlich, *siebtens*, der Begriff der Verfassungskultur eine zentrale Stellung ein, wobei Verfassungskultur mit der „politischen Kultur“ in einem engen Zusammenhang steht, jene, wie Häberle formuliert, einen „spe-

4 Vgl. auch *Vorländer* 2002a: 234-264 sowie *Vorländer / Melville* 2002: VIII-XV.
5 *Häberle* 1998: 83 u. 88.
6 Vgl. auch *Vorländer* 1999: 75-84.
7 *Vorländer* 1999: 351.
8 *Vorländer* 1999: 355.
9 Vgl. zum konstitutionellen Mimetismus auch *Gebhardt* 2001: 585-602.

zifischen Aggregatzustand" dieser[10] darstellt. „Verfassungskultur" ist Ergebnis „generationenlanger Arbeit an der Verfassung". In der Verfassungskultur drücken sich die „kulturellen Kristallisationen und Objektivationen" in einer gewissen Dauerhaftigkeit aus. Der Begriff der Verfassungskultur ist zugleich aber auch ein fluider Begriff, weil er abstellt auf das gesamte Feld der gesellschaftlichen und politischen Interpretation der Verfassung. Die „Arbeit an der Verfassung" ist ein in Zeit und Raum offener Prozess.

2 Die Politikwissenschaft und die Verfassung

Was ist dabei nun die genuin politikwissenschaftliche Perspektive auf ein solches Programm von „Verfassungswissenschaft als Kulturwissenschaft" – und welchen Platz nimmt darin der Begriff der „Verfassungskultur" ein? Sehe ich einmal von vereinzelten Bemühungen in den letzten 30 Jahren ab, so lässt sich feststellen, dass die Politikwissenschaft lange Zeit sowohl den Gegenstand der Verfassung aus den Augen verloren hat als auch die Beschäftigung mit kulturwissenschaftlichen Fragestellungen schuldig geblieben ist. Damit will ich nicht sagen, dass sich an diesem Befund bis heute grundlegend etwas verändert hat. Doch glaube ich festhalten zu können, dass die Politikwissenschaft auch ihrerseits dabei ist, beide Themen, den Gegenstand der Verfassung und die methodisch-theoretischen Anregungspotentiale der Kulturwissenschaft, für sich neu zu entdecken.

Dass die Politikwissenschaft den Gegenstand der Verfassung lange aus ihrem Horizont ausgeblendet hatte, lag an ihrer szientistisch-technizistischen, an ihrer empirisch-positivistischen Wendung im Laufe der letzten 30, 40 Jahre – ein Prozess, der bekanntlich in den USA sehr viel früher eingesetzt hatte und der die moderne Sozial- und Politikwissenschaft, das ist einzuräumen, auf manchen Feldern der Analyse sehr beflügelt hat. Doch der Beschäftigung mit Verfassungsfragen war das nicht förderlich. Dass es sich bei Verfassungsfragen immer um Grundlagenfragen des Politischen, nämlich die Ordnung der Gesellschaft nach Regeln und Normen, handelt, geriet der Politikwissenschaft aus dem Blick. Stattdessen war die Verfassung eher eine abgeleitete, aus den faktischen Machtverhältnissen heraus zu bestimmende Größe, allenfalls als der technische Bauplan für ein funktionstüchtiges oder aber Strukturdefekte generierendes Regierungssystem in den Fokus zu nehmen. Die aristotelische Tradition der Wissenschaft von der Politik, die die Frage nach der guten und gerechten Ordnung mit der Frage nach den richtigen und begründbaren Verfassungsformen untrennbar verbunden hatte, hatte jedenfalls entscheidend an Boden verloren.

Disziplinengeschichtlich war auch mit dem Auseinanderbrechen der alten „Staatswissenschaften" und jener Ausdifferenzierung einer gesonderten Staatsrechtswissen-

10 *Gebhardt* 2001: 91.

schaft ein Weg vorgezeichnet gewesen, der der Politikwissenschaft als einer Form empirischer Wirklichkeitswissenschaft in der Analyse von Macht, Herrschaft und dem Handeln von politischen Akteuren den Vorrang gab. Auch dort, wo die Politikwissenschaft der jungen Bundesrepublik sich als „Demokratiewissenschaft", später als „Oppositionswissenschaft" verstand, ging es, abgesehen von Ausnahmen wie Fraenkel[11], Sternberger[12] oder Graf Kielmansegg[13], stärker um die allgemeinen Aspekte einer effizienten Regierungslehre, um die Steuerungsfähigkeit und Krise des Staates oder eine stabile und funktionsfähige Binnenstruktur eines demokratischen Regierungssystems. Im Blick auf die „lebende Verfassung" (Sternberger) ging bisweilen dann doch auch der Blick auf den Begriff der Verfassung als allgemeiner politischer Ordnungsbegriff unter. Erst mit der Diskussion um den „Verfassungspatriotismus", zuerst von Sternberger eingeführt, dann von Habermas in polemisch-pädagogischer Absicht popularisiert[14], setzte eine Reflektion auf die Ordnungsgrundlagen einer guten und gerechten Ordnung langsam wieder ein.

In jüngster Zeit kommt die Verfassung als Ordnungsbegriff wieder stärker in den Fokus der Politikwissenschaft. Das hat einmal mit der Erkenntnis zu tun, dass sich „fortgeschrittene" Demokratien als Verfassungsdemokratien, als konstitutionelle oder Grundrechtedemokratien, ausgeprägt haben.[15] Damit einher geht die Erkenntnis, dass der Konstitutionalismus, auch und gerade nach den Revolutionen, zuerst in Südeuropa, dann in Ost- und Mitteleuropa, einen Siegeszug davongetragen hat.[16] Und das hat, in der Bundesrepublik Deutschland vor allem, zu der Erkenntnis geführt, dass sich moderne Gesellschaften auch und nicht zuletzt über Verfassung und Recht integrieren und dass dabei Institutionen wie die Verfassungsgerichtsbarkeit eine nicht unerhebliche Rolle, nicht nur in der Rechtsprechung, sondern auch in der Gestaltung von Politik und der Diskussion der grundlegenden Ordnungsprobleme einer Gesellschaft, spielen.[17] Die Verfassung wird immer stärker zu einem Forum, auf dem gesellschaftliche Selbstverständigungsdiskurse ausgetragen werden.[18]

---

11 *Fraenkel* 1986.

12 Sternberger 1990.

13 Graf Kielmansegg 1988. Jetzt auch: Graf Kielmansegg 2013.

14 *Sternberger* 1990: 13-16 und *Habermas* 1987; *Habermas* 1990: 151 ff.

15 So schon früher *Friedrich* 1953; *Spiro* 1959; *Stourzh* 1989; vgl. auch *Stone Sweet* 2000; *Vorländer* 2004a.

16 *Vorländer* 2003: 227-247.

17 *Vorländer* 2002b; *Vorländer* 2006a.

18 So schon – in verfassungskultureller Analyse – *Vorländer*: 451-488.

3 Der Zusammenhang von Politik, Kultur und Verfassung

Auf drei Feldern zeigt sich die Hinwendung zu Fragestellungen, die im Konzept einer Verfassungswissenschaft als Kulturwissenschaft thematisiert werden können und insofern den interdisziplinären Gesprächszusammenhang konstituieren, den auch Peter Häberle für sein Projekt intendiert. Das erste Feld ist das der politischen Theorie. Es geht hier vor allen Dingen um die Aufdeckung der Geltungszusammenhänge von Verfassungen. Bei keinem geringerem als Jürgen Habermas und in seiner Studie von *Faktizität und Geltung* taucht – einigermaßen überraschend – der Begriff der politischen Kultur an nicht unbedeutender Stelle auf.[19] Eigentlich dürfte der Begriff der politischen Kultur in den diskurstheoretischen Begründungszusammenhängen keine Rolle spielen. Und dennoch, als wenn Habermas seinem diskursiven Normenbegründungszusammenhang nicht so recht trauen sollte, führt er die politische Kultur als zusätzliche, aus der politischen Lebenswelt zu generierende Geltungsressource für die rechtsstaatliche und demokratische Verfassung ein. Gerade die permanente Verfassungsgeltung wird auf den in einer freiheitlichen politischen Kultur enthaltenen und explizierten Hintergrundkonsens orientiert. Auch die Geltung der ein solches Verfassungsverständnis tragenden Normen wird keinesfalls allein den kommunikativen Strukturen einer diskurstheoretischen Begründung zugeschrieben, sondern als „Entgegenkommen einer liberalen politischen Kultur"[20] den kulturellen Traditionen und eingeübten Verhaltensweisen überantwortet. Doch bleibt bei Habermas der systematische Ort der politischen Kultur für die Begründung von Normativität und Geltung der Verfassung offen.

Eine fast analoge Argumentation lässt sich bei John Rawls und seiner Begründung der Konzeption des Rechts finden. Ich denke dabei weniger an seine kontraktualistisch argumentierte *Theorie der Gerechtigkeit* von 1971, sondern vor allem an seine theoretischen Modifikationen, beginnend mit „Theory of Justice – Political not Metaphysical" von 1984/85, die zu einer, in der Konsequenz, Common Sense-Theorie des demokratischen Verfassungsstaates geführt haben.[21] Auch bei Rawls ist von der politischen Kultur die Rede, aus der heraus die Sinngehalte und Prinzipien des demokratischen Verfassungsstaates gewonnen, besser gesagt: expliziert werden. Unter „politischer Kultur" werden also in beiden Fällen, bei Habermas und bei Rawls, Dispositionen und Traditionen, Gewohnheiten und Überzeugungen verstanden, die eine freiheitliche, rechtsstaatliche und demokratische Verfassung zu stützen in der Lage sind.

Damit komme ich zum zweiten Feld, der Hinwendung der politikwissenschaftlichen Kulturforschung zu einem neuen Verständnis von „politischer Kultur". Einher geht mit

19 *Habermas* 1998.
20 *Habermas* 1998: 678, vgl. in diesem Sinne auch *Habermas* 1998: 385, 395, 434, 446 u. 642 f.
21 *Rawls* 2003; *Rawls* 1994.

dieser Reorientierung innerhalb der Politischen Kulturforschung der Rückgriff in der Politikwissenschaft auf neuere kulturwissenschaftliche Ansätze – das dritte Feld –, wobei hier weniger die Einholung der deutschen kulturphilosophischen Tradition gemeint ist, vielmehr jene Ansätze aus Kulturanthropologie und Ethnomethodologie und neuere Ansätze der ideengeschichtlichen Forschung, vor allem aus dem anglo-amerikanischen Bereich, reflektiert werden.[22] Beide Felder, die Neujustierung der politischen Kulturforschung und der Einbezug kulturwissenschaftlicher Fragestellungen und Methoden, möchte ich im Folgenden zusammen behandeln, weil sich hierin auch eine systematische theoretische Perspektive für das Verhältnis von Kultur, Politik und Verfassung gewinnen lässt, die also nicht nur additiv, sondern konstitutiv zu verstehen ist. Der systematische Aspekt besteht in einer Reflektion auf die kulturelle Codierung der Weltwahrnehmung, den kulturellen Charakter der Deutung der politischen Welt. Eine Verfassungswissenschaft, die Kulturwissenschaft sein möchte, wird zu ihrer Grundlegung an einer solchen systematischen Überlegung nicht vorbei kommen.

Die Politische Kulturforschung hatte zunächst versucht, die subjektive Dimension von Politik mittels der Aggregierung von Einstellungen in Survey-Untersuchungen und / oder durch die behavioristische Analyse von Verhaltensweisen individueller oder kollektiver sozialer und politischer Akteure zu erfassen. An dieser Konzeption von politischer Kultur, wie sie vor allem Almond und Verba eingeführt haben, hat sich dann eine grundlegende Kritik herausgebildet, die vor allem die kollektive, gesellschaftliche, intersubjektive Dimension von Kultur einbezogen wissen wollte. Der grundlegende Einwand gegen die vorwiegend quantitativ und szientistisch orientierte Politische Kulturforschung ist, dass sie die überindividuellen kulturellen Selbstverständlichkeiten und Selbstverständnisse, die sozial vermittelten „shared meanings“ und Weltbilder nicht oder nur unzureichend erfasst.[23]

Die Neuorientierung in der Politischen Kulturforschung ist dagegen getragen von den kulturtheoretisch und auch kulturanthropologisch informierten zwei Prämissen: Erstens, Politik stellt eine soziale Aktivität dar, die in gesellschaftlich konstituierten Sinnbezügen steht, durch sie Präferenzen, Eingrenzungen und Ausrichtungen erfährt, die aber selbst zur symbolischen und normativen, deutenden und handlungsleitenden Interpretation von Leben und kulturellen Lebensweisen beiträgt. Zweitens, Kulturen, in denen sich die sozialen Sinngehalte einer Gemeinschaft oder Gesellschaft manifestieren und in denen sich die Sinnbezüge von Politik auskristallisieren, unterscheiden Gesellschaften voneinander. Kulturen unterscheiden sich also in ihren Weltbildern. Ein Konzept Politischer Kulturforschung, das sich die Entschlüsselung des „kulturellen Codes“ von politischen Gesellschaften zur Aufgabe macht, setzt andere, erweiternde theoretische und methodische

22 Vgl. jetzt die Beiträge in *Schwelling* 2004.
23 Vgl. u. a. *Rohe* 1987: 39-48; *Gebhardt* 1987: 49-60.

Akzente als ein allein auf Umfrageforschung basierender Ansatz. Hierzu ist eine Rückbesinnung auf interpretativ-hermeneutische Ansätze und eine Neuorientierung auf diskurs- und sprachanalytische Methoden notwendig, mit deren Hilfe kulturelle und kollektive Vorstellungen und Selbstverständnisse einer Gesellschaft, die sich unter anderem in Texten, Symbolen, Ritualen etc. manifestieren, erschlossen werden können.

Politische Kultur lässt sich somit verstehen als das Ensemble verfestigter Einstellungen und Werte sowie Denkformen, Vorstellungen und Verhaltensweisen, die in einer Gesellschaft vorfindlich sind und weder durch staatlich sanktionierte Regeln noch durch unmittelbar materielle Abhängigkeiten bestimmt sind – und die dennoch zur Stabilisierung und Integration der Gesellschaft beitragen. Damit erweitert sich der Gegenstandsbereich politischer Kultur von der Orientierung kognitiver, affektiver und evaluativer Einstellungen zum politischen System und seinen Leistungen zu den normativen Vorstellungen über die gesellschaftlichen Grundlagen politischer Ordnungen.[24]

Kultur wird damit als eigenständige Variable verstanden. Einstellungen wie Vorstellungen, Ideen wie Begriffe (so auch der Verfassung), „konstituieren" Realität insofern, als sie den Ausschnitt wahrgenommener, perzipierter Realität strukturieren. Kultur, so hat Max Weber definiert, „ist ein vom Standpunkt des Menschen aus mit Sinn und Bedeutung bedachter endlicher Ausschnitt aus der sinnlosen Unendlichkeit des Weltgeschehens".[25] Kultur ist entscheidend „nicht nur für das, was als ‚wertvoll', sondern auch für das, was als bedeutsam oder bedeutungslos, als ‚wichtig' und ‚unwichtig' an den Erscheinungen gilt".[26] Kultur in dem hier verstandenen Sinne lässt auch Institutionen und soziale Praktiken erst zu dem werden, was sie sind: „No institution or practice is what it is, or does what it does … for institutions and practices are always partially … constituted by what certain people think and feel about them"[27]. Anders ausgedrückt: Institutionen und soziale Praktiken werden erst durch ihre Verordnung und Verankerung in einem kulturellen Bedeutungsfeld zu dem, was sie sind.

Diese Überlegungen schließen eine Reihe von kulturwissenschaftlichen Ansätzen und Theorieentwicklungen ein, die, bei aller Unterschiedlichkeit, zwei Gesichtspunkte gemeinsam haben: Ersten sehen sie in Sprache, Symbolen und geteilten Überzeugungen, also in einem System intersubjektiver Bedeutungen, die Grundlagen von Gemeinschaft. Bedeutungen sind die Voraussetzungen für Handeln, umgekehrt gilt aber auch: Handeln ist Deuten, es schafft Bedeutungen. Zweitens finden diese „geteilten Überzeugungen", die „Bedeutungsgewebe" (Clifford Geertz), die großen und kleinen sinnhaften Welten, ihren materiellen Niederschlag in sprachlichen und nichtsprachlichen Zeugnissen gesell-

24 Vgl. *Vorländer* 1997: 65 ff.

25 *Weber* 1988: 180.

26 *Weber* 1988: 182.

27 *MacIntyre* 1971: 263.

schaftlicher Selbstverständigung. Bedeutungswelten, Sinnbezüge, politische Deutungskulturen finden ihren Ausdruck in Sprache, Diskursen, Texten, Praktiken und Institutionen, zusammengenommen also in unterschiedlichen symbolischen Formen, in denen Sinn zum Ausdruck gebracht wird.

4 Verfassungswissenschaft als Kulturwissenschaft

Hier nun kann eine politikwissenschaftliche Verfassungstheorie ansetzen und zugleich die Brücke zu einer sich interdisziplinär verstehenden Verfassungswissenschaft als Kulturwissenschaft schlagen.[28] Die Wissenschaft von der Politik war seit ihren aristotelischen Anfängen eine Wissenschaft vom Handeln des Menschen in einer guten und gerechten Ordnung. Der Begriff der Verfassung ist also als allgemeiner politischer Ordnungsbegriff zu restituieren. In einer Verfassung, so kann hier argumentiert werden, werden die grundlegenden Ordnungsvorstellungen des politischen Gemeinwesens symbolisch zum Ausdruck gebracht.[29] Dabei kommt es entscheidend auf die symbolischen Formen der Ordnungsrepräsentation an.

Symbolische Formen – ein Begriff, der der Philosophie Ernst Cassirers entlehnt ist – sind die Vermittlungsformen zwischen der politischen Kultur, in der die politischen Ordnungsvorstellungen enthalten und verhandelt werden, und der Verfassung, in der diese Ordnungsvorstellungen zu einem normative Verbindlichkeit beanspruchenden Regelwerk verdichtet werden. Die symbolischen Formen sorgen dafür, dass die Vorstellungen über die Grundlagen des Politischen zu etwas Sinnhaftem und zu etwas Gültigem verarbeitet werden. Symbole lassen sich demnach keineswegs nur auf expressive oder additive Funktionen bereits konstituierter Ordnungen und ihrer institutionellen Formen reduzieren, auch nicht als Muster von Täuschungs- oder Ersatzhandlungen verstehen. Symbole sind „Vehikel der Sinnbildung", sie geben Handlungen und Orientierungen sinnstiftende Deutungen. Der Sinn einer Verfassung als einer solchen symbolischen Ordnung ergibt sich nicht daraus, dass ihr eine normativ-regulative Funktion eingeschrieben ist – ein positivistischer Kurz- und ein nominalistischer Fehlschluss –, sondern daraus, dass ihr herausgehobene, grundlegende Ordnungsvorstellungen und Leitideen zugeschrieben werden und von ihr eine instrumentell-steuernde Funktion erwartet wird.

28 Vgl. jetzt ausführlich meine Überlegungen in *Vorländer* 2006b und die dort angeführten Arbeiten, die im Rahmen des Dresdner Sonderforschungsbereichs 537 (Projekt „Verfassung als institutionelle Ordnung des Politischen") entstanden sind.

29 Wenn man mit Eric Voegelin zudem davon ausgehen kann, dass eine jede Ordnung auf Erfahrung beruht, dass „die Realität der Erfahrung selbst-interpretativ" ist, also Gesellschaften sich beständig selbst interpretieren, dann bringt sich der Sinn der Ordnung in symbolischen Formen der Gesellschaft zum Ausdruck, vgl. *Voegelin* 1994: 100.

Verfassungen sind symbolische, keine feststehenden Ordnungen, sie stellen Ordnungsbehauptungen und Geltungsansprüche auf, können sie aber von sich aus nicht einlösen. Verfassungen sind auf symbolische Darstellungsformen angewiesen[30], die ihr Geltung, das heißt Akzeptanz und Anerkennung, verschaffen. Symbolizität und Funktionalität lassen sich deshalb nicht trennen, die Funktionalität der Verfassung liegt in ihrer symbolischen Bedeutung.

Zusammenfassend kann also festgehalten werden: Unter Konstitutionalismus können jene grundlegenden Ordnungsvorstellungen des Politischen verstanden werden, denen in einem politischen Gemeinwesen ein besonderer normativer Rang zugeordnet wird. Solche grundlegenden Ordnungsvorstellungen müssen nicht immer in urkundlicher Form, als geschriebene Verfassung und in Rechtsform vorliegen. Auch ungeschriebene Konventionen können, genauso wie einzelne Gesetze oder Regelungen, den Rang einer Verfassung erhalten und auch als „Verfassung“ bezeichnet werden. Die englische Entwicklung, die keine geschriebene Verfassung im kontinentaleuropäischen und nordamerikanischen Verständnis besitzt, ist gleichwohl immer davon ausgegangen, dass es eine *constitution* gibt.[31]

Auch meine Überlegungen zeigen an – und bestätigen damit Peter Häberle –, dass der Begriff der Verfassung oder des Konstitutionalismus aus einer juristischen Engführung zu befreien ist. Denn eben nicht allein die rechtliche Verfassung beinhaltet jene grundlegenden Ordnungsprinzipien des Politischen, sondern es kommen kollektive Vorstellungen und soziale Praktiken hinzu, in denen sich diese Ordnungsprinzipien und ihre Anerkennung ausbilden und die einer – rechtlichen – Verfassung erst den normativen Rang und die Geltung sichern, die zu ihrer Aufgabenerfüllung notwendig ist. Mehr noch, Verfassungen sind immer in kulturelle und historische Kontexte eingelassen, sie sind eingebettet in eine politische Kultur, aus der heraus sich Rang, Stellung und Ordnungsgehalt der Verfassung ergeben. Deshalb erscheint es auch sinnvoll, von historisch distinkten Verfassungskulturen zu sprechen, in denen jene Ordnungsgehalte und Prinzipien enthalten sind und präsent gemacht werden. Unter Verfassungskulturen können damit jene verfestigten, über lange Zeit bestehenden kollektiven Vorstellungen und Praktiken verstanden werden, die die Sinngehalte einer spezifischen politischen Ordnung normativ auszeichnen.

30 Wobei der Text, die Schriftlichkeit, nur eine Form neben vielen anderen – Erlebnis, Fest, Richterinszenierung, Oralität etc. – ist. Vgl. *Vorländer* 2011: 79-97.

31 Vgl. zu den unterschiedlichen Verfassungskulturen *Vorländer* 2004a: 34 ff. und *Vorländer* 2004b: 21-42.

Literatur

Becker, Michael / *Zimmerling*, Ruth (Hrsg.), 2006: Politik und Recht. PVS Sonderheft 36, Wiesbaden.

Berg-Schlosser, Dirk / *Schissler*, Jakob (Hrsg.), 1987: Politische Kultur in Deutschland. Bilanz und Perspektiven der Forschung. PVS Sonderheft 18, Opladen.

Brodocz, André, 2004: Die symbolische Dimension konstitutioneller Institutionen. Über kulturwissenschaftliche Ansätze in der Verfassungstheorie. In: Schwelling, Birgit (Hrsg.), Politikwissenschaft als Kulturwissenschaft. Theorien, Methoden, Problemstellungen, Wiesbaden, S. 134 ff.

Fraenkel, Ernst, 1986: Deutschland und die westlichen Demokratien, 4. Aufl., Stuttgart.

Friedrich, Carl Joachim, 1953: Der Verfassungsstaat der Neuzeit, Berlin.

Gebhardt, Jürgen, 1987: Politische Kultur und Zivilreligion. In: Berg-Schlosser, Dirk / Schissler, Jakob (Hrsg.), Politische Kultur in Deutschland. Bilanz und Perspektiven der Forschung. PVS Sonderheft 18, Opladen, S. 49-60.

Gebhardt, Jürgen (Hrsg.), 1999: Verfassung und politische Kultur, Baden-Baden.

Gebhardt, Jürgen, 2001: Verfassung und Symbolizität. In: Melville, Gert (Hrsg.), Institutionalität und Symbolisierung. Verstetigungen kultureller Ordnungsmuster in Vergangenheit und Gegenwart, Köln, S. 585-602.

Georgi-Findlay, Brigitte / *Mohr*, Hans Ulrich (Hrsg.), 2003: Millennial Perspectives: Lifeworlds and Utopias, Heidelberg.

Graf Kielmansegg, Peter, 1988: Das Experiment der Freiheit. Zur gegenwärtigen Lage des demokratischen Verfassungsstaates, Stuttgart.

Graf Kielmansegg, Peter, 2013: Grammatik der Freiheit. Acht Versuche über den demokratischen Verfassungsstaat, Baden-Baden.

Häberle, Peter, 1998: Verfassungslehre als Kulturwissenschaft, Berlin.

Habermas, Jürgen, 1987: Eine Art Schadensabwicklung, Frankfurt a. M.

Habermas, Jürgen, 1990: Grenzen des Neohistorismus. In: Habermas, Jürgen, Die nachholende Revolution, Frankfurt a. M., S. 149-156.

Habermas, Jürgen, 1998: Faktizität und Geltung, Frankfurt a. M.

Hensel, Silke u. a. (Hrsg.), 2012: Constitutional Cultures. On the Concept and Representation of Constitutions in the Atlantic World, Newcastle upon Tyne.

Institut für Europäische Verfassungswissenschaften (Hrsg.), 2004: Die Europäische Union als Verfassungsordnung, Berlin.

Kollmar-Paulenz, Karenina u. a. (Hrsg.), 2011: Kanon und Kanonisierung. Ein Schlüsselbegriff der Kulturwissenschaften im Interdisziplinären Dialog, Basel.

MacIntyre, Alasdair, 1971: Against the Self-Image of the Age, London.

Melville, Gert (Hrsg.), 2001: Institutionalität und Symbolisierung. Verstetigungen kultureller Ordnungsmuster in Vergangenheit und Gegenwart, Köln.

Melville, Gert / *Vorländer*, Hans (Hrsg.), 2002: Geltungsgeschichten. Über die Stabilisierung und Legitimierung institutioneller Ordnungen, Köln.

Rawls, John, 1994: Die Idee des Politischen Liberalismus, Frankfurt a. M.

Rawls, John, 2003: Eine Theorie der Gerechtigkeit, Frankfurt a. M.

Rohe, Karl, 1987: Politische Kultur und der kulturelle Aspekt politischer Wirklichkeit – Konzeptionelle und typologische Überlegungen zu Gegenstand und Fragestellung Politischer-Kultur-Forschung. In: Berg-Schlosser, Dirk / Schissler, Jakob (Hrsg.), Politische Kultur in Deutschland. Bilanz und Perspektiven der Forschung. PVS Sonderheft 18, Opladen, S. 39-48.

Schwelling, Birgit (Hrsg.), 2004: Politikwissenschaft als Kulturwissenschaft. Theorien, Methoden, Problemstellungen, Wiesbaden.

Spiro, Herbert J., 1959: Government by Constitution: The Political Systems of Democracy, New York.

Sternberger, Dolf, 1990: Verfassungspatriotismus. Schriften Bd. 10, Frankfurt a. M.

Stone Sweet, Alec, 2000: Governing with Judges. Constitutional Politics in Europe, Oxford.

Stourzh, Gerald 1989: Wege zur Grundrechtsdemokratie. Studien zur Begriffs- und Institutionengeschichte des liberalen Verfassungsstaates, Köln.

Voegelin, Eric, 1994: Autobiographische Reflexionen, München.

Vorländer, Hans, 1981: Verfassung und Konsens. Der Streit um die Verfassung in der Grundlagen- und Grundgesetz-Diskussion der Bundesrepublik Deutschland, Berlin.

Vorländer, Hans 1987: Forum Americanum. Kontinuität und Legitimität der Verfassung der Vereinigten Staaten von Amerika 1787-1987. In: Jahrbuch des Öffentlichen Rechts der Gegenwart 36, S. 451-488.

Vorländer, Hans 1997: Hegemonialer Liberalismus. Politisches Denken und Politische Kultur in den USA 1776-1920. Frankfurt a. M.

Vorländer, Hans, 1998: What is „Constitutional Culture". In: Hensel, Silke u. a. (Hrsg.), 2012, Constitutional Cultures. On the Concept and Representation of Constitutions in the Atlantic World, Newcastle upon Tyne, S. 21-41.

Vorländer, Hans, 1999: Verfassung und politische Kultur. Anmerkungen aus aktuellem Anlaß. In: Gebhardt, Jürgen (Hrsg.), Verfassung und politische Kultur, Baden-Baden, S. 75-84.

Vorländer, Hans, 2002a: Gründung und Geltung. Die Konstitution der Ordnung und die Legitimität der Konstitution. In: Melville, Gert / Vorländer, Hans (Hrsg.), Geltungsgeschichten. Über die Stabilisierung und Legitimierung institutioneller Ordnungen, Köln, S. 234-264.

Vorländer, Hans (Hrsg.), 2002b: Integration durch Verfassung, Wiesbaden.

Vorländer, Hans u. a., 2003: The Triumph of Constitutionalism in the 20th Century. In: Georgi-Findlay, Brigitte / Mohr, Hans Ulrich (Hrsg.), Millennial Perspectives: Lifeworlds and Utopias, Heidelberg, S. 227-247.

Vorländer, Hans, 2004a: Die Verfassung – Idee und Geschichte, 2. Aufl., München.

Vorländer, Hans, 2004b: Die drei Entwicklungswege des Konstitutionalismus in Europa. In: Institut für Europäische Verfassungswissenschaften (Hrsg.), Die Europäische Union als Verfassungsordnung, Berlin, S. 21-42.

Vorländer, Hans (Hrsg.), 2006a: Die Deutungsmacht der Verfassungsgerichtsbarkeit, Wiesbaden.

Vorländer, Hans, 2006b: Die Verfassung als symbolische Ordnung. Perspektiven einer kulturwissenschaftlich-institutionalistischen Verfassungstheorie. In: Becker, Michael / Zimmerling, Ruth (Hrsg.), Politik und Recht. PVS Sonderheft 36, Wiesbaden.

Vorländer, Hans, 2011: Verfassungen leben nicht vom Text allein. Wie die normative Kraft von Verfassungen erzeugt wird. In: Kollmar-Paulenz, Karenina u. a. (Hrsg.), Kanon und Kanonisierung. Ein Schlüsselbegriff der Kulturwissenschaften im Interdisziplinären Dialog, Basel, S. 79-97.

Vorländer, Hans / *Melville*, Gert, 2002: Geltungsgeschichten und Institutionengeltung. In: Melville, Gert / Vorländer, Hans (Hrsg.), Geltungsgeschichten. Über die Stabilisierung und Legitimierung institutioneller Ordnungen, Köln, S. VIII-XV.

Weber, Max, 1988: Die „Objektivität" sozialwissenschaftlicher und sozialpolitischer Erkenntnis. In: Weber, Max, Gesammelte Aufsätze zur Wissenschaftslehre, Tübingen.

Andreas Voßkuhle / Thomas Wischmeyer

Der Jurist im Kontext. Peter Häberle zum 80. Geburtstag*

1 Kontextsensible Rechtswissenschaft: Voraussetzungen und Methoden

Vor über 30 Jahren hat sich *Peter Häberle* als Herausgeber in den Dienst des Jahrbuchs des öffentlichen Rechts der Gegenwart gestellt. Mit der Tätigkeit für das Jahrbuch hat Häberle wie kaum ein anderer dazu beigetragen, der deutschsprachigen Wissenschaft im internationalen Verfassungsdiskurs eine Stimme zu verleihen. An seinem 80. Geburtstag legt Häberle die Geschicke des Jahrbuchs in die Hände einer jüngeren Generation.

Es ist selbstverständlich, Peter Häberle aus diesem Anlass zu ehren und ihm Dank abzustatten. Doch wie kann man dieser Aufgabe neu und eigenständig gerecht werden? Jeder Versuch einer Würdigung Häberles hat sich mittlerweile in ein ganzes Korpus entsprechender Schriften einzuordnen[1]: Dort wurde seine Klassizität hervorgehoben[2], hier der Vergleich zu dem anderen großen Bayreuther Literaten, *Jean Paul*, gezogen[3], auch der Ehrentitel „Europäischer Jurist" ist bereits an seinen Schöpfer verliehen[4]. Die politischen und wissenschaftlichen Auszeichnungen sind vielfach vermerkt: Häberle ist Ehrendoktor[5], Ordensträger[6], Mitglied in zahlreichen Akademien und akademischen Ge-

* Der Beitrag erschien zuerst im JöR 63 (2015), S. 401-428 und wurde hier an die Gestaltungsvorgaben des Bandes angepasst.

1 Aus der Vielzahl an Würdigungen Häberles seien hier nur die folgenden herausgegriffen: *Hesse* 1995: 215 ff.; *Stolleis* 2001: 130 ff.; *Schulze-Fielitz* 2001: 145 ff.; *Gomes Canotilho* 2001: 229 ff. (insbes. zur Europäischen Verfassungslehre); *Graf Vitzthum* 2002: 397 ff.; *Morlok* 2004a: 327 ff. Hinzu kommen die instruktiven (werk-)biographischen Interviews, etwa von *Landa* 2002: 277 ff., *Ridola* 2002: 334 ff., *Posavec* 2002: 354 ff. und *Kuriki* 2002: 374 ff.

2 Insbesondere durch *Graf Vitzthum* 2002: 397 ff.

3 *Maier* 1999: 18; dann auch *Maier* 2001: 225 ff.; der Vergleich auch bei *Stolleis* 2001: 142. Der Vergleich des Verfassungsrechtlers mit dem Literaten liegt für Häberle auch aus werkimmanenten Gründen nahe. Vgl. nur *Häberle* 1983a.

4 *Pernice* 2004: 3 ff. Zu diesem Begriff grundlegend: *Häberle* 2002a: 123 ff.; *Häberle* 1998a: 1102 ff.; *Häberle* 2011a: 143 ff. Dazu jetzt auch *Voßkuhle* 2010: 326 ff.

5 So nach letztem Stand der Rechtswissenschaftlichen Fakultäten der Aristoteles-Universität Thessaloniki (1994), der Universität Granada (2000), der Katholischen Universität Lima (2003), der Universität Brasília (2005), der Universität Lissabon (2007), der Universität Tiflis (2009) und der Universität Buenos Aires (2009).

sellschaften[7], Empfänger akademischer Preise[8], Namensgeber wissenschaftlicher Institute[9], Adressat einer Vielzahl von Festschriften[10] – die Buchhaltung ist aufwendig, so rasch kommen neue Ehrungen hinzu. Wie lässt sich all dies noch ergänzen geschweige denn übertreffen?

Die Antwort kann kaum darin liegen, das schon einmal Gesagte zu addieren oder einfach neu zu arrangieren. Mit ihrem Vorschlag, die Würdigung von Peter Häberle dem Erstautor Andreas Voßkuhle anzuvertrauen, haben die neuen Herausgeber des Jahrbuchs vielmehr einen anderen Weg gewiesen. Die frühe Prägung im Bayreuther „Häberle-Seminar" haben bei Andreas Voßkuhle zu einem lebenslangen und nachhaltigen Einfluss geführt, ohne in die klassischen Formen einer akademischen Lehrer-Schüler-Beziehung überführt zu werden. Hofften die neuen Herausgeber, dass das hieraus resultierende Verhältnis distanzierter Nähe einen besonders unverstellten Blick auf Häberle und sein Werk ermöglicht? Solch eine Perspektive kann jedenfalls hilfreich sein, um zu fragen, was Häberle unserer Wissenschaft bislang gegeben hat, vor allem aber auch um zu reflektieren, was Häberles Texte einer nachfolgenden Generation von Verfassungsjuristinnen und Verfassungsjuristen sagen können. Diesem zweiten Aspekt soll hier dadurch in besonderem Maße Rechnung getragen werden, dass sich mit dem Zweitautor Thomas Wischmeyer ein „junger Verfassungsjurist" mit daran macht, Häberles Texte auf ihre Zukunftsfähigkeit hin zu überprüfen. Es ist das gemeinsame Gespräch über Generationen hinweg wie es Peter Häberle immer gepflegt hat, das auf diese Weise fortgesetzt werden soll.

Ausgangspunkt unserer Überlegungen ist das von Peter Häberle immer wieder aus unterschiedlichsten Perspektiven reflektierte Verhältnis von Recht, d. h. von Rechtstexten, und Kontext. Die Institution „Geburtstagsblatt" ermuntert und ermutigt dazu, in der

---

6 Unter der Vielzahl der Ehrungen seien nur folgende hervorgehoben: Ernennung zum Großoffizier der Italienischen Republik (1996); Verdienstkreuz am Bande des Verdienstordens der Bundesrepublik Deutschland (1997); Ehrenmedaille des italienischen Verfassungsgerichts (2003); Ehrenmedaille des Verfassungsgerichts von Peru (2003); Bayerischer Verdienstorden (2007); Ehrenkreuz der Universität La Sapienza, Rom (2009); Ehrenkreuz der Republik Österreich für Wissenschaft und Kunst I. Klasse (2010); Cruzeiro do Sul (höchste Klasse), Brasilien (2011).

7 So ist Häberle unter anderem korrespondierendes Mitglied der Heidelberger Akademie der Wissenschaften (seit 1996), ordentliches Mitglied der Bayerischen Akademie der Wissenschaften (seit 1998), korrespondierendes auswärtiges Mitglied der Academia Nacional de Derecho y Ciencias Sociales de Córdoba (seit 2007), sowie seit 2011 als erster ausländischer Staatsrechtslehrer auch Mitglied der italienischen Staatsrechtslehrervereinigung.

8 Insbesondere des Max-Planck-Forschungspreises für Internationale Kooperation (1998).

9 So existiert an der Universität Granada seit 2010 das „Centro de Investigación de Derecho Constitucional Peter Häberle"; an der Universität Brasília existiert ein entsprechendes „Centro de Pesquisa" seit 2011.

10 Neben den zahlreichen, zum Teil hier schon in Fn. 1 und 4 zitierten Kolloquiumsbänden und Festschriften (zum 60., 65., 70. und 75. Geburtstag) sei an dieser Stelle nur die bemerkenswerte (erste) spanische Festschrift hervorgehoben: Balaguer Callejón (coord.), Derecho Constitucional y Cultura, Estudios en Homenaje a Peter Häberle, Madrid 2004.

Vergegenwärtigung von Häberles Denkbewegungen den Bedingungen und der Leistungsfähigkeit eines solchen Ansatzes etwas nachzuspüren.[11] Die Einheit, die Form und Inhalt von Häberles Denken bilden, ermöglicht, dies durch Beobachtung seines Umgangs mit ausgewählten Themenstellungen zu tun. Die erste Erkenntnis, die Häberle dabei lehrt, ist: Kontexte lassen sich nur im Schreiben bewältigen. Was aber bedarf es darüber hinaus für eine Rechtswissenschaft des Kontextes?

1.1 Zugriff auf Traditionen als Speicher von Kontexten

Kenntnis der Tradition ist für eine an Kontexten interessierte Rechtswissenschaft kein Hindernis, sondern Möglichkeitsbedingung.[12] Denn die Geschichte der Wissenschaft vom Öffentlichen Recht bildet selbst einen der maßgeblichen Kontexte für das Verständnis des gegenwärtigen Rechts. Und Häberles Werk ist wie kaum eines in diese Geschichte verwoben.

Wendet sich der Leser dieser Tage Häberles wie in rauschhafter Produktivität entstandenen, technisch makellosen und in ihrer theoretischen Ambition kaum einzuholenden Schriften der 1960er und frühen 1970er-Jahre zu, taucht er ganz in die Debattenlage der Bonner Republik ein.[13] Von dort aus – denn Häberle ist unübertroffen darin, das eigene Wirken in die Tradition einzubetten – entfalten sich die Bezüge weiter und tiefer in die Weimarer Republik, über *Konrad Hesse*[14] vor allem zu den Referenzgestalten *Rudolf Smend* und *Hermann Heller*.[15] Fast alle kommen zur Sprache; auch wissenschaftliche

---

11 Die Verbindung von persönlicher Würdigung und Methodenreflexion wird Leser Häberles kaum überraschen. So betont Häberle in vielen seiner „Geburtstagsblätter" – eine von ihm zur Vollendung gebrachte Gattung –, dass Rekonstruktionen von Werk und Wirken großer Wissenschaftler-Persönlichkeiten stets einen methodischen Bekenntnischarakter haben. Der Verfasser von Glückwünschen formuliere in den Maßstäben, die er an das Werk des Gewürdigten anlegt, „bewußt oder unbewußt auch immer ein Stück seines eigenen Selbstverständnisses": so *Häberle* 1998a: 529; ähnlich etwa *Häberle* 2002f: 90. Vgl. auch die unter der Überschrift „Elemente einer personalen Staatsrechtslehre" zusammengefassten Würdigungen deutscher Staatsrechtslehrer in: *Häberle* 2002b: 1 ff.

12 Zur Bedeutung der (Verfassungs-)Rechtsgeschichte für die Verfassungstheorie vgl. nur *Häberle* 1977a: 32 (auch in: *Häberle* 1998b: 17 ff.).

13 Vgl. nur die beiden Freiburger Qualifikationsarbeiten, mit denen sich Häberle einen wissenschaftlichen Namen gemacht hat: *Häberle* 1962 (1983 in 3. erweiterter Auflage erschienen); *Häberle* 1970a (2006 in 2. Auflage erschienen); dann auch *Häberle* 1970b: 86 ff., 260 ff. (auch in: *Häberle* 1979a: 235 ff., mit Nachtrag 308 ff.); sowie die unten in Fn. 23 zitierten Arbeiten.

14 Die Beziehung zwischen Hesse und Häberle ist keineswegs einseitig. Auch Häberle hat Hesses Denken beeinflusst; seine Thesen (etwa von der deklaratorischen Bedeutung des Art. 19 II GG sowie vom Doppelcharakter der Grundrechte) haben ihren Weg in dessen disziplinprägende *Grundzüge* gefunden (vgl. dazu die Hinweise bei *Häberle* 2002f: 87 mit Fn. 64).

15 Vgl. nur die Hinweise zu den für ihn maßgeblichen Referenzgestalten im Interview durch Prof. Dr. Zvonko Posavec, in: *Posavec* 2002: 354 [357 f., 363 f.]. Häberle nennt hierbei unter anderem *Smend*, *Hesse*, *Heller* (dazu auch unten Fn. 29, 127, 156), *Popper* (dazu auch unten Fn. 42) und *Habermas* (dazu auch unten Fn. 20).

Gegner erfahren nicht nur eine respektvolle, sondern eine vom echten Verstehenwollen getragene Behandlung.[16] Die Textschichten, die so durch diese Texte hindurch auf uns wirken, laden ein zu einer Archäologie des juristischen Wissens. Wohlgemerkt: Eine derartige Disziplin müsste sich wiederum an den Vorarbeiten Häberles und seiner Schule orientieren. Denn das Wissensnetzwerk Staatsrechtslehre ist fast nirgends genauer beobachtet, faszinierender beschrieben und in seiner Funktion als „‚Marktplatz' für Machtvorgänge" hellsichtiger kritisiert worden als hier, um doch stets als natürliches Umfeld der eigenen Wissenschaftlerexistenz vorausgesetzt zu werden.[17]

Doch können hier nur geschlagene Schlachten studiert werden? Fordern die Texte der wissenschaftlichen Anfangsjahre allein den archäologischen Blick? Im Gegenteil: Häberles Bemühungen um ein angemessenes Verständnis des Grundrechtskatalogs, die Reflexionen über die Notwendigkeit eines offen-dynamischen oder aber bewahrenden Zugangs zu der vom Grundgesetz instituierten Rechtsordnung und letztlich auch die Frage nach dem Verhältnis von (National-)Staat und (europäischer) Verfassungsordnung gehen uns jetzt noch genau wie damals an. Davon zeugen aktuelle Debatten.[18] Umgekehrt erschließen die in Häberles Texten präsent gehaltenen Traditionen die heute die Disziplin prägenden Vorverständnisse einzigartig präzise in ihrem Problemgehalt.

1.2 Neugier und der Aufbruch zu neuen Kontexten

Kontextualisten müssen Achtsamkeit für das Gegebene mit Neugier auf das in Wandlung Befindliche verbinden. Das Bewusstsein, Teil eines immer schon sprechenden Diskurses zu sein, darf nicht zur selbstreferentiellen Lähmung führen. Ganz in diesem Sinne stellt Häberle sein Wirken auf eine neue theoretische Grundlage, nachdem er zu Beginn des ersten Ordinariats in Marburg kaum mehr Möglichkeiten sieht, über das Bisherige hinauszugelangen.[19]

---

16 Immer noch beeindruckt Häberles intensive Auseinandersetzung auch mit seinen wissenschaftlichen „Gegnern", darunter insbesondere Forsthoff. Siehe dazu nur *Häberle* 1972a: 425 ff. (= *Häberle* 1998b: 246 ff.); *Häberle* 1975a: 685 ff.; *Häberle* 1976a: 477 ff. (= *Häberle* 1998b: 396 ff.). Aber auch Ridder wird intensiv gewürdigt, vgl. *Häberle* 1977b: 90 ff. (= *Häberle* 1998b: 322 ff., mit der nachträglichen anerkennenden Würdigung ebd. 328). Bemerkenswerterweise scheint es jedoch an einer ausführlichen Auseinandersetzung mit *Abendroth* zu fehlen, obwohl gerade Häberles Thesen im Staatsrechtslehrerreferat von 1971 denen Abendroths durchaus nahe kommen, dazu *Thurn* 2013: 248.

17 *Häberle* 2007a: 168. Vgl. auch bereits *Häberle* 1996a: 327 ff.; *Häberle* 2003a: 164 ff.; sowie dann *Häberle* 2010a: 99 ff. Zu (Rechts-)Wissenschaft als Lebensform vgl. den gleichnamigen Text in: *Häberle* 2009a: 275 ff.

18 Vgl. dazu nur einerseits die Rezensionsabhandlung von *Volkmann* 2012: 601 ff.; *Volkmann* 2013; sowie andererseits das rezensierte Werk von *Depenheuer / Grabenwarter* 2010, sowie die Rezension von Volkmanns Buch durch *Lepsius* 2014: 192 f.

19 Vgl. die bei *Hesse* 1995: 215 übermittelte Selbsteinschätzung Häberles.

Dies glückt, weil Häberle äußere Irritationen der Disziplin und des Rechtssystems seismographisch registriert und verarbeitet, noch bevor andere die Erschütterung spüren.[20] So löst sich Häberle in seinem fulminanten Staatsrechtslehrerreferat von 1971[21] sowie in einer Reihe großer Aufsätze unter Stichworten wie „Leistungsstaat", „Teilhaberecht", „offene Gesellschaft", „Möglichkeitsdenken" und „kooperativer Verfassungsstaat" von den verfassungsrechtswissenschaftlichen Kategorien eines vordemokratischen Zeitalters und formt seine jetzt ganz eigene pluralistische „Verfassungstheorie der Verfahren und Alternativen" (*Hans Vorländer*)[22] aus.[23]

Fast stürmisch kündigt sich dann die nächste Metamorphose an. Vielleicht ist es gerade der Gegenwind, dem Häberles verfassungs- und grundrechtstheoretischer Ansatz in der Staatsrechtslehre der frühen 1980er Jahren ausgesetzt ist[24], der ihn die in seinem Werk immer schon präsente Grundierung nun zum eigentlichen Gegenstand seiner Forschung machen lässt. Jedenfalls befreit sich Häberle, ohne die Vergangenheit zu verleugnen, mit einer nur radikal zu nennenden Konsequenz aus den vertrauten Methodenbahnen, um sich und uns im kulturwissenschaftlichen Paradigma die farbenreichere Welt einer zwischen Rechtstext und Kontext changierenden „Verfassungs(rechts)lehre"[25] zu erschließen.[26] So wird im Jahr 1979 die Relevanz des „Kontextes" für das Verständnis der Verfassungsrechtsprechung formuliert[27] und die „kulturelle Verfassungsverglei-

20 Dies gilt, jedenfalls wenn man die rechtswissenschaftstypischen Reaktionszeiten anlegt, etwa für die Rezeption von *Habermas'* 1962 erschienener Habilitationsschrift „Strukturwandel der Öffentlichkeit". Deren dritter Auflage widmet Häberle eine ausführliche Rezension (*Häberle* 1969: 273 ff. [= *Häberle* 1998b: 225 ff.]) und verarbeitet dann wesentliche Thesen in mehreren Aufsätzen, zunächst in *Häberle* 1970c: 3 ff. (auch in *Häberle* 1980a: 126 ff.); vgl. dann die Nachweise Fn. 23. Vgl. dann auch die „umgekehrte" Rezeption durch Habermas unten Fn. 64. Zum Verhältnis von Häberle und Habermas näher *Stolleis* 2001: 140.

21 *Häberle* 1972c: 43 ff. Zu der daran anschließenden Kontroverse jüngst umfassend *Thurn* 2013: 146 ff., 244 ff.

22 So *Vorländer* 1981: 342.

23 *Häberle* 1974a: 111 ff. (= *Häberle* 1998b: 59 ff.); *Häberle* 1974b: 437 ff. (= *Häberle* 1998b: 93 ff.); *Häberle* 1975: 297 ff. (= *Häberle* 1998b: 155 ff.); *Häberle* 1977a: 27 ff. (= *Häberle* 1998b: 17 ff.); *Häberle* 1978a: 141 ff. (= *Häberle* 1998b: 407 ff.); *Häberle* 1998b: 121 ff. Zur Wirkung von Häberles Werk in den „Lehrjahren der Demokratie" vgl. auch *Stolleis* 2012: 328, 334, 352.

24 Vgl. nur die in gewisser Weise repräsentative Diskussionsbemerkung *Tomuschats* auf der Staatsrechtslehrertagung 1981 (Tomuschat 1982: 129), man habe das Gesetz lange „stärker als Eingriff und als Schranke gesehen, bis dann Herr Häberle uns belehrt hat, daß es auch als Entfaltung von Freiheit verstanden werden kann. Heute scheint allgemein das Pendel zurückzuschwingen. Das Gesetz wird eher als Last, als Druck empfunden". Allgemein zum „Stimmungsumschwung" in der Staatsrechtslehre der damaligen Zeit *Thurn* 2013: 289 ff.

25 *Häberle* 1982a: 47.

26 Vgl. in diese Richtung erstmals *Häberle* 1979b: 29 ff.; *Häberle* 1980b; *Häberle* 1982b (sowie darin: *Häberle* 1982c: 1 ff.); sowie dann *Häberle* 1982a; zur Rezeption dieser ersten Schritte vgl. die Hinweise bei *Häberle* 1998a: 1165 f.

27 *Häberle* 1979a: 44 ff.

chung" hält 1982 Einzug in das Werk.[28] Nur am Rande bemerkt: Auch diese Wendung will Häberle noch als Anknüpfen an einen Weimarer Traditionsstrang verstanden wissen.[29]

Die kulturwissenschaftliche Perspektive verweist also bereits auf das Vergleichen als Methode. Daher mag es in der Rückschau als kleiner Schritt von hier aus zur Rechtsvergleichung als „fünfter Auslegungsmethode"[30] und zur europäischen[31], ja mittlerweile universalen[32] Verfassungslehre erscheinen. Doch weshalb tat ihn dann kein anderer Staatsrechtslehrer ähnlich konsequent? Es ist wohl wieder Häberles ausgeprägte Sensibilität für den Augenblick, der die nochmalige Wandlung inspiriert: diesmal für die als „Wunder" empfundene deutsche Wiedervereinigung – hier verliert sich für den Moment die sonst so prägende wissenschaftliche Distanz und wir erblicken Häberle im Kreise seiner Studenten auf einer Montagsdemonstration in Leipzig[33] – und die dadurch mögliche Vertiefung und Erweiterung des europäischen Einigungswerkes.[34] Der jetzt getane „Brückenschlag" vom Staat als Verfassungsordnung, über die „regionale Verantwortungsgemeinschaft Europas" hin zur „universalen Weltgemeinschaft der Verfassungsstaaten und ihrer Bürger"[35] und von dort wieder zurück zum „kooperativen Verfassungsstaat"[36] markiert bis heute Häberles intellektuellen Wirkungskreis und begründet, dem Gegenstand gemäß, seine Weltgeltung.

---

28 *Häberle* 1982a, S. 33 ff.

29 Vgl. dazu etwa *Häberle* 1998a: 578 ff., der sich hier etwa auf *Dilthey* und *Rickert*, vor allem aber auf *Hellers* als Kulturwissenschaft angelegte Staatslehre (dazu auch *Häberle* 1981a: 44 f.) sowie auf den „geisteswissenschaftlichen" Ansatz von *Smend* und *Erich Kaufmann* bezieht. Schon *Häberle* 1998a: 1, betont, das Werk knüpfe an die „ältere Tradition von ‚Kulturwissenschaften' (W. Dilthey, A. Weber, M. Weber)" an und wolle auch in der Rechtswissenschaft an die „kulturwissenschaftliche ‚Spur' der Weimarer Tradition erinnern".

30 So erstmals *Häberle* 1989a: 916 ff.; dann auch *Häberle* 1992a: 27, 36 ff.; *Häberle* 1998a: 312 ff.; *Häberle* 2011a: 252 ff., 268 ff.

31 Einen Übergangstext zwischen kulturwissenschaftlichem Ansatz und europäischer Verfassungslehre bildet *Häberle* 1983b: 9 ff.; dann etwa *Häberle* 1994a; *Häberle* 1999a; *Häberle* 2000a; 2000b: 840 ff.; sowie schließlich dann die 2001/2002 erstmals veröffentlichte Europäische Verfassungslehre, die 2011 zuletzt in siebter Auflage erschienen ist.

32 Der Begriff „universal" wird erprobt in *Häberle* 1981b: 105 ff.; dann erfolgen immer weitere Annäherungen an Themen einer universalen Verfassungslehre, etwa in *Häberle* 1997a: 555 ff.; *Häberle* 2005a: 80 ff. (auch in: *Häberle* 2009a: 231 ff.); zuletzt dann die umfangreichen „Vorstudien zu einer universalen Verfassungslehre" (so der Untertitel) in *Häberle* 2013a.

33 Vgl. die Schilderung im Interview mit Prof. Posavec in: Posavec 2002: 367 (die Teilnahme sei allerdings „in aller Zurückhaltung" erfolgt).

34 Vgl. dazu die Selbstauskunft bei *Häberle* 1998b: 3.

35 *Häberle* 2011a: 28.

36 Zum „kooperativen Verfassungsstaat" siehe Häberles gleichnamige Monographie von 2013a (vgl. Fn. 32) sowie den gleichnamigen Text von 1978a (Fn. 23).

1.3 Kontextuelles Denken als Vermitteln: „Sowohl-als-auch" statt „Entweder-Oder"

Basis der Neugier ist ein integrierendes Denken, das hergebrachte Kategorien als Arbeitshypothesen versteht, die Eindimensionalität und „Intoleranz" dichotomischer Unterscheidungen überwinden will und stattdessen, zumindest bei Häberle, die Vermittlung sucht. Geradezu paradigmatisch für das weitere Werk heißt es schon in der Dissertation: „Wie so oft läßt sich auch bei dieser Frage [dem Problem von Grundrechtseingriffen zugunsten privater Interessen] nachweisen, daß sich die vielschichtigen Wirklichkeiten, mit denen es das Staatsrecht zu tun hat, nicht in das Entweder-Oder eines Begriffsschemas pressen lassen, sondern daß man ihnen oft nur durch ein vermittelndes und differenzierendes Sowohl-Als-auch gerecht zu werden vermag."[37]

In diesem Sinne geht er seinem „ausgeprägten Sinn für die Balancen entsprechend [...] einen Mittelweg, wie er überhaupt eine Abneigung gegen die ‚Manie' hat, alles auf ein einziges Prinzip zurückzuführen." – Diese Charakterisierung *Maurice Haurious* aus der Feder Häberles beschreibt wieder präzise das eigene (durch die Lehrer mitgeprägte) Selbstverständnis.[38] Dass die Offenheit für die „dritte und vierte" Möglichkeit, für Alternativen und Kompromisse einfache Antworten verhindert, erkennt Häberle, sieht gerade hierdurch jedoch das „spezifische juristische Ethos" herausgefordert.[39]

Die Skepsis gegenüber juristischen „Patentlösungen"[40] und alleserklärenden Großbegriffen[41] sowie die Ablehnung eines das nackte Faktum der Entscheidung verabsolutie-

---

37 *Häberle* 1983c: 23, unter Hinweis auf *Haurious* „esprit synthétique" und „esprit de complexité". Entsprechend argumentiert Häberle auch im Bezug auf den Souveränitätsbegriff (dazu *Häberle* 1967: 268 f. (= *Häberle* 1998b: 374 f.); zum Verhältnis von Sozialstaat und Grundrechten (dazu *Häberle* 1983c: 38: „Die Verfassung will Sozialstaat *und* Grundrechte, da sie beide Bedingung für die erstrebte ‚einheitsbildende Zusammenordnung' [...] sind"); in Anschluss an *E. Kaufmann* auch zum Verhältnis von Individuum und Überindividuellem [ebd. 77 f.]); allgemein dann etwa in *Häberle* 1977a: 39 (= *Häberle* 1998b: 28 f.); *Häberle* 1981c: 202 (zur „pragmatischen, kompromißhaften Integration von Theorieelementen"); sowie wiederum spezifisch zum Föderalismus (*Häberle* 1998a: 776 ff.), den Häberle als „komplexes Sowohl-Als-auch von Pluralität und Homogenität" versteht (ebd. 784). Weitere Beispiele ließen sich mühelos ergänzen.

38 So die Charakterisierung *Haurious* bei *Häberle* 1983c: 88. Umgekehrt werden *Carl Schmitts* dezisionistisches „aut-aut-Schema" und dessen Denken „in Alternativen und Antinomien" heftig kritisiert (ebd. 92 f. mit Fn. 167). Vgl. in diesem Sinne auch bereits: *Hesse* 1962: 95: „Rechtsstaat und politische Form, Rechtsstaat und Sozialstaat, als Hintergrund dieser Antinomien der Dualismus von Gesellschaft und Staat und die Scheinalternative von gesellschaftlicher Freiheit und staatlichem Zwang, als verfassungsrechtlicher Ausdruck all dessen das Auseinanderfallen von Grundrechts- und organisatorischem Teil der Verfassung [...]: Vorstellungen dieser Art sind der Einheit der Verfassung zutiefst unangemessen."

39 *Häberle* 1977a: 29 (= *Häberle* 1998b: 19).

40 *Häberle* 1983c: 67.

41 Vgl. *Häberle* 1977c: 285 (= *Häberle* 1998b: 349): „Offenbar will es nicht (mehr) gelingen, Staats- und Verfassungslehre aus *einem* Schlüsselbegriff zu entwickeln oder sie auf *eine* (politisch bedingte) Fragestellung zu reduzieren: wie ‚Integration', ‚Entscheidung', ‚Grundnorm' und Stufenbau, Staat/Gesellschaft, Freiheit."

renden Problemzugriffs sind bei Häberle kein Zugeständnis an einen (post-)modernen Zeitgeist, sondern Ausdruck einer tiefen Überzeugung von der Existenz einer Wechselbeziehung zwischen Vernunftbegriff und politischer Ordnung.[42] Sein gesellschaftstheoretisches Pluralismuskonzept[43] versucht Häberle nun mit der juristischen Kategorienlehre zu vermitteln, etwa in Form der für die traditionelle Staatsrechtslehre und ihren Rechtsgeltungsbegriff so provokanten „Offenen Gesellschaft der Verfassungsinterpreten"[44]. Pluralistisches Denken wird für ihn zur rechtlich gebotenen Interpretationsmaxime: „Das Offenhalten von Möglichkeiten *innerhalb* der geltenden Verfassungsordnung ist zentraler Inhalt wichtiger *verfassungsrechtlicher Prinzipien.*"[45] Die kulturwissenschaftliche Erweiterung der rechtswissenschaftlichen Forschungsperspektive zielt dann auch methodisch darauf, diese als „Integrationswissenschaft" auszugestalten, und dies zu einem Zeitpunkt, als Interdisziplinarität noch nicht als zentrales Qualitätsmerkmal jedes juristischen DFG-Antrags angesehen wurde.[46]

1.4 Texte und Kontexte

So wie Häberle die Relevanz der Verfassungstheorie des Pluralismus auf die Bestimmungen des Grundgesetzes zurückführt, begründet sich allgemein die rechtliche *Relevanz* von Kontexten von den (Rechts-)Texten her, die jedoch eben nicht aus sich selbst, sondern nur aus ihrem Zusammenhang heraus verständlich sind.[47] So ist der kontextuelle

42 Diese Auffassung ist vor allem am kritischen Rationalismus geschult, vgl. dazu die Hinweise bei *Häberle* 1977a: 30 (= *Häberle* 1998b: 20); für die Übernahme von Poppers Begriff der „Offenen Gesellschaft" vgl. nur *Häberle* 1975b: 302 mit Fn. 68 (= *Häberle* 1998b: 172 f. mit Fn. 68); *Häberle* 1998c: 144. Zum anti-dezisionistischen Denken vgl. ebenfalls *Häberle* 1977a: 39) (= *Häberle* 1998b: 28 f.): „Die demokratische Tugend des Sowohl-als-auch, Ausdruck der Toleranz und des Pluralismus hat Direktive für Alternativendenken zu bleiben. Entweder-Oder-Denken kann eine Form intellektueller Intoleranz sein. Es droht den Weg zum Ausgleich des ‚Sowohl-als-Auch' und damit zum demokratischen Kompromiß zu versperren, dessen Vorstufe es sein sollte. Insofern ist das Möglichkeits- und Alternativendenken spezifische Ausprägung des kritischen Rationalismus mit seinem Postulat der Falsifizierbarkeit […]."

43 Hierzu etwa *Häberle* 1998b: 121 ff. (insbes. 137 ff.).

44 *Häberle* 1998b: 155 ff.; zur Wirkungsgeschichte vgl. nur die Hinweise in *Häberle* 1998b: 180 f. (Stand: 1978); sowie etwa *Du Plessis* 1996: 212 ff.; *Limbach* 1997: 23 f. Mittlerweile ist der Begriff offenbar derart Gemeingut geworden, dass der Verweis auf Häberle manchen entbehrlich erscheinen mag, vgl. etwa die Hinweise bei *Röhl* 2013.

45 *Häberle* 1977a: 33 (= *Häberle* 1998b: 22), dort bezogen u. a. auf Begriffe wie Demokratie, Wahlen, Chancengleichheit der Parteien und Freiheit.

46 *Häberle* 1982a: 53.

47 Hierzu besonders plastisch *Häberle* 1979a: 46: „Der Kontext relativiert so gesehen nicht etwa den (‚Klar'-)Text, er ‚erfüllt' ihn als die Wirklichkeit, in der der Text steht. Er darf den Text nicht ‚überwältigen', er muß ihn tragen. Ohne Wirklichkeit als Kontext ist der Text seinerseits ‚ohne Wirklichkeit', und das heißt: arm und dürr. Der Kontext erst erlaubt es, das Verfassungsrecht als Teil der Rechtskultur und diese als Teil der politischen und Gesamtkultur überhaupt zu sehen." Vgl. weiter auch u. a. *Häberle* 2011a: 10 ff.

Blick keine „Kampfansage an das ‚Genuin-Juristische'"; vielmehr gibt es das eine ohne das andere nicht.[48]

Wie verwoben und verschoben Text und Kon-Text mit- und ineinander sind, beschäftigt Häberle zum einen als Begründer der „Textstufenanalyse".[49] Gerade in vergleichender Perspektive gelinge über die Rekonstruktion der Entwicklung aufeinander bezogener Texte ein Zugriff auf das darin kristallierte „law in public action": „Die ‚Pointe' des Textstufenvergleichs liegt darin, daß sie mittelbar auch *Verfassungswirklichkeit* erfaßt: weil die aus anderen Ländern rezipierten bzw. überarbeiteten Texte jetzt das auf Begriffe bringen, was anderwärts von Praxis (z. B. Verfassungsrechtsprechung), Wissenschaft und Lehre fortentwickelt wurde."[50] Indem im Verfassungsstaat die normierende Kraft der Praxis zu Texten führt, wird die „Textwissenschaft [...] zur Wirklichkeitswissenschaft!"[51] Damit einher geht eine detaillierte Analyse von verfassungsrechtlichen Normtypen.[52]

Aber auch als präziser Phänomenologe der rechtswissenschaftlichen Produktionsweisen durchdenkt Häberle die üblichen Textformen[53] und ihre für die (deutsche?) Wissenschaft unerlässlichen Begleitumstände[54]. Obwohl Häberle in diesen Analysen juristischer Textgattungen vor allem die klassischen Formate diskutiert[55] und auch bei den in seinen „Geburtstagsblättern" Gewürdigten akribisch die Kommentierungen verzeichnet, das „große Lehrbuch" rühmt, anerkennend auf weitere Monographien hinweist (oder diese vermisst) und die Bedeutung der verfassten Aufsätze, Gutachten, Lexikonartikel, Rezensionen oder Urteilsanmerkungen hervorhebt, insofern also ein eher konventionelles Bild juristischer Textsorten zeichnet[56], schafft er in den drei großen Bänden der jüngeren Zeit – der zweiten Auflage von „Verfassungslehre als Kulturwissenschaft" (^{1}1982/^{2}1998), der „Europäischen Verfassungslehre" (^{1}2001/^{7}2011) und in „Der kooperative Verfassungsstaat" (^{1}2013) – etwas ganz Eigenes.

---

48 *Häberle* 1998a: 591, vgl. auch ebd. 1063 ff.

49 *Häberle* 1989b: 555 ff.; *Häberle* 1998a: 342 ff.; *Häberle* 1995a: 17; sowie *Häberle* 2011a: 4 ff. (für das europäische Verfassungsrecht). Sehr ausführliche Auseinandersetzung mit ganz unterschiedlichen Verfassungstexten – historisch und vergleichend (unter Einschluss von Landesverfassungstexten) – enthält schon *Häberle* 1983c: 134 ff. Als Anwendungsbeispiel für die Textstufenmethode vgl. die filigrane Rekonstruktion des Subsidiaritätsprinzips bei *Häberle* 1998a: 422 ff., die das „Vagabundierende" des Begriffs jenseits einseitiger Assoziationen mit der „katholischen Soziallehre" zeigt und auf dieser Grundlage Subsidiarität als Rechtsprinzip entfaltet (ebd. 442 ff.).

50 *Häberle* 1998a: 345.

51 *Häberle* 1998a: 352.

52 Vgl. dazu nur etwa *Häberle* 1982d: 211 ff.; *Häberle* 1995b: 355 ff.; *Häberle* 1998d: 137 ff.; sowie den Hinweis unten Fn. 166.

53 Beispielhaft: *Häberle* 1979c: 1 ff.; *Häberle* 1989c: 277 ff.; *Häberle* 1989d: 15 ff.

54 Dazu *Häberle / Blankenagel* 1988: 116 ff.; *Häberle* 2003b: 395 ff. Vgl. dazu auch die Überlegungen bei *Voßkuhle* 1999: 13 Fn. 82.

55 So etwa bei *Häberle* 1998a: 536 ff.

56 Vgl. etwa *Häberle* 2002d: 54 ff.; *Häberle* 2002e: 70 f.

Mit der Zeit nämlich spiegelt auch die Art und Weise, in der Häberle Texte produziert, immer mehr das eigene Textstufenparadigma.[57] So sprengt, was zunächst noch – etwa in „Verfassung als öffentlicher Prozess" (1978/³1998) – als Aufsatzsammlung präsentiert wird, langsam die Grenzen dieser Gattung. In den genannten Bänden löst sich der Text gleichsam aus seiner medialen Verankerung. Einem Palimpsest gleich wird hier geschrieben, überschrieben, umgeschrieben. Eigene und fremde Texte ganz unterschiedlicher Provenienz werden ineinander integriert, immer änderungsbereit, Neues aufnehmend, Bestehendes aktualisierend, teils auch revidierend: ein Produzieren in „Wachstumsringen", wie Häberle es nennt.[58]

Diese Art zu schreiben macht ernst mit dem Prozessdenken. Der Text ist nichts Abgeschlossenes mehr, sondern lebendig. Die Prozedur seines Entstehens reflektiert die Veränderungen der ihm zugrunde liegenden Textwelten und Referenzen.[59] Erinnert diese Produktionsweise nicht ein wenig an den von Häberle sonst so wenig geliebten *Luhmann*? Wie dieser reflektiert jedenfalls auch Häberle in jedem Werk noch einmal das ganze Theoriegebäude, setzt nichts voraus, sondern will es am Neuen erproben.

Ein weiteres Stilmittel befördert mehr und mehr diese Form gewordene Intertextualität: die „Digression" (hier ist tatsächlich einmal der Verweis auf *Jean Paul* naheliegend). Wer etwa versucht, die zweite Auflage der „Verfassungslehre als Kulturwissenschaft" in herkömmlicher Weise linear zu lesen, wird nach einer kurzen Einführung in den Gegenstand ganz unvermittelt mit einer knapp 50 Seiten umfassenden Verfassungstheorie des „Mikrostaates" konfrontiert.[60] Wird hier der Argumentationsstrang bewusst sabotiert, um das je Bedingte des vermeintlich Selbstverständlichen bewusst zu machen? Oder die *Europäische Verfassungslehre*, deren siebte Auflage in einem ersten „Ausblick und

57 Zur Begründung von Identität und Individualität durch Sprache: *Häberle* 1996b: 720. Zur juristischen Relevanz der dortigen Überlegungen OVG Lüneburg, NJW 1997, 3456 (3460); VG Hannover, NJW 1998, 1250 (1251).

58 Einige Beispiele dafür, wie Themen und Begriffe bei Häberle wandern, um ständig adaptiert zu werden: So wird die Rolle der „Klassikertexte im Verfassungsleben" zunächst in der gleichnamigen Monographie von 1981 erörtert, dann etwa in *Häberle* 1998a: 481 ff.; in *Häberle* 2011a: 65 ff., 71 ff., wird sie um den Aspekt „Europäische Klassikertexte" erweitert; zuletzt wird sie in *Häberle* 2013a: 78 ff., aufgegriffen. Inzwischen wurde das Thema von einem Schüler weiter entfaltet (*Kotzur* 2001: 329 ff.) und von Häberle selbst durch eine allgemeine Theorie juristischer Rezeption angereichert und verallgemeinert (dazu zunächst *Häberle* 1992b: 1033 ff., jetzt etwa in *Häberle* 1998a: 459 ff.). Ähnlich verwandelt sich der „kooperative Verfassungsstaat" von einem Beitrag für die Festschrift Schelsky (vgl. *Häberle* 1978a: 141 ff.) über *Häberle* 1998a: 175 ff., zum Titel des jüngsten großen Werks (vgl. *Häberle* 2013a). Die 1975 noch primär nationalstaatlich gedachte „offene Gesellschaft der Verfassungsinterpreten" (vgl. Fn. 23) erfährt zunächst kleinere Modifikationen (*Häberle* 1998a: 221), bevor sie sich dann in die „offene Gesellschaft der europäischen Verfassungsinterpreten" verwandelt (*Häberle* 2011a: 246 ff., 268 ff.). Das „Möglichkeitsdenken" begleitet als Topos seit seiner Entwicklung im gleichnamigen Aufsatz von 1977 (*Häberle* 1977a: 27 ff. = *Häberle* 1998b: 17 ff.), ständig Häberles Werk, etwa in *Häberle* 1998a: 558 ff.; *Häberle* 2013a: 80 ff.

59 Hierzu ausführlich und in Fortführung von Ansätzen Häberles: *Morlok* 2004b: 93 ff.

60 *Häberle* 1998a: 36-82.

Schluss“ antäuscht, alles sei gesagt worden, um dann einen dreiteiligen „Anhang“ folgen zu lassen, an den sich auf weiteren 100 Seiten ein „Nachtrag“ mit Einleitung und zwei Teilen, ein „Ausblick 2006/2007“, ein „Appendix I“ sowie ein – wiederum in einem „Ausblick“ mündender – „Appendix II“ anschließen. Erst mit dem „Appendix III“ findet dann das Werk (vorläufig) zum Schluss. Wohl nirgends findet sich das prinzipiell Unabgeschlossene des Europäischen Einigungsprozesses angemessener in einer Gliederung eingefangen.

1.5 Der Jurist im Kontext als Bürger der offenen Gesellschaft

Aus kontextsensibler Sicht arbeitet der Rechtswissenschaftler nicht nur mit einem breiteren Spektrum an Quellen, als ihm manchmal bewusst sein mag; sein Wirken zeitigt auch mittelbare wie unmittelbare Folgen in einer Vielzahl gesellschaftlicher Arenen. Häberles Staatsrechtslehrer-Viten sammeln dementsprechend verschiedene typische „Aufgabenkreise“, die dann ihrem Reputationsgrad entsprechend gewichtet werden: Wissenschaft ist dabei nur ein Feld unter vielen.[61] Wie steht dies bei Häberle?

a.) Sicherlich überragt Häberles Wirkung innerhalb des Wissenschaftssystems alles andere. Sie lässt sich in diesem Beitrag offensichtlich nicht einmal ansatzweise ausloten. Allein die Aufzählung der Rezensionen seiner Monographien würde den hiesigen Rahmen sprengen.[62] Häberle selbst hat einige Hinweise zur Rezeption seiner Thesen in Kommentaren, Lehrbüchern, Habilitationen, Dissertationen oder der sonstigen Forschungsliteratur gesammelt, die jedenfalls die ersten Reaktionen erfassen.[63] Doch bis in jüngste Zeit lesen Wissenschaftler – und nicht nur Rechtswissenschaftler![64] – Häberle, rezipieren ihn und – gerade das ist in der Wissenschaft Qualitätsausweis – arbeiten sich kritisch an ihm ab.[65]

---

61 Vgl. *Häberle* 2002d: 54 ff.

62 Selbst die dritte Auflage der Dissertation erfährt noch eigenständige Würdigungen. Vgl. dazu *Kimminich* 1988: 525 f.; *Maunz* 1987: 320; *Bethge* 1986: 957; *Scholz* 1985: 127 ff.; vgl. auch die wegweisende Rezension zur ersten Auflage von *Lerche* 1965: 212 ff.; und die ausführliche (kritische) Besprechung bei *Podlech* 1967: 341 ff.

63 Vgl. insbesondere die jeweiligen „Nachträge“ zu den in *Häberle* 1998b zusammengefassten Aufsätzen, das Vorwort zur zweiten Auflage der Dissertation, sowie deren „Fortschreibung“ in der dritten Auflage (*Häberle* 1983c: 315 ff.).

64 Etwa bei *Habermas* 1992: 340.

65 Vgl. nur jüngst – und willkürlich herausgegriffen – die intensive Auseinandersetzung mit Häberles verfassungstheoretischen Thesen bei *Volkmann* 2013: 19 f., 24, 26 ff., 90 f., 107 f., 120 f., 163, 177 f., 188, 309 f., 341; sowie bei *Camilo de Oliveira* 2013: 151 ff. (zur Grundrechtstheorie); *Thurn* 2013: 145 ff. (zum Sozialstaatsprinzip); *Lee* 2010: 454 ff. (zu Häberles Theorie des „law in public action“); *Obermeyer* 2008: 98 ff., 131 ff. (zur Verfassungstheorie); *Uerpmann* 1999: 16 ff. und passim (zu eben diesem). Zur Rezeption einzelner Begriffe vgl. auch sogleich Fn. 96 ff.

b.) Auch in der Staatsrechtslehrervereinigung, dem zentralen Forum der Wissenschaft vom Öffentlichen Recht[66], ist Häberle Referenzpunkt. Er steht hier in nichts hinter *Günter Dürig* zurück, über den er schrieb: „Die Vielfalt der Gegenstände [seiner] Voten übertrifft die Vielfalt der VVDStRL-Tagungsthemen. Die Impulse, die von ihm als Diskutant auf diesem Forum ausgehen, die Vor- und Nachwirkungen sind beträchtlich."[67]

Dabei war der Beginn durchaus ruppig: Bereits bei seiner ersten Teilnahme fordert Häberle die Referenten mit seiner These von der Gewissensfreiheit als, so Häberle, demokratisches, öffentliches Grundrecht *par excellence* heraus – und setzt zugleich neue Transparenzstandards im Hinblick auf die Veröffentlichungspraxis der Diskussionsbeiträge.[68] Die umfangreichen Voten der folgenden Jahre tragen dann zentrale Gedanken seiner Pluralismuskonzeption in die Vereinigung, um dort kontrovers diskutiert zu werden. Stichworte sind hier: „demokratische Verfassungstheorie"[69], „Partizipation als Verfassungsverwirklichung"[70], „Alternativenoffenheit"[71] oder „kooperativer Verfassungsstaat"[72]. Die Referate der Tagung von 1983 zum „Kulturauftrag im staatlichen Gemeinwesen"[73] präsentieren ein wesentlich von Häberle für die Staatsrechtslehre gewonnenes Thema[74]. Allmählich mehren sich die rechtsvergleichenden Hinweise, von ersten Erwähnungen der Schweizer Rechtslage bis hin zur „Weltreise in drei Minuten" (*Michael Holoubek*), die auf der Jahrestagung 2008 den Mitdiskutanten in Form einer umfassenden rechtsvergleichenden Überschau zu Verfassungsnormen sozialer Gleichheit präsen-

66 Dazu die Beobachtungen *Häberles* in den oben (Fn. 17) zitierten Texten, sowie in *Häberle* 1998b: 128 mit Fn. 38; *Häberle* 1998a: 528 f.; sowie jetzt auch bei *Thurn* 2013: 6 ff.

67 *Häberle* 2002: 58.

68 *Häberle* 1970d: 110 ff. (zu den Referaten von *Bäumlin* und *Böckenförde* zum Thema „Das Grundrecht der Gewissensfreiheit"), vgl. auch die nochmalige Wortmeldung *Häberle* 1970d: 117 f., sowie die mehrfache Bezugnahme späterer Diskussionsteilnehmer auf Häberles Beitrag. Zur Transparenz: Die Diskussionsbemerkung auf S. 117 f. ist mit dem Hinweis versehen, der Diskussionsbeitrag sei später eingefügt worden. Zur Praxis nachträglicher Überarbeitung der Voten *Stolleis* 2012: 241. Vgl. auf der gleichen (seiner ersten!) Tagung noch die wiederum sehr ausführlichen und kritischen Anmerkungen *Häberles* 1970d: 259 ff. (zum Referat von *Henke* zum Thema „Die Rechtsformen der sozialen Sicherung und das allgemeine Verwaltungsrecht").

69 *Häberle* 1972b: 98 f. (zu den Referaten von *von Simson* und *Kriele* zum Thema „Das demokratische Prinzip im Grundgesetz").

70 *Häberle* 1973a: 298 f. (zu den Referaten von *Walter* und *Schmitt Glaeser* zum Thema „Partizipation an Verwaltungsentscheidungen").

71 *Häberle* 1975c: 134 ff. (zu den Referaten von *Oppermann* und *H. Meyer* zum Thema „Das parlamentarische Regierungssystem des Grundgesetzes").

72 *Häberle* 1978b: 129 f. (zu den Referaten von *Tomuschat* und *R. Schmidt* zum Thema „Der Verfassungsstaat im Geflecht der internationalen Beziehungen").

73 Vgl. die gleichnamigen Referate von *Steiner* 1984: 7 ff. (mit Hinweisen auf Häberle ebd., S. 10 f., 17, 19, 26, 37), und *Grimm* 1984: 46 ff. (mit Hinweisen auf Häberle ebd., S. 60, 64 ff., 68, 73).

74 Vgl. dazu die Nachweise oben Fn. 26. Innerhalb der Staatsrechtslehrervereinigung hat Häberle schon in seiner Diskussionsbemerkung (*Häberle* 1979d: 126 ff.) die Notwendigkeit der Untersuchung staatlicher „Erziehungsziele" betont (zu den Referaten von *Denninger* und *Klein* zum Thema „Verfassungstreue und Schutz der Verfassung"). Zu diesem Thema vgl. auch die Nachweise unten Fn. 134.

tiert wird.[75] Überhaupt denkt Häberle ab 1990 mit beinah jeder Wortmeldung konsequent vorweg, was 2004 zum Tagungsthema werden sollte, d. h. die Konsequenzen von Europäisierung und Internationalisierung für die Staatsrechtslehre und ihren Gegenstand. In anderer Hinsicht beharrt er durchaus gegen den Zeitgeist konsequent auf dem Primat des Rechts vor der Wirtschaft.[76]

Verfolgt man die Diskussionsverläufe über die Zeit, zeigt sich, wie Häberle – insbesondere wenn ihm das „nobile officium" zukommt, die Diskussionen einzuleiten[77] – mit ausnehmendem Wohlwollen und ausgesuchter Höflichkeit den Referentinnen und Referenten gegenüber agiert.[78] Vielleicht den besten Eindruck seines Debattenstils vermittelt die Diskussionsleitung, die ihm als Mitglied des Vorstands bei den Jahrestagungen 1984 und 1985 zukommt: Häberles „Moderation", die vor Einfällen und Ideen überquillt, äußert sich wie stets auf vornehme Art enthusiastisch, temperamentvoll-bunt, vor allem aber in der Sache engagiert.[79] Sprache und Argumentationsweise verleugnen das bildungsbürgerliche Ideal nicht, das aber nicht um seiner selbst willen gepflegt, sondern im Dienste der kulturwissenschaftlichen Analyse des Rechts fruchtbar gemacht wird.[80] Sein Vertrauen in den Charakter der VDStRL als echter wissenschaftlicher Gemeinschaft[81], seine Achtung der Tradition, die nicht als Ausrede für Schlamperei, sondern als Verpflichtung verstanden wird[82], sowie schließlich die kompromisslos vergleichende und offene Perspektive ermöglichen Beiträge mit einem „Zug ins Weite", der für ihn so unverkennbar und für die Vereinigung so unentbehrlich ist.

c.) Was müsste nicht noch alles angesprochen werden, um Häberles Bedeutung in der und für die Rechtswissenschaft gerecht zu werden? Wie viel könnte etwa noch zu Peter Häberle als Lehrer gesagt werden, der ganz ernsthaft der „Wiedergewinnung des Erzieherischen" (*Hans Maier*) verpflichtet war und ist.[83] Sein aufopferungsvoller Einsatz für verschiedene große Zeitschriften (DÖV, AöR), vor allem aber sein nunmehr über 30-

75 *Häberle* 2009b: 225 f.; vgl. die erste ausführliche rechtsvergleichende Diskussionsbemerkung in *Häberle* 1981c: 202 f. (zur Schweiz), dann insbes. *Häberle* 1983d: 92 ff. (neben der Schweiz werden die neuen Verfassungen von Portugal und Spanien erwähnt, außerdem die EMRK und der IPbpR).

76 So jüngst *Häberle* 2010b: 232 f.; *Häberle* 2011b: 94 f.; *Häberle* 2012a: 238.

77 Vgl. (mit diesem Begriff) *Häberle* 1987a: 251 ff.; *Häberle* 1992: 117 ff.

78 Vgl. insbesondere *Häberle* 1983d: 92 ff.; 1987a: 251 ff.; 1995c: 105 ff.; 2004a: 445 f.; 2012a: 348 f.

79 Vgl. insbes. *Häberle* 1985: 76 ff.; 1986: 114 ff.

80 Vgl. etwa *Häberle* 1987a: 114 ff.; 1989e: 74 f.; 1990: 154 ff.; 1994b: 114 ff.; 1995c: 105 ff.; 2003c: 110 f.; 2005b: 186 f.; 2006a: 88 f., 226 f., 336 f. Zur vorsichtigen Selbstbeschreibung Häberles als „bildungsbürgerlich" vgl. *Häberle* 1981a: 7 Fn. 1.

81 Vgl. insbesondere *Häberle* 1982e: 278 ff.; 1986: 114 ff.; 2006a: 226 f.; 2008a: 463 f.; 2011b: 460 f.; 2012a: 348.

82 Vgl. insbesondere *Häberle* 1987a: 251 ff.; 1990: 128 ff.; 1995c: 105 ff.; 1997b: 309 f.; 2002c: 186; 2003c: 110 f.; 2005b: 86 f.; 2006a: 88 f.; 2007b: 190 f.

83 Hierzu kann verwiesen werden auf *Schulze-Fielitz* 2001: 145 ff.

jähriges Wirken als Herausgeber des JöR verdiente eine ausführlichere Anerkennung.[84] Und unbedingt wäre Häberles internationaler Einfluss darzustellen.[85]

Stattdessen ist, auch hier dem begrenzten Raum Tribut zollend, noch auf die außeruniversitäre, also öffentliche Wirkung Häberles einzugehen. Insoweit markiert die Person Häberle einen durchaus markanten Unterschied: Anders als zahlreichen großen Staatsrechtslehrerinnen und Staatsrechtslehrern scheint ihm das Interesse an gesellschaftlicher Macht zu fehlen. Konsequent verweigert er jedes Streben nach Ämtern um ihrer selber willen, jede Indienststellung der eigenen Begabung in fremdes Interesse. Dahinter steht kein privatistisches Rückzugsdenken, kein Klammern an den Elfenbeinturm. Denn im Bezug auf Dritte hebt Häberle häufig hervor, wie ehrenhaft ein aktives Engagement in der Gesellschaft sein kann.[86] Häberle will vielmehr ganz mit den Waffen eines Wissenschaftlers wirken.

Dies tut er auch: durch verfassungspolitische „Zwischenrufe" – was wäre geschehen, wäre die Mehrheit seinem Plädoyer für einen dritten Weg bei der Durchführung der Wiedervereinigung gefolgt?[87] –, aber auch durch präzise Dokumentation verfassungsrechtlicher Entwicklungen – seinerzeit unendlich hilfreich war die Begleitung der Verfassungsgebung in den fünf neuen Bundesländern im JöR[88] –, durch unmittelbare Beratung bei der Verfassunggebung[89] – so in Estland[90], Polen[91], der Ukraine[92] oder St. Gallen[93] – oder auch durch „teilnehmende Beobachtung" entsprechender Prozesse.[94]

Vor allem aber kann Häberle darauf vertrauen, dass gilt: „Wer neue Bilder schaft, schaft die Keime zu neuen Gedanken."[95] Und Häberles Bilder wirken und brechen so etablierte Kategorien auf, nicht in Form eines gewaltsamen Umdenkens, sondern durch behutsames Hinzufügen, durch neue Schattierungen. So aber beeinflussen sie die Rechtsprechung – vom Bundesverfassungsgericht über den Europäischen Gerichtshof, den

84 Vgl. dazu nur *Stolleis* 2012: 89 f., 493 f.

85 Dazu nur beispielhaft *Ridola* 2001: 125 ff.; *Hatajiri* 2004: 517 ff.; sowie die oben in Fn. 1 zitierten Interviews durch ausländische Rechtswissenschaftler, in denen auch über Häberles Rezeption berichtet wird.

86 Vgl. etwa *Häberles* Würdigungen der politischen Tätigkeiten *Ehmkes* (*Häberle* 2002b: 50 f.), der Plädoyers und der Rechtsgutachten *Dürigs* (ebd.: 56 f.) und der Tätigkeit als Bundesverfassungsrichter bei *Hesse* (ebd.: 94 ff.), sowie die respektvollen Äußerungen im Hinblick auf die mediale Präsenz *Hans-Peter Schneiders* (ebd.: 158 f.).

87 Dazu etwa *Häberle* 1990: 154 ff.; 1991a: 385 ff.; 1992d: 233 ff. (die letzten beiden Beiträge auch in *Häberle*, 1996c: 71 ff., 237 ff.).

88 *Häberle* 1994c: 149 ff. Vgl. dann auch *Häberle* 1995d: 105 ff.; 1996d: 321 ff.; 1997c: 177 ff.; 1998e: 123 ff.

89 Dazu näher *Häberle* 1998a: 283 ff., 546 ff.

90 *Häberle* 1995e: 105 (170 ff.) (= *Häberle* 1998b: 694 ff.).

91 Vgl. *Häberle* 1995f: 249 ff. (= *Häberle* 1998b: 738 ff.).

92 *Häberle* 2000c: 399 ff.

93 *Häberle* 1999b: 149 ff.

94 Vgl. *Häberle* 1998b: 817 ff.; 2012b: 329 ff.; 2012c: 605 ff.

95 *Jean Paul* 1987: 256.

südafrikanischen Constitutional Court, die argentinische Corte Suprema de Justicia de la Nación, verschiedene Landesverfassungsgerichte, Bundesobergerichte bis hinunter etwa zum Verwaltungsgericht Freiburg – und verändern damit das Recht.[96]

Begriffe Häberles wie der „Kulturstaat“[97], die Rechtsvergleichung als „fünfte Auslegungsmethode“[98], oder der „status activus processualis“[99] werden übernommen, sein kulturwissenschaftlicher Ansatz rezipiert[100], sowie schließlich auch konkreten Argumentationen – etwa zum Feiertagsschutz[101], zum Schutz der Familie[102], zur Menschenwürde[103], aber auch zum Primat der Verfassung[104] – gefolgt. Vor allem aber hat sein grundrechtsdogmatischer Ansatz gewirkt – fast ironisch vor allem dort, wo Häberle nicht ausdrücklich zitiert wurde (vielleicht ist dies ja die höchste Adelung?).[105] Bestimmte Fragestellungen hat Häberle zudem mit einem so gewaltigen zeitlichen Vorsprung entdeckt, dass eine angemessene Rezeption (bislang) auf sich warten lässt.[106]

---

96 Dazu allgemein *Nußberger* 2006: 763 ff.

97 So jüngst BVerfG, EuGRZ 2014, 98 (110) (*Filmförderungsgesetz*), unter Verweis auf *Häberle* 1982b.

98 Vgl. etwa Staatsgerichtshof des Fürstentums Liechtenstein, Entscheidung vom 11. Juni 2001, StGH 2000/39; sowie dann auch in Aufnahme von Häberles Überlegungen: BVerfGE 128, 326 (327, 369 f.) – *Sicherungsverwahrung II*, unter Verweis auf *Häberle* 2011: 255 f. Aus der jüngeren literarischen Rezeption vgl. nur *Wendel* 2013: 357 ff.

99 BVerfGE 53, 30 (80) – *Mülheim-Kärlich*; Staatsgerichtshof des Landes Hessen, Beschluss vom 18. Juni 1980 - P.St. 906 -, juris Rn. 17. Vgl. zur Rezeption in der Literatur die Hinweise bei *Häberle* 1998b: 8 f.; sowie aus jüngerer Zeit nur *Kaiser* 2009: 148 ff. m. w. N.

100 Corte Suprema de la Nación Argentina, Urteil vom 29. Oktober 2013, Grupo Clarín SA y otros (G. 439. XLIX. REX), S. 192.

101 BVerfGE 125, 39 (81) – *Berliner Ladenöffnungszeiten*. Vgl. auch zuvor OVG Koblenz, NVwZ 1993, 71 (72); VGH München, NVwZ 2013, 509 (513).

102 LSG Nordrhein-Westfalen, Vorlagebeschluss vom 6. Dezember 1996 – L 13 Kg 24/95 –, juris Rn. 81.

103 Verfassungsgerichtshof des Landes Berlin, JR 1993, 519 (524); Verfassungsgerichtshof des Freistaates Sachsen, PersV 44 (2001), 198 (211).

104 EuGH, Schlussanträge vom 14.9.2010, Rs. C-47/08 (*Kommission/Belgien*), Rn. 97 mit Fn. 78.

105 Die im Staatsrechtslehrer-Referat der Öffentlichkeit vorgestellten Thesen haben bekanntlich maßgeblich die Entscheidung in BVerfGE 33, 303 (330 f.) – *Numerus Clausus I*, beeinflusst, ohne dort zitiert zu werden (vgl. die Hinweise bei *Häberle* 1979a: 83 ff.). Zitiert wurde dann aber die als Aufsatz ausgestaltete Entscheidungsanmerkung (*Häberle* 1972b: 729 ff.), in: BVerfGE 43, 291 (314) – *Numerus Clausus II*. Vgl. weiter zur Rezeption der entsprechenden Thesen Häberles: BVerwGE 52, 339 (343); BVerwG, Beschluss vom 8. November 1982 - 7 CB 98/81 -, juris Rn. 12; BSGE 71, 122 (126); Staatsgerichtshof des Landes Hessen, Urteil vom 1. Dezember 1976 - P.St. 812 -, juris Rn. 55. Selbst Instanzgerichte haben sich auf Häberle berufen, etwa das VG Freiburg, *Urteil* vom 28. August 1975 - VS. III 56/74.

Weitere grundrechtstheoretische Positionen aus der Promotion wurden aufgenommen etwa in: BVerwGE 58, 26 (34); sowie durch den Constitutional Court of South Africa, S v Makwanyane and Another (CCT3/94), Urteil vom 6. Juni 1995, Rn. 166 (Fn. 16).

106 *Schulze-Fielitz* 2001: 147.

So wie das Lebenswerk eines Staatsrechtslehrers nie „*in toto*" rezipiert werden kann[107], entziehen sich auch die Gegenstände kontextsensibler Rechtsforschung notwendig jeder Aufzählung. Potentiell alles erschließt sich dem Recht vom Kontext her. Viel davon hat Häberle durchdacht. Zu viel, als dass es in einem Beitrag aufgearbeitet werden könnte. Es muss der Verantwortung zukünftiger Wissenschaftler anvertraut werden, Häberles Forschungen zum „Religionsverfassungsrecht" – ein Begriff, an dessen aktueller Popularität er nicht unschuldig ist[108] –, seine „gemischte Bundesstaatslehre"[109], den umfangreichen Arbeiten zum Begriff des Gemeinwohls[110], zur Verfassungsgerichtsbarkeit und insbesondere zum Bundesverfassungsgericht als „Muster einer selbständigen Verfassungsgerichtsbarkeit"[111], zur Menschenwürde[112] und selbstverständlich zum Verfassungsbegriff[113] gerecht zu werden. Näher betrachtet werden sollen aber drei Fragestellungen, in denen die Kontextualität des Rechts besonders ausgeprägt ist und in denen Häberles Überlegungen nach wie vor Diskussionsmaßstäbe vorgeben.

2.1 Soziale Voraussetzungen rechtlicher Freiheit

Jeder ernsthafte Freiheitsbegriff muss den sozialen Kontext der Freiheitsausübung berücksichtigen. Denn – so die klassisch gewordene Formulierung Häberles – Freiheit ist „ohne die tatsächlichen Voraussetzungen ihres Gebrauchs wertlos".[114] Von dieser Prämisse aus und in Reaktion auf die große verfassungsrechtliche Frage der ersten Jahrzehnte der Bundesrepublik, welche Funktion den liberal-rechtsstaatlichen Grundrechten im Sozialstaat zukomme,[115] hat Häberle in der Dissertation und dann vor allem im Staatsrechtslehrerreferat zu „Grundrechten im Leistungsstaat" eine Grundrechtstheorie entwickelt, die er trotz Modifikationen im Detail[116] im Kern immer gegen Kritik vertei-

107 So im Bezug auf *Scheuner* und *Dürig*: *Häberle* 1998a: 527 (mit Fn. 911), 531.

108 Dazu nur *Häberle* 1976b: 73 ff. (= *Häberle* 1998b: 329 ff.); dazu auch *Stolleis* 2012: 343.

109 Dazu nur *Häberle* 1998a: 776 ff.

110 Dazu zuerst *Häberle* 1970; zur Weiterentwicklung und zur Rezeption vgl. *Häberle* 1998a: 819 (mit Fn. 590); sowie dann wieder verstärkt auf einen inhaltlich gehaltvollen Gemeinwohlbegriff ausgerichtet der Nachtrag in *Häberle* 2006b: 769 ff.; kritisch dazu *Stolleis* 2012: 392 f.

111 So insbes. *Häberle* 2001: 311 ff.; vgl. auch *Häberle* 2004b: 117 ff.; 1998a: 256 ff.

112 *Häberle* 2004c: 317 ff. (§ 22).

113 Zu diesem das ganze Werk durchziehenden Ansatz vgl. schon die beiden fast gleichnamigen Besprechungsaufsätze *Häberle* 1965: 381 ff.; 1973b: 119 ff. (= *Häberle* 1998b: 271 ff.); sowie dann etwa *Häberle* 1998a: 667. Aus der Sekundärliteratur dazu nur *Stolleis* 2012: 373 ff.

114 *Häberle* 1972c: 140.

115 Vgl. den zeitgenössischen Überblick bei *Scheuner* 1971: 505 ff.; sowie jüngst *Thurn* 2013: 22 ff., 119 ff.

116 Dazu die Hinweise anlässlich der dritten Auflage der Dissertation in *Häberle* 1983c: VI ff.

digt hat. Die ideengeschichtliche Verortung dieses Ansatzes kann hier als bekannt vorausgesetzt werden. Vielleicht die klarste Charakterisierung seines Anliegens aus jüngerer Zeit findet sich bei *Ralf Poscher*: Freiheit entfalte sich bei Häberle nur „in rechtlich konstituierten Institutionen, die in der negativen Perspektive entsprechend schief nicht als Bedingungen der Möglichkeit gesellschaftlicher Freiheit, sondern als Anschläge auf die falsch verstandene Freiheit erschienen. Richtig verstanden, sei grundrechtliche Freiheit nicht Negation des Staates und des Rechts, sondern Freiheit in rechtlich geprägten Lebensverhältnissen [...]. Freiheit ist Häberle nicht Freiheit vom, sondern immer Freiheit im Recht und im Staat."[117]

Auch wenn die grundrechtsdogmatische Auseinandersetzung heute an Schärfe verloren hat und überwiegend pragmatische Einzelfalllösungen den Diskurs beherrschen, liegt die nachhaltige Relevanz von Häberles Thesen doch darin, die Abhängigkeit eines *jeden* Grundrechtsverständnisses – also auch der vermeintlich rein juristischen Gegenthese – „vom ‚soziologischen Substrat'", von den „ökonomischen Bedingtheiten" herausgearbeitet und so die Frage nach der „sozialen Funktion von Grundrechten sowie der zugehörigen Dogmatik" offen gehalten zu haben.[118] Häberle erinnert uns auch daran, dass Grundrechtstheorie nie „scholastisch" betrieben werden darf, sondern „Mittel zum Zweck" ist.[119] Grundrechte werden stumpf, wenn wir vergessen, wovor und wogegen sie schützen sollen: „Da sich die Gefährdungslagen für die personale Freiheit des Menschen geschichtlich verändern, werden ihrerseits zeitbedingt wechselnde Antworten notwendig."[120]

Diese Einsicht ist mehr als aktuell in einer Gesellschaft, deren Freiheitsgefährdungen viel diffuser und territorial entgrenzter sind, als dass sie sich einseitig „dem Staat" zuschreiben ließen – und in einer Zeit, in der Privaten Macht zukommt, sei sie finanzieller Art oder durch die Möglichkeit des Zugriffs auf intime Kommunikationen und damit personale Identitäten von Millionen Bürgerinnen und Bürgern begründet, wie sie staatlicherseits kaum Parallelen hat. Vielleicht ist die etwas sperrige Dialektik, die aus Häberles Grundrechtstheorie spricht – „Es bedarf der Freiheit durch den Staat, vom Staat und der Freiheit zum Staat"[121] – in der Sache heute sogar adäquater als zur Zeit ihrer Formulierung? Jedenfalls aber mahnt Häberles Vorbild die Rechtswissenschaft, die Grund-

---

117 *Poscher* 2003: 54 ff., unter Hinweis auf *Häberle* 1983c: 70 ff., 150 ff. Näher zu *Häberles* Institutionenbegriff *Günther* 2004: 252 ff., 304 ff.; *Sommermann* 1997: 366 ff. Zur auch durch Häberles Zugriff beförderten Popularität des Begriffs des Institutionellen vgl. aus der zeitgenössischen Literatur nur noch *Scholz* 1971: 223 ff.; *Kloepfer* 1970; sowie kritisch *Esser* 1970: 126 ff.; *Rüthers* 1970: 18 ff.

118 *Häberle* 1972c: 71, 72 mit Fn. 109. Dazu dass Grundrechte im Anschluss an Hauriou von ihrer „sozialen Funktion" her zu bestimmen sind, siehe schon *Häberle* 1983c: 8 ff.

119 *Häberle* 1979a: 88.

120 *Häberle* 1998a: 731. Zur Notwendigkeit eines „zeit-gerechten" Verfassungsverständnisses vgl. auch *Häberle* 1974a.

121 *Häberle* 1972c: 76; vgl. bereits *Häberle* 1983c: 93.

rechtstheorie im Kontext der Freiheitsgefährdungen des 21. Jahrhunderts zu aktualisieren. Ob dies im Rahmen einer „grundrechtssichernden Geltungsfortbildung“[122] oder durch verfassungspolitische Initiative zu geschehen hat, sei hier dahingestellt. Der Erfolg wird in beiden Fällen davon abhängen, dass sich in der Gesellschaft und im sozialen Leben entsprechende Überzeugungen und Praktiken bilden.[123]

2.2 Das Vorrechtliche als Regelungsobjekt des Rechts?

Von den Grundrechten her hat Häberle sich und uns auch die Dialektik von normativer Kraft des Faktischen und faktischer (und normativer[124]) Kraft des Normativen erschlossen. Bereits die Dissertation kreist letztlich um dieses Verhältnis, das hier für Grundrechte wie folgt formuliert wird: „Die Grundrechte sind einerseits Ausdruck einer bereits verwirklichten freiheitlichen Ordnung, und sie sind zugleich Voraussetzung dafür, daß sich über die individuelle Freiheitsbetätigung aller diese Ordnung immer von neuem konstituiert.“[125] Denn Verfassungen entstehen nie „auf der tabula rasa einer kulturlosen Stunde Null“.[126] Von hier aus lässt sich in wenigstens zwei Richtungen fragen.

Aus theoretischer Sicht geringere Probleme bereitet dabei die oben schon angesprochene kulturwissenschaftliche Analyse des Rechts im Kontext. Dass die Verfassung mehr ist als Verfassungs*recht*, d. h. ihren Adressaten als „kulturell-politisch-rechtliches Gesamtphänomen“ gegenübertritt, ist heute weitgehend Gemeingut geworden.[127] Dass gerade Häberle durch seine Wiederbelebung der Verfassungslehre als Kulturwissenschaft[128] sowie durch die Untersuchung bestimmter verfassungskultureller Elemente – von Staatssymbolen wie Hymne, Flagge und Gedenk- und Feiertagsgarantien[129] sowie allgemeiner von Literatur, Musik, Kunst, Film und Utopien[130] – wesentlich dazu beigetragen hat, diese Perspektive zu formulieren, ist dabei bedauerlicherweise nicht allen präsent. Lakonisch formuliert *Klaus F. Röhl*: „In der Staatsrechtslehre haben Häberles

---

122 *Häberle* 1972c: 72. Zum verfassungstheoretischen Hintergrund *Häberle* 1983c: 7 (mit Hinweisen auf die entsprechende Tradition von *Hesse* und vor allem *Smend*).

123 In diese Richtung *Häberle* 1983c: 91, 103.

124 Zur „normativen Kraft des Normativen gegenüber dem Faktischen“ siehe *Häberle* 1979a: 65.

125 *Häberle* 1983c: 4.

126 *Häberle* 2000d: 60. Ähnlich auch bereits *Häberle* 1969b: 484 f.; 1978c: 1 ff. (= *Häberle* 1998b: 184 ff.); *Häberle* 1998a: 98.

127 So etwa *Wahl* 2011: 355 f. Dazu schon *Häberle* 1998a: 83 f. (unter Rückgriff auf *Heller*, der seinerseits das Bild *Goethes* entfaltet, Verfassung sei ‚geprägte Form, die lebend sich entwickelt‘). Vgl. jetzt auch *Möllers* 2002: 109 ff.; *Haltern* 2008: 193 ff.; *Krüper* 2011: 260 ff.; sowie aus der Außenperspektive *Röhl* 2013.

128 Neben der in der zweiten Auflage der „Verfassungslehre als Kulturwissenschaft“ (1998a) gezogenen „Summe“ vgl. nur *Häberle* 1994a.

129 Spezifisch dazu: *Häberle* 1987b; *Häberle* 2008; *Häberle* 2013.

130 *Häberle* 1998a: 518 ff.

Vorstellungen sich ausgebreitet, er wird jedoch nicht zitiert."[131] Versucht man diesen für die Disziplin wenig schmeichelhaften Befund doch noch positiv zu wenden: In Häberles Texten gibt es für kontextsensible Rechtsforscher unserer Tage viel zu entdecken! Etwa auch die Einsicht, dass die kulturwissenschaftliche Analyse keineswegs zur Auflösung des Rechts führen muss, sondern gerade eine erhöhte Sensibilität für die spezifisch juristischen Institutionen, Verfahren und Rationalitätsformen erzeugen kann.[132]

Anspruchsvoller ist dagegen eine andere, weniger deskriptive als normative Frage, der sich Häberle ebenfalls intensiv gewidmet hat: Ob und wie können (und sollen?) solche sozialen Zusammenhänge, die als Voraussetzung für das Gelingen rechtlicher Regelungen gelten, durch rechtliche Intervention stabilisiert oder gar gezielt gefördert werden? Lange Zeit begegnet uns Häberle in dieser Sache als unbedingter Optimist, Aufklärer und Reformer, der an Erziehung und an die Verbesserlichkeit der Menschheit glaubt. Wohl kaum zufällig entwickelt er seine Theorie der Grundrechte im Leistungsstaat vorrangig an Beispielen aus dem Bildungsbereich und betont das „Recht auf Chancengleichheit im (Aus)Bildungsbereich, auf gleichen Zugang zu den Ausbildungsstätten"[133]. Auch seine Fragen nach Möglichkeit und Relevanz der rechtlichen Regelung von „Erziehungszielen"[134], die als „Basisbedingungen der Verfassung des Pluralismus"[135] verstanden werden, spiegeln das Interesse daran, einen Normbestand zu identifizieren, in dem „der Verfassungsstaat sich selbst, d. h. seine eigenen Voraussetzungen (mit-)zu garantieren sucht".[136] Diese These wird bewusst der apodiktisch-resignativen Haltung *Ernst-Wolfgang Böckenfördes* entgegengesetzt.[137]

Dabei hat Häberle wenigstens zu Beginn in seinem Glaube daran, der Staat könne die geistigen Grundlagen, auf denen er beruht, selbst schaffen, auch überschießend argumentiert. Die Texte der 1960er und 1970er Jahre insinuieren, die Verfassungsordnung könne sich gleichsam aus sich selbst heraus stabilisieren, indem sie ihre eigenen Voraussetzungen immer wieder thematisiert (als „selbsttragende" Ordnung). Dies musste über die Zeit einer vorsichtigeren und für strukturelle Gefährdungen sensibleren Einschätzung weichen, um dem Vorwurf begegnen zu können, allein gelingende Verfassungsrechts-

131 Vgl. dazu *Röhl* 2013; ähnlich auch der Befund bei *Schulze-Fielitz* 2001: 146 f.

132 So betont Häberle stets, dass die „andere", d. h. die kulturelle, Seite des Rechts ohne die eine, d. h. die technisch-juristische, nicht denkbar ist. Vgl. nur *Häberle* 1998a: 1063 ff.: „Ohne die Verfassungsinterpreten im engeren Sinn und ihre (Juristen-)‚Kunst' gäbe es keinen Verfassungsstaat als eine (disziplinierende) Seite der offenen Gesellschaft."

133 *Häberle* 1972c: 108; zum Recht auf Privatschulsubventionierung vgl., ebd.: 77 ff.

134 Vgl. auch *Häberle* 1998a: 758 ff., aufbauend u. a. auf *Häberle* 1981d; *Häberle* 1981e: 211 ff.

135 *Häberle* 1998a: 760 f.; vgl. auch ebd.: 169.

136 *Häberle* 1998a: 500.

137 Vgl. *Böckenförde* 1970: 80: „Es gehört zur Struktur des freiheitlichen Rechtsstaates, daß er von Voraussetzungen lebt, die er selbst nicht garantieren kann, ohne seine Freiheitlichkeit infragezustellen." Dagegen etwa ausdrücklich *Häberle* 1998a: 500 mit Fn. 834.

ordnungen zu beschreiben und deren Herausforderungen ohnmächtig gegenüber zu stehen.[138]

Dennoch erstaunt es, dass die Verfassungsrechtswissenschaft den Thesen Häberles so viel weniger abgewinnen konnte, ja dessen Optimismus des Einschmuggelns politischer Utopien ins Recht verdächtigte, während das eminent politische Anliegen der Skeptiker dagegen weitgehend ignoriert wurde. Heute scheinen apodiktische Entweder-Oder-Haltungen in dieser Frage überholt. Für eine an Steuerung interessierte Rechtswissenschaft öffnet Häberle jedenfalls ein bislang nur in seinen Umrissen bekanntes Forschungsfeld. Zudem mahnt Häberles Ansatz generell, Verfassungsinterpretation auch als Bedingung einer gelingenden „Verfassungskultur“ und damit als Garant für einen „pfleglichen Umgang mit der qualitativ verstandenen Verfassung“ zu verstehen.[139]

2.3 Vom Wachsen des gemeineuropäischen Verfassungsrechts

Wenn Verfassungsordnungen einen „Kulturzustand und Kulturprozeß“ spiegeln, also nicht in ihrem „juristischen Regelwerk“ aufgehen, sondern „auch dem Irrationalen im Handeln der Bürger“ Rechnung tragen, was bedeutet das dann für den Traum von einer Verfassung für Europa?[140] Häberle ist der Frage nach einer verfassungsrechtlichen Perspektive auf Europa bzw. nach der Europäisierung des Verfassungsrechts seit den frühen 1980er Jahren nachgegangen. Sein Begriff des „gemeineuropäischen Grundrechte-Rechts“[141] ging bald in der heute weit verbreiteten Formel vom „gemeineuropäischen Verfassungsrecht“[142] auf, in der die nationalen Verfassungen „Teilverfassungen“ eines Größeren sind.[143]

Auf der Grundlage des kontextsensiblen Ansatzes geht es Häberle dabei um die Zwischentöne, die Übergangsstufen, das Verbindende zwischen dem traditionell mit dem Nationalstaat verknüpften Verfassungsbegriff und den Realitäten einer neuen supranati-

---

138 Vgl. etwa die vor allem im Hinblick auf die Diagnose einer immer stärkeren Ökonomisierung leicht resignativen Töne in *Häberle* 1998a: 169; sowie im Gespräch mit *Posavec* 2002: 366 f. Teilweise scheint bei Häberle dann auch wieder ein stärker materiales Verständnis der Rechtsordnung auf, vgl. insbes. die nachträglichen Anmerkungen zu „Verfassungstheorie ohne Naturrecht“, in: *Häberle* 1998b: 120: danach müssten „bestimmte – glückliche – (kulturelle) Bedingungen erfüllt sein [...], um verfassungsstaatliche Verfassungen in ihren Prinzipien ‚selbsttragend‘ wirken zu lassen. Der verfassungsrechtliche Kulturzustand ist potentiell je immer gefährdet, und die Rückfälle in die Barbarei mitten in Europa (Stichwort: ‚ethnische Säuberung‘) machen die ‚Reserveinstanz‘ des Naturrechts unverzichtbar, und sei es auch nur in Gestalt von Fiktionen“.

139 *Häberle* 1998a: 91, vgl. auch ebd.: 260, 768 ff.

140 Zu dieser Verfassungsdefinition: *Häberle* 1998a: 911.

141 *Häberle* 1983b: 16 f.

142 *Häberle* 1991b: 261 ff.; dann etwa auch in *Häberle* 1997; *Häberle* 1998a: 1073 ff.; *Häberle* 2011: 111 ff. Vgl. auch aus jüngster Zeit folgende Studien: *Häberle* 2009c: 457 ff.; 2010c: S. 301 ff.; 2010d: 181 ff.

143 *Häberle* 2011: 221 ff.

onalen Ordnung. Binäre Kategorien, wie die der Souveränität, erweisen sich dabei als wenig hilfreich.[144] Vielmehr gelte es, die großen Begriffe der Verfassungslehre – neben der Souveränität etwa auch den des Volkes oder der Öffentlichkeit – konsequent zu europäisieren: „Alle großen Begriffe der klassischen Staatslehre von *G. Jellinek* bis *H. Heller* bedürfen einer Revision auf dem Forum des konstitutionellen Europas von heute."[145] Europa wird dabei nicht begrenzt auf die Europäische Union gedacht, sondern umfasst auch und gerade den Europarat mit der Europäischen Menschenrechtskonvention sowie die OSZE.

Gleichzeitig bleibt Häberle durchaus aufmerksam für die Verfassungsidentitäten der Mitgliedstaaten, oder wie es in einer durchaus barocken Zwischenüberschrift seiner *Europäischen Verfassungslehre* heißt, die ihren Nuancierungen jedoch die Komplexität der Fragestellung durchaus adäquat abbildet: „Europäische Verfassungslehre (nicht ‚Europäisches Verfassungsrecht'), auch nicht europäische Staatslehre, da Europa kein Superstaat, sondern das Europa der ‚kulturellen Vaterländer' ist, diese aber ‚europäische Verfassungsstaaten' sind".[146]

Es sind weniger konkrete rechtstechnische Vorschläge, die für Häberle im Vordergrund stehen, als der generelle Appell, sich als Jurist im 21. Jahrhundert bewusst zu werden, welchen historisch einmaligen Wert die „europäische Rechtskultur"[147] darstellt und welche Verantwortung für deren Bewahrung damit an den „Europäischen Juristen"[148] einhergeht. Zum fünfzigsten Geburtstag hat Häberle dem Bundesverfassungsgericht ins Stammbuch geschrieben, seinem Selbstverständnis nach als „europäisches Verfassungsgericht" zu agieren und sich Europa als „werdender Verfassungsgemeinschaft" gegenüber zu öffnen.[149] Ganz in diesem Sinne betont das Gericht heute unter anderem immer wieder, auch unter Verweis auf Häberle, dass die Grundrechte als Ausprägung der Menschenrechte im Sinne der Europäischen Menschenrechtskonvention zu verstehen sind und diese als Mindeststandard in sich aufgenommen haben, es also kein Zurück hinter Europa gibt.[150]

---

144 Dazu schon *Häberle* 1967: 259 ff. (= *Häberle* 1998b: 374): „Die Erkenntnis der Geschichtlichkeit von Souveränität, Staat und Recht ergibt, daß viele überkommene Fragestellungen sich schon im Ansatz als Verzerrungen, als Ergebnis undifferenzierten aut-aut-Denkens erweisen, die der Wirklichkeit Gewalt antun."

145 *Häberle* 2011: 37. Zur europäischen Öffentlichkeit umfassend *Häberle* 2000a; sowie *Häberle* 2011: 163 ff., 214 ff.

146 *Häberle* 2011: 31, vgl. auch ebd.: 54 ff.

147 *Häberle* 2011: 104 ff., 152 ff.

148 Vgl. dazu die Nachweise oben Fn. 4.

149 *Häberle* 2001: 330 f.

150 BVerfGE 128, 326 (327, 369 f.) – *Sicherungsverwahrung II* (vgl. oben Fn. 98).

Kontextsensible Rechtswissenschaft hat ihren Preis.[151] Wieder ist es Häberle selbst, der in seiner Würdigung *Rudolf Smends* wichtige Aspekte der Kritik am kontextuellen Denkstil vorweggenommen hat: „*Smend* ist einer der großen ‚Anreger' auch dort, wo die weitere wissenschaftliche Diskussion Korrekturen anbringen mußte [...]. Zunächst hatte *er* die Probleme formuliert und, auf dem Hintergrund universaler und detaillierter geschichtlicher Sicht, in eine überaus sensible Sprache gekleidet, die so vielschichtig war, daß die Konturen mitunter impressionistisch zurücktragen. Diese Art juristischen Denkens ist Stärke und Schwäche zugleich; das eine bedingt das andere: Stärke, weil sie das für den ‚gröberen' Blick Unsichtbare ins Licht rückt, Schwäche, weil sie durch ein Übermaß an Differenzierungen das Grundsätzliche gefährden kann."[152]

Nimmt man diese Äußerung ernst, kann es jedoch eigentlich nie um ein Für oder Wider kontextsensibler Rechtswissenschaft gehen. Vielmehr gilt es, innerhalb der Rechtswissenschaft das je richtige Maß an Kontextsensibilität zu finden, um dem Recht Reflexionsräume zu öffnen, ohne in einem Übermaß an Differenzierungen zu ertrinken. Kontextsensible Rechtswissenschaft ist dann immer nur so gut, wie die Fragen, die sie ermöglicht. Berechtigung und Grenzen einer kontextsensiblen Perspektive lassen sich dabei am Besten in Auseinandersetzungen mit Anfragen, die an Häberles Werk herangetragen wurden, herausarbeiten.

3.1 Wirklichkeit, Möglichkeit, Notwendigkeit – und Methode?

Alt ist der Vorwurf, ein kontextsensibles Rechtswissenschaftsverständnis, insbesondere wenn es sich wie bei Häberle im „Spannungsfeld zwischen Wirklichkeits-, Möglichkeits- und Notwendigkeitsdenken" verortet[153], führe zu einem „anarchisch anmutende[n] Methodenpluralismus"[154]. Stärker noch ist von der „Verflüssigung" der Normativität der rechtsstaatlichen Verfassungsstruktur oder vom „(zer-)fließenden Staat" die Rede.[155] Radikalisiert wird die Kritik, wenn Häberles positive Anknüpfung an Hellers „metho-

---

151 Leser Häberles werden nicht überrascht sein, dass sich der Gewürdigte unter diesem Gliederungspunkt vorsichtigen Anfragen stellen muss: vgl. etwa die in *Häberle* 1998b gesammelten Rezensionen zu Werken von *Habermas* (ebd.: 230), *Leisner* (ebd.: 294), *Suhr* (ebd.: 309), *Forsthoff* (ebd.: 325 und 397), *Kriele* (ebd.: 356) und *von Simson* (ebd.: 381).

152 *Häberle* 1975d: 1875 (= *Häberle* 1998b: 686).

153 *Häberle* 1977a: 43 (= *Häberle* 1998b: 32).

154 *Böckenförde* 1991a: 28.

155 *Böckenförde* 1991a: 20 f. mit Fn. 18; so auch schon *Henke* 1981: 580 ff. Hierbei wird die schon gegen das Wertedenken verwendete Terminologie neu aufgenommen, vgl. dazu parallel *Böckenförde* 1969: 73: „Verflüssigung der überkommenen rechtsstaatlichen Verfassungsstruktur".

densynkretistischen“ Ansatz[156] gar als Absage an ein methodisch kontrollierbares Wissenschaftsverständnis kritisiert wird. So vermeinte etwa *Bernhard Schlink*: „Bei Häberle ist Methode einfach abwesend“.[157] Andere sahen hier die Grenze zwischen „Verfassungsrechtspolitik und geltendem Verfassungsrecht“[158] verwischt und unterstellten der von Häberle repräsentierten Richtung konkrete institutionelle Interessen.[159]

Nun sind der Vorwurf des Politischen und die Haltung, den eigenen Standpunkt als den „einzig juristischen“ auszuweisen, die eigene Methode also zu verabsolutieren, übliche und für sich wenig beeindruckende Mittel im juristischen Streit.[160] Ideologisch sind immer die anderen. Indes: Jenseits bestimmter selbstverständlicher Diskurspraktiken existiert keine *genuine* „juristische Methode“. Vielmehr ist der Dissens um die richtige Methode notwendig Teil jeder ernsthaften rechtswissenschaftlichen Auseinandersetzung.

Dennoch lässt sich aus diesem Vorbringen eine erste und wichtigste Bedingung für die „Kontrollierbarkeit“ kontextsensibler Rechtswissenschaft ableiten, nämlich dass sie sich Rechenschaft über ihre methodischen Grundsätze und deren Verhältnis zur Verfassungsordnung ablegen muss. Gerade Häberle hat nun stets die Notwendigkeit von Methodentransparenz betont: Angesichts der Unhintergehbarkeit des jeweiligen Vorverständnisses gelte es dieses als immanente Verfassungstheorie offen zu legen.[161] Dementsprechend hat Häberle seine an Popper und Albert geschulten Ansichten über die offene „wirklichkeitsorientierte“ Rechtsauslegung, nach der sich Rechtssätze bewähren müssten und nicht bloß bewahren dürfen[162], über den evolutionären Charakter von Verfassungsnormen[163], über sein Verständnis von Verfassung „als öffentliche[n] Prozeß zur Rationalisierung und Begrenzung staatlicher *und* gesellschaftlicher Macht sowie zur Beilegung von sozialen Konflikten und humaner Ordnung für alle“[164] sowie die daraus seiner Ansicht nach zu ziehenden Folgerungen für die Rechtsanwendung[165] in einer Vielzahl von Schriften theoretisch entfaltet und methodisch ausgearbeitet.

Ist Häberles Position deswegen allein schon „richtig“? Die Frage wäre schon im Ansatz falsch gestellt, solange sie nicht als regulative Idee für ein eigenständiges methodi-

156 So bei *Heller* 1929: 354.

157 *Schlink* 1980: 82.

158 Vgl. nur die Diskussionsbemerkungen von *Herzog* 1972: 147 f., und *Oppermann* 1972: 167 ff.

159 *Böckenförde* 1991c: 133, dort allerdings insbesondere gegen *Smend* und den Wertbegriff gerichtet, der als „Verhüllungsformel für richterlichen bzw. interpretatorischen Dezisionismus“ gekennzeichnet wird.

160 Dazu gerade im Hinblick auf die hier dargestellte Kontroverse *Thurn* 2013: 252 ff.

161 So unmittelbar in Antwort auf die Kritik Böckenfördes: *Häberle* 1972e: 167.

162 *Häberle* 1972d: 56 f., 73.

163 *Häberle* 1978c, in: *Häberle* 1998b: 203, mit der Forderung nach dem „Abschied vom Dogma der Punktualität“.

164 *Häberle* 1972d: 56.

165 Vgl. etwa die Kritik an einer „ungebührlichen *Aufwertung* der *entstehungsgeschichtlichen* Auslegungsmethode“ bei *Häberle* 1975e: 336 (= *Häberle* 1998b: 470 f.

sches Unternehmen fungiert. Ein solches muss sich jedoch mit Häberles Ansatz darin messen, wie viel eher es seinem Gegenstand, dem „kooperativen" Grundgesetz, adäquat ist, dabei sowohl das Bestehende nachvollziehbar erklären wie auch neue Herausforderungen angemessen verarbeiten kann. Was Häberles Ansatz, der dem Detail differenzierend Rechnung trägt und doch die große Linie nie aus den Augen verliert, insoweit leistet, wurde bereits angedeutet. Vorliegend sei nur nochmals beispielhaft seine Rekonstruktion der Verfassungsnormtypen hervorgehoben, die in einer „dichten Beschreibung" des Grundgesetztextes die analytische Unterkomplexität jeder strikt verstandenen Dichotomie von Regeln und Prinzipien vor Augen führt, um auf der Grundlage dieses (Text-)Materials Verfassungstheorie zu betreiben und Methodengrundsätze zu entwickeln.[166] Hier zeigen sich methodische Maßstäbe für Rechtswissenschaft im Kontext.

3.2 Kontextsensibilität – als apolitische Harmonie?

Die nächste Anfrage präzisiert den ersten Vorwurf: Selbst wenn man zugibt, dass Juristen herkömmlich um die „Verabsolutierung von Teilgesichtspunkten"[167] streiten, geht eine kontext-inklusive Sowohl/Als-auch-Methodik nicht doch am Kern juristischer Begriffsbildung vorbei? Muss Recht nicht gerade auf Grenzziehung und Exklusion setzen, um Entscheidungen zu ermöglichen? Maskiert die „Öffnung" zum Kontext nicht die Tatsache, dass ein wie auch immer verstandenes Proprium des Rechts preisgegeben wird? Solche und ähnliche Kritik wurde und wird Häberle in verschiedenen Varianten immer wieder entgegen gehalten.[168]

Nicht weiterführend erscheint dabei, kontextsensiblen Ansätzen pauschal fehlende juristische Alltagstauglichkeit zu unterstellen. Häberles Grundrechtslehren wurde zwar vereinzelt ein derart „utopischer Zug" nachgesagt[169]; auch was aus seinen kulturwissenschaftlichen Thesen folge, bleibe vage.[170] Gerade in seinem Falle wird diese Kritik jedoch schon durch die oben skizzierte Rezeption in der Praxis und die ihm auch von Gegnern attestierte „Sprengkraftwirkung" seiner Grundrechtstheorie widerlegt.[171] Generell jedoch gilt, was selbstverständlich sein sollte, nämlich dass kontextsensible Ansätze an ihrer Relevanz ebenso wie an ihrer juristischen Überzeugungskraft und damit an der ihnen zugrunde liegenden Methode zu messen sind, wenn sie denn den Anwendungsbezug nicht aufgeben wollen.

---

166 *Häberle* 1998a: 363 ff.
167 *Häberle* 1998a: 397.
168 Beispielhaft *Pieroth* 1983: 403 f.
169 *Schmidt* 1972: 55.
170 *Pieroth* 1983: 402 f.
171 *Böckenförde* 1972: 165.

Gewichtiger ist dagegen der Einwand, kontextsensible Rechtswissenschaft neige strukturell zu einem „harmonisierenden Gleichgewichtsdenken“ und vernachlässige, dass Recht aus der Bewältigung von Konflikten entstehe.[172] Insofern dabei an den spezifischen Theoriehintergrund von Häberles Frühwerk und damit an ein materiell stark aufgeladenes Konzept der „Einheit der Verfassung“ angeknüpft wird, trifft dieser Einwand durchaus.[173] Doch erscheint solch ein Konzept weder notwendige Bedingung für kontextsensible Rechtswissenschaft noch erfasst die entsprechende Kritik Häberles Fortentwicklung des eigenen Theorierahmens. Dieser wird ja gerade daraufhin angelegt, den Diskurs jenseits homogener ideologischer Vorstellungen und Vorverständnisse, also „offen“, zu organisieren.[174]

Allerdings ist die grundsätzliche Warnung berechtigt: Anwendungsorientierte kontextsensible Rechtswissenschaft ist mit der schwierigen Aufgabe konfrontiert, Kriterien für die *rechtliche* Relevanz von (auf den ersten Blick) rechtsexternen Umständen zu entwickeln. Hierin ist ein notwendig zirkuläres Moment angelegt, das zwar aus der Anlage des (kulturell gewachsenen) demokratischen Verfassungsstaates folgt und in der stets mit Vorverständnissen operierenden Rechtsanwendung ihr institutionelles Äquivalent findet, aber dennoch Gefahr laufen kann, Bestehendes und Richtiges zu verwechseln. Wie die Rechtswissenschaft unter diesen Bedingungen ihren normativen Anspruch aufrechterhalten kann, ohne in den schlichten Nachvollzug von vermeintlichen „Sachgesetzlichkeiten“ zu verfallen, bleibt als theoretische Herausforderung gerade für die Rechtsanwendungslehre bestehen.[175] (Zu) harmonisch ist eine derartige Auffassung jedoch nur für den, der verkennt, dass im Recht gerade ein System zur friedlichen Austragung von Konflikten instituiert wurde und die von der Verfassungsordnung errichteten Institutionen zur Herstellung von Kompromissen und zur Abwägung von Gründen verpflichtet sind.[176]

172 So z. B. *Willke* 1975: 115.

173 Vgl. die Nachweise bei *Willke* 1975: 115 f., etwa auf *Häberle* 1983c: 5. Häberle hat allerdings selbst schon in eben dieser Arbeit ein leerformelhaftes Harmoniedenken etwa bei *Hauriou* kritisiert (ebd.: 88 Fn. 137) sowie den Vorwurf, der eigene Ansatz betreibe eine falsche „Harmonisierung“ antizipiert (ebd.: 232), um dann zu folgender bemerkenswerter Verteidigung anzusetzen: „Dennoch mögen die dargelegten Einwände die Richtigkeit der vorgetragenen Auffassung nicht zu erschüttern: Freiheit war immer schon mit Opfern verbunden und wird es auch in Zukunft bleiben müssen, weil Opfer im Interesse des Gemeinwohls notwendig sind und der einzelne ohne das Gemeinwesen wesensmäßig nicht zu existieren vermag. Ohne die echten Konfliktmöglichkeiten zwischen Freiheit und Bindung leugnen zu wollen, muß doch gesagt werden, daß die Staatsrechtswissenschaft ihre spezifische Aufgabe verfehlte, wenn sie bei einer bloßen Analyse von Antinomie stehenbliebe.“

174 Vgl. insbes. die oben in Fn. 23 angeführten Texte.

175 Verfehlt daher in Bezug auf Häberle etwa *Schlothauer* 1979: 188.

176 Vgl. auch die Hinweise bei *Häberle* 1972e: 188: „Negativ kann man vielleicht sagen, die Behauptung der Existenz eines unpolitischen Rechts sei ebenso politisch wie falsch. Andererseits muß ‚Politisierung des Rechts‘ Grenzen und Kontrollen haben.“

Spezifisch Häberle gilt dann noch eine dritte Variante der gerade angeführten Kritik, die selten hervorgehoben wird und einer vertieften rechtshistorischen Analyse bedürfte.[177] So ist wenigstens in der Rückschau unverkennbar, wie stark Häberles Schriften dazu beigetragen haben, dass sich die Wissenschaft vom Öffentlichen Recht in der Bundesrepublik lange Zeit vornehmlich als Grundrechts-Wissenschaft ereignet hat. Wenn es im Staatsrechtslehrerreferat prominent heißt „Freiheitsschaffende *Sozialstaats*dogmatik ist vor allem Grundrechtsdogmatik und umgekehrt“[178], dann ist damit zwar insoweit ein ungeheurer Fortschritt erzielt, dass der wenig greifbare und in seinen rechtliche Implikationen weitgehend unklare Streit um Rechts- und Sozialstaat jetzt eher operationalisierbar und justiziabel wird.[179] Indem man zentrale Streitfragen des Gemeinwesens, etwa die Hochschulreform, als grundrechtliches und damit anti-majoritäres Problem diskutiert, werden jedoch andere Fragen, etwa die nach gesellschaftlicher „Demokratisierung“, ausgeklammert und die Gewichte vom Gesetzgeber hin zur Staatsrechtlehre und dem Bundesverfassungsgericht verschoben. Was daraus folgt, muss hier dahinstehen.

3.3 Verfassungsoptimismus – oder kultureller Relativismus?

Kontexte an sich sind offensichtlich weder gut noch schlecht, sondern gegeben. Geht man jedoch davon aus, dass Kontexte für das Recht relevant sind, und tritt dafür ein, ihre Analyse in die rechtliche Entscheidungsvorbereitung und -herstellung zu integrieren, verändert man nicht nur das Recht, sondern auch die Kontexte. Bezogen auf den von Häberle verwendeten Begriff der Kultur: Indem der Jurist im Kontext bestimmte kulturelle Traditionen in Bezug nimmt, unterstellt er einerseits deren Maßstäblichkeit und nimmt ihnen andererseits die Unbefangenheit. Dies hat sein Äquivalent im Recht: Nicht jede Lied- und Gedichttradition wird zur Nationalhymne, und eine Nationalhymne ist eben nicht mehr nur ein Lied.

Die daraus resultierenden Fragen sind unproblematisch, solange man Verfassungsstaatlichkeit als produktive und positive Entwicklungsgeschichte kultureller Objektivationen des menschlichen Geistes erzählen kann und will. Obgleich Häberle ausdrücklich gegen derartige Kulturalismen, Teleologien und gegen schlichten Fortschrittsglauben Position bezieht,[180] deuten einige Stellen seines Werks doch darauf hin, dass Häberles Plädoyer für eine Rechtswissenschaft als Kulturwissenschaft die Idee einer „gelingen-

177 Vgl. aber die Ansätze hierzu bei *Thurn* 2013.

178 *Häberle* 1972c: 138 (Leitsatz 35).

179 Vgl. *Grimm* 1982: 41; sowie jetzt *Thurn* 2013: 571 f.

180 Vgl. etwa *Häberle* 1998a: 173; sowie – im Hinblick auf die eigene positive Bewertung des Gemeinwohlbegriffs – *Häberle* 1998b: 560: „All das ist kein Plädoyer für eine Geschichtsdeutung, die die ‚Sinnhaftigkeit‘ des historischen Geschehens voraussetzt [...] oder gar Verfalltheorien huldigt [...], aber ein Stück Sinn*gebung* und Lebensbewältigung, die der Jurist leisten kann“.

den“ und deswegen relevanten Kultur unterliegt, die teils durch das Verfassungsrecht umgesetzt wird, teils zur Kritik des Rechts zur Verfügung steht.[181] Auch wenn Kultur hier weit und vor allem nicht nationalstaatlich begrenzt gedacht wird: Müssen wir nicht deutlich vorsichtiger sein? Aber wie können wir dann die Relevanz bestimmter – und nicht gerade anderer – kultureller Phänomene begründen? Denn wenn wir uns unserer kulturellen Grundlagen weder sicher sind noch diese per se als „gut“ bewerten können: Was wäre dann durch die kontextuelle Perspektive gewonnen? Diese Frage ist noch unbeantwortet.

4 Schluss

Indem Peter Häberle der Rechtswissenschaft den Kontext erschlossen hat, hat er die Juristen mit bislang nur ansatzweise bewältigten Fragen konfrontiert, vielleicht sogar teilweise an Abgründe geführt. Gleichzeitig vermittelt sein Werk aber auch den Geist, der unerlässlich erscheint, will man die hier auf die Rechtswissenschaft wartenden Aufgaben produktiv angehen: „Wenn man ein Stück optimistischer ist als die Wirklichkeit dem Beobachter zu sein scheint, kann man diese Wirklichkeit *besser* machen als sie ist. [...] Wenn man die Wirklichkeit nur so sieht, wie sie zu sein scheint, macht man sie schlechter als sie sein kann. Damit verfehlt man m. E. eine spezifische Aufgabe des Normativen.“[182] Besser lässt sich die Motivation, die den Juristen (nicht nur) im Kontext tragen muss, besser lässt sich vermutlich aber auch das Ethos *Peter Häberles* nicht beschreiben.

181 Vgl. mit unterschiedlichen Nuancierungen *Häberle* 1998a: 152 ff., 157, 161, 175 (zur Entwicklungsgeschichte des Verfassungsstaates), sowie ebd.: 352, 355 ff., 359, 361 (zu Fortschrittsdenken und [Verfassungs-]optimismus).

182 So in Reaktion auf die Diskussionsbemerkung *Herzogs*: *Häberle* 1972d: 149.

Literatur

Bethge, Herbert, 1986: Rezension: Häberle: Die Wesensgehaltgarantie des Art. 19 Abs. 2 Grundgesetz, in: DVBl., S. 957.

Blankenagel, Alexander / *Pernice*, Ingolf / *Schulze-Fielitz*, Helmuth (Hrsg.), 2004: Verfassung im Diskurs der Welt, Liber Amicorum für Peter Häberle, Tübingen.

Böckenförde, Ernst Wolfgang, 1969: Entstehung und Wandel des Rechtsstaatsbegriffs, in: Ehmke / Schmid / Scharoun (Hrsg.), FS für Adolf Arndt zum 65. Geburtstag, Frankfurt a. M., S. 53 ff.

Böckenförde, Ernst Wolfgang, 1970: Das Grundrecht der Gewissensfreiheit, in: VVDStRL 28, S. 33 ff.

Böckenförde, Ernst Wolfgang, 1972: Diskussionsbemerkung, in: VVDStRL 30, S. 165.

Böckenförde, Ernst Wolfgang, 1991a: Eigenart des Staatsrechts und der Staatsrechtswissenschaft (1983), in: ders., Staat, Verfassung, Demokratie, Frankfurt a. M., S. 11 ff.

Böckenförde, Ernst Wolfgang, 1991b: Staat, Verfassung, Demokratie, Frankfurt a. M.

Böckenförde, Ernst Wolfgang, 1991c: Grundrechtstheorie und Grundrechtsinterpretation (1974), in: ders., Staat, Verfassung, Demokratie, Frankfurt a. M., S. 115 ff.

Camilo de Oliveira, Renata, 2013: Zur Kritik der Abwägung in der Grundrechtsdogmatik. Beitrag zu einem liberalen Grundrechtsverständnis im demokratischen Rechtsstaat, Berlin.

Depenheuer, Otto / *Grabenwarter*, Christoph (Hrsg.), 2010: Verfassungstheorie, Tübingen.

Esser, Josef, 1970: Vorverständnis und Methodenwahl in der Rechtsfindung, Frankfurt a. M.

Fleiner-Gerster, Thomas (Hrsg.), 1995: Die multikulturelle und multi-ethnische Gesellschaft. Eine neue Herausforderung an die europäische Verfassung: 60 Jahre Peter Häberle, Fribourg.

Gomes Canotilho, José Joaquim 2001: Das jüngste Werk Peter Häberles, in: Morlok (Hrsg.), Die Welt des Verfassungsstaates, Baden-Baden, S. 229 ff.

Graf Vitzthum, Wolfgang, 2002: „Auf den Schultern von Riesen …“, in: Häberle, Kleine Schriften. Beiträge zur Staatsrechtslehre und Verfassungskultur, Berlin, S. 397 ff.

Grimm, Dieter, 1982: Zum Problem eines interdisziplinären Grundrechtsverständnisses, in: Hassemer / Hoffmann-Riem / Limbach (Hrsg.), Grundrechte und soziale Wirklichkeit, Baden-Baden, S. 39 ff.

Grimm, Dieter, 1984: Kulturauftrag im staatlichen Gemeinwesen, in: VVDStRL 42, S. 46 ff.

Günther, Frieder, 2004: Denken vom Staat her. Die bundesdeutsche Staatsrechtslehre zwischen Dezision und Integration 1949-1970, Ordnungssysteme. Studien zur Ideengeschichte der Neuzeit, Band 15, München.

Häberle, Peter, 1962: Die Wesensgehaltgarantie des Art. 19 Abs. 2 Grundgesetz. Zugleich ein Beitrag zum institutionellen Verständnis der Grundrechte und zur Lehre vom Gesetzesvorbehalt, Karlsruhe (1983 in 3. erweiterter Auflage erschienen).

Häberle, Peter, 1965: Allgemeine Staatslehre, Verfassungslehre oder Staatsrechtslehre?, in: ZfP 12, S. 381 ff.

Häberle, Peter, 1967: Zur gegenwärtigen Diskussion um das Problem der Souveränität, in: AöR 92, S. 259 ff.

Häberle, Peter, 1969a: Öffentlichkeit und Verfassung, in: ZfP 16, S. 273 ff.

Häberle, Peter, 1969b: Besprechung von: Udo Steiner, Verfassunggebung, in: AöR 94, S. 479 ff.

Häberle, Peter, 1970a: Öffentliches Interesse als juristisches Problem, Berlin (2006 in 2. Auflage erschienen).

Häberle, Peter, 1970b: „Gemeinwohljudikatur“ und Bundesverfassungsgericht, in: AöR 95, S. 86 ff., 260 ff.

Häberle, Peter, 1970c: Struktur und Funktion der Öffentlichkeit im demokratischen Staat, in: Politische Bildung 1970 H. 3, S. 3 ff.

Häberle, Peter, 1970d: Diskussionsbemerkungen, in: VVDStRL 28, S. 110 ff.

Häberle, Peter, 1971: Diskussionsbemerkungen, in: VVDStRL 29, S. 98 f.

Häberle, Peter, 1972a: Retrospektive Staats(rechts)lehre oder realistische „Gesellschaftslehre“?, in: ZHR 136, S. 425 ff.

Häberle, Peter, 1972b: Das Bundesverfassungsgericht im Leistungsstaat, in: DÖV, S. 729 ff.

Häberle, Peter, 1972c: Grundrechte im Leistungsstaat, in: VVDStRL 30, S. 43 ff.

Häberle, Peter, 1972d: Diskussionsbemerkungen, in: VVDStRL 30, S. 149.

Häberle, Peter, 1972e: Schlusswort, in: VVDStRL 30, S. 188.

Häberle, Peter, 1973a: Diskussionsbemerkungen, in: VVDStRL 31, S. 298 f.

Häberle, Peter, 1973b: Allgemeine Staatslehre, demokratische Verfassungslehre oder Staatsrechtslehre? Zu Roman Herzog, Allgemeine Staatslehre, 1971, in: AöR 98, S. 119 ff.

Häberle, Peter, 1974a: Zeit und Verfassung, in: ZfP 21, S. 111 ff.

Häberle, Peter, 1974b: Verfassungstheorie ohne Naturrecht, in: AöR 99, S. 437 ff.

Häberle, Peter, 1975a: Lebende Verwaltung trotz überlebter Verfassung?, in: JZ, S. 685 ff.

Häberle, Peter, 1975b: Die offene Gesellschaft der Verfassungsinterpreten, in: JZ, S. 297 ff.

Häberle, Peter, 1975c: Diskussionsbemerkungen, in: VVDStRL 33, S. 134 ff.

Häberle, Peter, 1975d: Nachruf auf Rudolf Smend, in: NJW, S. 1874 f.

Häberle, Peter, 1975e: Sozialstaatspostulat und gesellschaftlicher Status quo. Besprechung des gleichnamigen Werkes von Hans Hermann Hartwich, Köln; in: AöR 100, S. 333 ff.

Häberle, Peter, 1976a: Zum Staatsdenken Ernst Forsthoffs, in: ZSR 95, S. 477 ff.

Häberle, Peter, 1976b: „Staatskirchenrecht" als Religionsrecht der verfassten Gesellschaft, in: DÖV, S. 73 ff.

Häberle, Peter, 1977a: Demokratische Verfassungstheorie im Lichte des Möglichkeitsdenkens, in: AöR 102, S. 27 ff.

Häberle, Peter, 1977b: „Positivismus" als Historismus, in: DÖV, S. 90 ff.

Häberle, Peter, 1977c: Staatslehre als Verfassungsgeschichte, in: AöR 102, S. 284 ff.

Häberle, Peter, 1978a: Der kooperative Verfassungsstaat, in: Kaulbach / Krawietz (Hrsg.), Recht und Gesellschaft, FS für Helmut Schelsky zum 65. Geburtstag, Berlin, S. 141 ff.

Häberle, Peter, 1978b: Diskussionsbemerkungen, in: VVDStRL 36, S. 129 f.

Häberle, Peter, 1978c: Verfassungsinterpretation und Verfassungsgebung, in: ZSR 97 I, S. 1 ff.

Häberle, Peter, 1979a: Kommentierte Verfassungsrechtsprechung, Karlsruhe.

Häberle, Peter, 1979b: Kulturpolitik in der Stadt – ein Verfassungsauftrag, Karlsruhe.

Häberle, Peter, 1979c: Recht aus Rezensionen; in: Häberle, Kommentierte Verfassungsrechtsprechung, Karlsruhe, S. 1 ff.

Häberle, Peter, 1979d: Diskussionsbemerkungen, in: VVDStRL 37, S. 126 ff.

Häberle, Peter, 1980a: Die Verfassung des Pluralismus. Studien zur Verfassungstheorie der offenen Gesellschaft, Königstein im Taunus.

Häberle, Peter, 1980b: Kulturverfassungsrecht im Bundesstaat, Wien.

Häberle, Peter, 1981a: Klassikertexte im Verfassungsleben. Vortrag gehalten vor der Berliner Juristischen Gesellschaft am 22. Oktober 1980, Berlin.

Häberle, Peter, 1981b: Staatsrechtslehre als universale Jurisprudenz. Zum Tode von Ulrich Scheuner, ZevKR 26, S. 105 ff.

Häberle, Peter, 1981c: Diskussionsbemerkungen, in: VVDStRL 39, S. 202 f.

Häberle, Peter, 1981d: Erziehungsziele und Orientierungswerte im Verfassungsstaat, Freiburg im Breisgau.

Häberle, Peter, 1981e: Verfassungsprinzipien als Erziehungsziele, in: Eichenberger / Bäumlin / Müller (Hrsg.), FS für Hans Huber, 1981, S. 211 ff.

Häberle, Peter, 1982a: Verfassungslehre als Kulturwissenschaft, Berlin.

Häberle, Peter, 1982b: Kulturstaatlichkeit und Kulturverfassungsrecht, Darmstadt.

Häberle, Peter, 1982c: Vom Kulturstaat zum Kulturverfassungsrecht, in: Häberle, Kulturstaatlichkeit und Kulturverfassungsrecht, Darmstadt, S. 1 ff.

Häberle, Peter, 1982d: Präambeln im Text und Kontext von Verfassungen, in: Listl / Schambeck (Hrsg.), FS für Johannes Broermann, Berlin, S. 211 ff.

Häberle, Peter, 1982e: Diskussionsbemerkungen, in: VVDStRL 40, S. 278 ff.

Häberle, Peter, 1983a: Das Grundgesetz der Literaten. Der Verfassungsstaat im (Zerr?)Spiegel der Schönen Literatur, Baden-Baden.

Häberle, Peter, 1983b: Europa in kulturverfassungsrechtlicher Perspektive, in: JöR 32, S. 9 ff.

Häberle, Peter, 1983c: Die Wesensgehaltgarantie des Art. 19 Abs. 2 Grundgesetz. Zugleich ein Beitrag zum institutionellen Verständnis der Grundrechte und zur Lehre vom Gesetzesvorbehalt, 3. Aufl., Karlsruhe.

Häberle, Peter, 1983d: Diskussionsbemerkungen, in: VVDStRL 41, S. 92 ff.

Häberle, Peter, 1985: Diskussionsbemerkungen, in: VVDStRL 43, S. 76 ff.

Häberle, Peter, 1986: Diskussionsbemerkungen, in: VVDStRL 44, S. 114 ff.

Häberle, Peter, 1987a: Diskussionsbemerkungen, in: VVDStRL 45, S. 114 ff.; 251 ff.

Häberle, Peter, 1987b: Feiertagsgarantien als kulturelle Identitätselemente des Verfassungsstaates, Berlin.

Häberle, Peter, 1989a: Grundrechtsgeltung und Grundrechtsinterpretation im Verfassungsstaat, in: JZ, S. 913 ff.

Häberle, Peter, 1989b: Textstufen als Entwicklungswege des Verfassungsstaates, in: Jekewitz / Klein / Kühne / Petersmann / Wolfrum (Hrsg.), FS für Karl Josef Partsch zum 75. Geburtstag, Berlin, S. 555 ff.

Häberle, Peter, 1989c: Wissenschaftliche Zeitschriften als Aufgabenfeld juristischen Rezensionswesens, in: Fiedler / Ress (Hrsg.), GS für Wilhelm Karl Geck, Köln, S. 277 ff.

Häberle, Peter, 1989d: Verfassungslehre im Kraftfeld der rechtswissenschaftlichen Literaturgattungen, in: Cagianut (Hrsg.), FS für Otto K. Kaufmann zum 75. Geburtstag, Bern, S. 15 ff.

Häberle, Peter, 1989e: Diskussionsbemerkungen, in: VVDStRL 47, S. 74 f.

Häberle, Peter, 1990: Diskussionsbemerkungen, in: VVDStRL 49, S. 128 ff.; 154 ff.

Häberle, Peter, 1991a: Die Staatsrechtslehre im Prozeß der deutschen Einigung, in: BayVBl., S. 385 ff.

Häberle, Peter, 1991b: Gemeineuropäisches Verfassungsrecht, in: EuGRZ, S. 261 ff.

Häberle, Peter, 1992a: Rechtsvergleichung im Kraftfeld des Verfassungsstaates. Methoden und Inhalte, Kleinstaaten und Entwicklungsländer, Berlin.

Häberle, Peter, 1992b: Theorieelemente eines allgemeinen juristischen Rezeptionsmodells, in: JZ, S. 1033 ff.

Häberle, Peter, 1992c: Diskussionsbemerkungen, in: VVDStRL 51, S. 117 ff.

Häberle, Peter, 1992d: Die Kontroverse um die Reform des deutschen Grundgesetzes (1991/92), in: ZfP 39, S. 233 ff.

Häberle, Peter, 1994a: Europäische Rechtskultur. Versuch einer Annäherung in zwölf Schritten, Baden-Baden (neu aufgelegt bei Suhrkamp 1997).

Häberle, Peter, 1994b: Diskussionsbemerkungen, in: VVDStRL 53, S. 114 ff.

Häberle, Peter, 1994c: Die Verfassungsbewegung in den fünf neuen Bundesländern Deutschlands 1991 bis 1992, in: JöR 42, S. 149 ff.

Häberle, Peter, 1995a: Wahrheitsprobleme im Verfassungsstaat, Baden-Baden.

Häberle, Peter, 1995b: Europaprogramme neuerer Verfassungen und Verfassungsentwürfe, in: Due / Lutter / Schwarze (Hrsg.), FS für Ulrich Everling, Bd. 1, Baden-Baden, S. 355 ff.

Häberle, Peter, 1995c: Diskussionsbemerkungen, in: VVDStRL 54, S. 105 ff.

Häberle, Peter, 1995d: Dokumentation von Verfassungsentwürfen und Verfassungen ehemals sozialistischer Staaten in (Süd)Osteuropa und Asien, in: JöR 43, S. 105 ff.

Häberle, Peter, 1995e: Vorläufige und punktuelle Stellungnahme zum Verfassungsentwurf Estland, in: JöR 43, S. 105 ff.; 170 ff.

Häberle, Peter, 1995f: Verfassungspolitische Maximen für die Ausgestaltung der „Europafähigkeit" Polens, in: Die Verwaltung 28, S. 249 ff.

Häberle, Peter, 1996a: Ein „Zwischenruf" zum Diskussionsstand in der deutschen Staatsrechtslehre, in: Mikat / Oberreuter / Stammen (Hrsg.), FS für Hans Maier, Paderborn, S. 327 ff.

Häberle, Peter, 1996b: Buchanzeige, in: JZ, S. 719 f.

Häberle, Peter, 1996c: Das Grundgesetz zwischen Verfassungsrecht und Verfassungspolitik. Ausgewählte Studien zur vergleichenden Verfassungslehre in Europa, Baden-Baden.

Häberle, Peter, 1996d: Dokumentation von Verfassungsentwürfen und Verfassungen ehemals sozialistischer Staaten in (Süd)Osteuropa und Asien, in: JöR 44, S. 321 ff.

Häberle, Peter, 1997a: Aspekte einer kulturwissenschaftlich-rechtsvergleichenden Verfassungslehre in „weltbürgerlicher Absicht", in: JöR 45, S. 555 ff.

Häberle, Peter, 1997b: Diskussionsbemerkungen, in: VVDStRL 56, S. 309 f.

Häberle, Peter, 1997c: Dokumentation von Verfassungsentwürfen und Verfassungen ehemals sozialistischer Staaten in (Süd)Osteuropa und Asien, in: JöR 45, S. 177 ff.

Häberle, Peter, 1997d: Gemeineuropäisches Verfassungsrecht, Basel.

Häberle, Peter, 1998a: Verfassungslehre als Kulturwissenschaft, 2. Aufl., Berlin.

Häberle, Peter, 1998b: Verfassung als öffentlicher Prozeß. Materialien zu einer Verfassungstheorie der offenen Gesellschaft, 3. Aufl., Berlin.

Häberle, Peter, 1998c: Verfassungsinterpretation als öffentlicher Prozeß – ein Pluralismuskonzept, in: Häberle, Verfassung als öffentlicher Prozeß, 3. Aufl., Berlin, S. 121 ff.

Häberle, Peter, 1998d: Strukturen und Funktionen von Übergangs- und Schlußbestimmungen, in: Ruch / Hertig / Nef (Hrsg.), FS für Martin Lendi, Zürich, S. 137 ff.

Häberle, Peter, 1998e: Dokumentation von Verfassungsentwürfen und Verfassungen ehemals sozialistischer Staaten in (Süd)Osteuropa und Asien, in: JöR 46, S. 123 ff.

Häberle, Peter, 1999a: Europäische Verfassungslehre in Einzelstudien, Baden-Baden.

Häberle, Peter, 1999b: Die Kunst der kantonalen Verfassunggebung, in: JöR 47, S. 149 ff.

Häberle, Peter, 2000a: Gibt es eine europäische Öffentlichkeit?, Berlin.

Häberle, Peter, 2000b: Europa als werdende Verfassungsgemeinschaft, in: DVBl. 2000, S. 840 ff.

Häberle, Peter, 2000c: Allgemeine Probleme des Verfassungsrechts und der Verfassungsgerichtsbarkeit, in: JöR 48, S. 399 ff.

Häberle, Peter, 2000d: Zeit und Verfassungskultur, in: Nöth (Hrsg.), Reflexionen über die Zeit, München, S. 57 ff.

Häberle, Peter, 2001: Das Bundesverfassungsgericht als Muster einer selbständigen Verfassungsgerichtsbarkeit, in: Badura / Dreier (Hrsg.), FS 50 Jahre Bundesverfassungsgericht, 2001, S. 311 ff.

Häberle, Peter, 2002a: Der europäische Jurist, in: JöR 50, S. 123 ff.

Häberle, Peter, 2002b: Kleine Schriften. Beiträge zur Staatsrechtslehre und Verfassungskultur, Berlin.

Häberle, Peter, 2002c: Diskussionsbemerkungen, in: VVDStRL 61, S. 185 f.

Häberle, Peter, 2002d: Staatsrechtslehre im Verfassungsleben, am Beispiel Günter Dürigs – Ein Geburtstagsblatt (1980), in: Häberle, Kleine Schriften, S. 53 ff.

Häberle, Peter, 2002e: Ansprache zu Ehren von Herbert Krüger, in: Häberle, Kleine Schriften, S. 69 ff.

Häberle, Peter, 2002f: Laudatio auf Konrad Hesse, in: Häberle, Kleine Schriften, Berlin, S. 74 ff.

Häberle, Peter, 2003a: Die geschlossene (?) Vereinigung der deutschen Staatsrechtslehrer – ihr offenes Diskussionsforum, in: Häberle / Morlok / Skouris (Hrsg.), FS für Dimitris Th. Tsatsos, Baden-Baden, S. 164 ff.

Häberle, Peter, 2003b: Verantwortung und Wahrheitsliebe im verfassungsjuristischen Zitierwesen, in: Horn (Hrsg.), FS für Walter Schmitt Glaeser zum 70. Geburtstag, Berlin, S. 395 ff.

Häberle, Peter, 2003c: Diskussionsbemerkungen, in: VVDStRL 62, S. 110 f.

Häberle, Peter, 2004a: Diskussionsbemerkungen, in: VVDStRL 63, S. 445 f.

Häberle, Peter, 2004b: Die Verfassungsgerichtsbarkeit auf der heutigen Entwicklungsstufe des Verfassungsstaates, EuGRZ, S. 117 ff.

Häberle, Peter, 2004c: Die Menschenwürde als Grundlage der staatlichen Gemeinschaft, in: Isensee / Kirchhof (Hrsg.), HStR II, Heidelberg, § 22.

Häberle, Peter, 2005a: Nationales Verfassungsrecht, regionale „Staatenverbünde" und das Völkerrecht als universales Menschheitsrecht, in: Gaitanides / Kadelbach / Rodriges Iglesias (Hrsg.), FS für Manfred Zuleeg zum siebzigsten Geburtstag, Baden-Baden, S. 80 ff.

Häberle, Peter, 2005b: Diskussionsbemerkungen, in: VVDStRL 64, S. 86 f.; 186 f.

Häberle, Peter, 2006a: Diskussionsbemerkungen, in: VVDStRL 65, S. 88 f.; 226 f.; 336 f.

Häberle, Peter, 2006b: Öffentliches Interesse als juristisches Problem, 2. Aufl., Berlin.

Häberle, Peter, 2007a: Vermachtungsprozesse in nationalen Wissenschaftlergemeinschaften, insbesondere in der deutschen Staatsrechtslehre, in: Die Verwaltung, Beiheft 7, S. 159 ff.

Häberle, Peter, 2007b: Diskussionsbemerkungen, in: VVDStRL 66, S. 190 f.

Häberle, Peter, 2008a: Diskussionsbemerkungen, in: VVDStRL 67, S. 463 f.

Häberle, Peter, 2008b: Nationalflaggen. Bürgerdemokratische Identitätselemente und internationale Erkennungssymbole, Berlin.

Häberle, Peter, 2009a: Verfassungsvergleichung in europa- und weltbürgerlicher Absicht. Späte Schriften, Berlin.

Häberle, Peter, 2009b: Diskussionsbemerkungen, in: VVDStRL 68, S. 225 f.

Häberle, Peter, 2009c: Die Werte der Selbstregierung als Elemente gemeineuropäischer Verfassungskultur, in: JöR 57, S. 457 ff.

Häberle, Peter, 2010a: Pädagogische Briefe an einen jungen Verfassungsjuristen, Tübingen.

Häberle, Peter, 2010b: Diskussionsbemerkungen, in: VVDStRL 69, S. 232 f.

Häberle, Peter, 2010c: Kommunale Selbstverwaltung unter dem Stern des Gemeineuropäischen Verfassungsrechts, in: JöR 58, S. 301 ff.

Häberle, Peter, 2010d: Gemeineuropäisches Verfassungsrecht, in: Tsatsos (Hrsg.), Die Unionsgrundordnung, Berlin, S. 181 ff.

Häberle, Peter, 2011a: Europäische Verfassungslehre (2001/2002), 7. Aufl., Baden-Baden, S. 143 ff.

Häberle, Peter, 2011b: Diskussionsbemerkungen, in: VVDStRL 70, S. 94 f.; 460 f.

Häberle, Peter, 2012a: Diskussionsbemerkungen, in: VVDStRL 71, S. 238; 348 f.

Häberle, Peter, 2012b: Die Chinesische Charta 08, in: JöR 60, S. 329 ff.

Häberle, Peter, 2012c: Der „arabische Frühling", in: JöR 60, S. 605 ff.

Häberle, Peter, 2013a: Der kooperative Verfassungsstaat – aus Kultur und als Kultur. Vorstudien zu einer universalen Verfassungslehre, Berlin.

Häberle, Peter, 2013b: Nationalhymnen als kulturelle Identitätselemente des Verfassungsstaates, 2. Aufl., Berlin.

Häberle, Peter / *Blankenagel*, Alexander, 1988: Fußnoten als Instrument der Rechts-Wissenschaft, Rechtstheorie 19, S. 116 ff.

Häberle, Peter / *Morlok*, Martin / *Skouris*, Vassilios (Hrsg.), 2003: Festschrift für Dimitris Th. Tsatsos zum 70. Geburtstag am 5. Mai 2003, Baden-Baden, S. 164 ff.

Habermas, Jürgen, 1962: Strukturwandel der Öffentlichkeit: Untersuchungen zu einer Kategorie der bürgerlichen Gesellschaft, Neuwied.

Habermas, Jürgen, 1992: Faktizität und Geltung. Beiträge zur Diskurstheorie des Rechts und des demokratischen Rechtsstaats, Frankfurt a. M.

Haltern, Ulrich, 2008: Notwendigkeit und Umrisse einer Kulturtheorie des Rechts, in: Dreier / Hilgendorf (Hrsg.), Kulturelle Identität als Grund und Grenze des Rechts, Baden-Baden, S. 193 ff.

Hatajiri, Tsuyoshi, 2004: Eine Studie über die Verfassungslehre von P. Häberle und ihre Rezeption in Japan, in: Blankenagel / Pernice / Schulze-Fielitz (Hrsg.), Verfassung im Diskurs der Welt, Liber Amicorum für Peter Häberle, Tübingen, S. 517 ff.

Heller, Hermann, 1929: Bemerkungen zur staats- und rechtstheoretischen Problematik der Gegenwart, in: AöR 55, S. 321 ff.

Henke, Wilhelm, 1981: Der fließende Staat. Zu Peter Häberles Verfassungstheorie, in: Der Staat 20, S. 580 ff.

Herzog, Roman, 1972: Diskussionsbemerkungen, in: VVDStRL 30, S. 147 f.

Hesse, Konrad, 1962: Der Rechtsstaat im Verfassungssystem des Grundgesetzes, in: Staatsverfassung und Kirchenordnung. Festgabe für Rudolf Smend zum 80. Geburtstag am 15. Januar 1962, Tübingen, S. 71 ff.

Hesse, Konrad, 1995: Zum 60. Geburtstag – nur ein Impromptu, in: Fleiner-Gerster (Hrsg.), Die multikulturelle und multi-ethnische Gesellschaft. Eine neue Herausforderung an die europäische Verfassung: 60 Jahre Peter Häberle, Fribourg, S. 215 ff.

Kaiser, Anna-Bettina, 2009: Die Kommunikation der Verwaltung. Diskurse zu den Kommunikationsbeziehungen zwischen staatlicher Verwaltung und Privaten in der Bundesrepublik Deutschland, Schriften zur Verwaltungsrechtswissenschaft, Baden-Baden.

Kimminich, Otto, 1988: Rezension: Häberle: Die Wesensgehaltgarantie des Art. 19 Abs. 2 Grundgesetz, in: DÖV 1988, S. 525 f.

Kloepfer, Michael, 1970: Grundrechte als Entstehungssicherung und Bestandsschutz, München.

Kotzur, Markus, 2001: Die Wirkungsweise von Klassikertexten im Völkerrecht, JöR 49, S. 329 ff.

Krüper, Julian, 2011: Kulturwissenschaftliche Analyse des Rechts, in: ders. (Hrsg.), Grundlagen des Rechts, Baden-Baden, S. 260 ff.

Kuriki, H., 2002: Wissenschaftliche Gespräche und gemeineuropäisches Verfassungswissen: Interview, in: Häberle, Kleine Schriften. Beiträge zur Staatsrechtslehre und Verfassungskultur, Berlin, S. 374 ff.

Lee, Kye Il, 2010: Die Struktur der juristischen Entscheidung aus konstruktivistischer Sicht, Tübingen.

Landa, César, 2002: Wissenschaftliche Gespräche und gemeineuropäisches Verfassungswissen: Interview, in: Häberle, Kleine Schriften. Beiträge zur Staatsrechtslehre und Verfassungskultur, Berlin, S. 277 ff.

Lepsius, Oliver, 2014: Rezension: *Volkmann*, Grundzüge einer Verfassungslehre der Bundesrepublik Deutschland, in: JZ, S. 192 f.

Lerche, Peter, 1965: Rezension: *Häberle*: Die Wesensgehaltgarantie des Art. 19 Abs. 2 Grundgesetz, in: DÖV, S. 212 ff.

Limbach, Jutta, 1997: Die Akzeptanz verfassungsgerichtlicher Entscheidungen. Vortrag in der Rechtswissenschaftlichen Fakultät am 2. Juli 1996, Münster.

Maier, Hans, 1999: Wunderkind des Rechts, in: SZ vom 20. Mai 1999, S. 18.

Maier, Hans, 2001: Worte zum Ausklang, in: Morlok (Hrsg.), Die Welt des Verfassungsstaates, Baden-Baden, S. 225 ff.

Maunz, Theodor, 1987: Rezension: *Häberle*: Die Wesensgehaltgarantie des Art. 19 Abs. 2 Grundgesetz, in: BayVBl., S. 320.

Möllers, Christoph, 2002: Philosophie – Recht – Kultur, in: Rustemeyer (Hrsg.), Symbolische Welten, Würzburg, S. 109 ff.

Morlok, Martin (Hrsg.), 2001: Die Welt des Verfassungsstaates. Erträge des wissenschaftlichen Kolloquiums zu Ehren von Prof. Dr. Dr. h.c. mult. Peter Häberle aus Anlaß seines 65. Geburtstages, Baden-Baden.

Morlok, Martin, 2004a: Peter Häberle zum 70. Geburtstag, in: AöR 129, S. 327 ff.

Morlok, Martin, 2004b: Der Text hinter dem Text, in: Blankenagel / Pernice / Schulze-Fielitz (Hrsg.), Liber Amicorum für Peter Häberle, Tübingen, S. 93 ff.

Nußberger, Angelika, 2006: Wer zitiert wen? – Zur Funktion von Zitaten bei der Herausbildung gemeineuropäischen Verfassungsrechts, JZ, S. 763 ff.

Obermeyer, Sandra, 2008: Integrationsfunktion der Verfassung und Verfassungsnormativität. Die Verfassungstheorie Rudolf Smends im Lichte einer transdisziplinären Rechtstheorie, Berlin.

Oppermann, Thomas, 1972: Diskussionsbemerkungen, in: VVDStRL 30, S. 167 ff.

Paul, Jean, 1987: Sämtliche Werke, Band II/1, Siebenkäs, 5. Aufl., München.

Pernice, Ingolf, 2004: Peter Häberle: Der Europäische Jurist, in: Blankenagel / Pernice / Schulze-Fielitz (Hrsg.), Verfassung im Diskurs der Welt, Liber Amicorum für Peter Häberle, Tübingen, S. 3 ff.

Pieroth, Bodo, 1983: Kultur als juristisches Spiel ohne Grenzen, in: Der Staat 22, S. 394 ff.

Du Plessis, Lourens, 1996: Legal Academics and the Open Community of Constitutional Interpreters, South African Journal on Human Rights 12, S. 212 ff.

Podlech, Adalbert, 1967: Grundrechte und Staat, in: Der Staat 6, S. 341 ff.

Posavec, Zvonko, 2002: Wissenschaftliche Gespräche und gemeineuropäisches Verfassungswissen: Interview, in: Häberle, Kleine Schriften. Beiträge zur Staatsrechtslehre und Verfassungskultur, Berlin, 354 ff.

Poscher, Ralf, 2003: Grundrechte als Abwehrrechte, Tübingen.

Ridola, Paolo, 2001: Das Wirken Peter Häberles in Italien, in: Morlok (Hrsg.), Die Welt des Verfassungsstaates, Baden-Baden, S. 125 ff.

Ridola, Paolo, 2002: Wissenschaftliche Gespräche und gemeineuropäisches Verfassungswissen: Interview, in: Häberle, Kleine Schriften. Beiträge zur Staatsrechtslehre und Verfassungskultur, Berlin, 334 ff.

Röhl, Klaus F., 2013: Rechtssoziologie-online.de, § 15, Stand: Februar 2013, in: rechtssoziologie-online.de/?page_id=450/ (Abruf: 1.9.2015).

Rüthers, Bernd, 1970: Institutionelles Rechtsdenken im Wandel der Verfassungsepochen, Köln.

Scheuner, Ulrich, 1971: Funktion der Grundrechte im Sozialstaat, in: DÖV, S. 505 ff.

Schlink, Bernhard, 1980: Bemerkungen zum Stand der Methodendiskussion in der Verfassungsrechtswissenschaft, in: Der Staat 19, S. 73 ff.

Schlothauer, Reinhold, 1979: Zur Krise der Verfassungsgerichtsbarkeit, Hamburg.

Schmidt, Reiner, 1972: Sozialer Auftrag des Grundgesetzes, in: Weyer (Hrsg.), Rechtsstaat – Sozialstaat, Stuttgart, S. 39 ff.

Scholz, Rupert, 1971: Koalitionsfreiheit als Verfassungsproblem, München.

Scholz, Rupert, 1985: Rezension: *Häberle*: Die Wesensgehaltgarantie des Art. 19 Abs. 2 Grundgesetz, in: AöR 110, S. 127 ff.

Schulze-Fielitz, Helmuth, 2001: Laudatio, in: Morlok (Hrsg.), Die Welt des Verfassungsstaates, S. 145 ff.

Sommermann, Karl P., 1997: Staatsziele und Staatszielbestimmungen, Tübingen.

Steiner, Udo, 1984: Kulturauftrag im staatlichen Gemeinwesen, in: VVDStRL 42, S. 7 ff.

Stolleis, Michael, 2001: Der schwebende Jüngling – Laudatio, in: Morlok (Hrsg.), Die Welt des Verfassungsstaates, S. 130 ff.

Stolleis, Michael, 2012: Geschichte des öffentlichen Rechts in Deutschland. Staats- und Verwaltungsrechtswissenschaft in West und Ost 1945-1990, Band IV, München.

Thurn, John Philipp, 2013: Welcher Sozialstaat? Ideologie und Wissenschaftsverständnis in den Debatten der bundesdeutschen Staatsrechtslehre 1949-1990, Tübingen.

Tomuschat, Christian, 1982: Diskussionsbemerkungen, in: VVDStRL 40, S. 129.

Uerpmann, Robert, 1999: Das öffentliche Interesse. Seine Bedeutung als Tatbestandsmerkmal und als dogmatischer Begriff, Tübingen.

Volkmann, Uwe, 2012: Zur heutigen Situation einer Verfassungstheorie, in: Der Staat 51, S. 601 ff.

Volkmann, Uwe, 2013: Grundzüge einer Verfassungslehre der Bundesrepublik Deutschland, Tübingen.

Vorländer, Hans, 1981: Verfassung und Konsens. Der Streit um die Verfassung in der Grundlagen- und Grundgesetz-Diskussion der Bundesrepublik Deutschland, Berlin.

Voßkuhle, Andreas, 1999: Das Kompensationsprinzip. Grundlagen einer prospektiven Ausgleichsordnung für die Folgen privater Freiheitsbetätigung – Zur Flexibilisierung des Verwaltungsrechts am Beispiel des Umwelt- und Planungsrechts, Tübingen.

Voßkuhle, Andreas, 2010: Das Leitbild des „europäischen Juristen". Gedanken zur Juristenausbildung und Rechtskultur in Deutschland, in: Rechtswissenschaft, S. 326 ff.

Wahl, Rainer, 2011: Die Rolle staatlicher Verfassungen angesichts der Europäisierung und der Internationalisierung, in: Vesting / Korioth (Hrsg.), Der Eigenwert des Verfassungsrechts, 2011, S. 355 f.

Wendel, Mattias, 2013: Richterliche Rechtsvergleichung als Dialogform, Der Staat 52, S. 339 ff.

Willke, Helmut 1975: Stand und Kritik der neueren Grundrechtstheorie. Schritte zu einer normativen Systemtheorie, Berlin.

Rainer Schmidt

Fahnen, Hymnen, Denkmale und die „Kinderspiele" des Rousseauschen Republikanismus

1 Einleitung

In seiner Schrift über die Regierung in Polen findet sich *Jean-Jacques Rousseaus* wunderbare Liebeserklärung an eine eigenständige Ethik und Ästhetik des republikanischen Geistes. Dort heißt es:

> „Es wird nie eine gute und feste Verfassung geben als da, wo das Gesetz über die Herzen der Bürger herrscht. Solange die gesetzgebende Gewalt dieses Ziel nicht erreicht, werden die Gesetze stets umgangen werden. Aber wie zu den Herzen dringen? Daran denken unsere Verfassungsgeber, welche stets nur Gewalt und Strafen vor Augen haben, leider kaum; ja, auch materielle Belohnungen würden vielleicht nicht besser dahin führen; die Rechtsordnung, selbst die unparteiischste, führt auch nicht dahin; denn die Rechtsordnung gehört, wie die Gesundheit, zu den Gütern, die man genießt, ohne sie zu bemerken, die keinerlei Begeisterung einflößen und deren Wert man erst dann empfindet, wenn man sie verloren hat. Durch welches Mittel also die Herzen ergreifen und Liebe zum Vaterland und zu seinen Gesetzen wecken? Soll ich wagen, es auszusprechen? Durch Kinderspiele, durch Einrichtungen, die in den Augen oberflächlicher Menschen müßig sind, die aber doch teure Gewohnheiten und unbesiegbare Bindungen hervorbringen."[1]

Peter Häberle geht es in seinen Untersuchungen zur Verfassungskultur genau um eben diese „Kinderspiele", die Bindungen hervorbringen. Es handelt sich um diejenigen Elemente, durch die Verfassungen sichtbar werden, die den zivilreligiösen, auf Alltagserleben, durchaus auch auf mythische Überhöhung angelegten Elementen Raum und Aufmerksamkeit geben. Es geht, kurz: um die gelebte Verfassung. Man genießt die Rechtsordnung ohne sie zu bemerken, sie führt zu keinerlei Begeisterung und die Herzen ergreift sie auch nicht, so könnte man mit Rousseau die Befürchtungen Häberles auf einen Punkt bringen. Er möchte diejenigen Elemente einer Verfassung analysieren und in den Fokus einer breiten Öffentlichkeit bringen, in denen die Verfassung greifbar wird. Er verfolgt damit gleichzeitig ein historisch-empirisches Projekt zur Erforschung und ein normatives Projekt zur Verteidigung derjenigen Elemente, die sich besonders für eine

1 *Rousseau* 1996.

republikanische Ästhetik eignen. Diese möge sich ebenso bemerkbar machen wie der Prunk und Protz ihrer politischen Gegner. Die ästhetische Zurückhaltung und Zurückgenommenheit des republikanischen Projekts, so könnte man Häberles Bedenken übersetzen, könnte ihr sonst zum Verhängnis werden. Aus diesem Grund gilt den kulturellen Manifestationen, in denen die Verfassung sichtbar und hörbar wird, seine ungeteilte Aufmerksamkeit.

2 Feiertage, Hymnen, Flaggen und Denkmale

Peter Häberle exerziert seine verfassungskulturelle Analyse an vier auf einander bezogenen Gegenstandsbereichen durch, denen er jeweils ein kleines Bändchen gewidmet hat: Feiertage, Nationalhymnen, Flaggen und Denkmale.[2]

Schauen wir uns das Feld einmal gründlicher am Beispiel von Nationalhymnen und Denkmälern an. Die Nationalhymnen als kultureller Ausdruck einer politischen Gemeinschaft, sei es eines Bundeslandes, Staates, oder einer staatenübergreifenden Union wie der EU oder der UNO, gehören normalerweise nicht ins Zentrum des Interesses von Juristen. Aber *Häberle* kann überzeugend zeigen, dass Hymnen selbstverständlich in den Kern des Symbolhaushalts gehören, mit dessen Hilfe ein politisches Gebilde versucht, sich eine kulturelle Identität zu verschaffen. „Kurz: National- bzw. Staatshymnen gehören zu den vornehmsten kulturellen Identitätselementen verfasster Gemeinwesen“.[3]

Häberle gibt einen beeindruckenden Überblick über die Vielzahl musikalischer und textlicher Entwürfe und legt erste Vorüberlegungen zu einem Versuch vor, musikwissenschaftliche Erkenntnisse mit Textanalyse und Geschichtswissenschaft im Rahmen einer übergeordneten Kulturwissenschaft zu verbinden. Eine Vielzahl von interessanten Erkenntnissen lassen sich aus der Tonart, dem Schwung und dem Text einer Nationalhymne erschließen. Systematisch wurde dies bisher noch nicht erfasst: von den Pionierverfassungen mit der kämpferischen Marseillaise, über osteuropäische Reformverfassungen seit 1989, die sich der Abgrenzung zum Totalitarismus in Wort und Ton anzunehmen versuchten, bis hin zu afrikanischen und arabischen Verfassungen. Immer wird der Status der jeweiligen Nationalhymne im Verfassungstext untersucht. Wir erfahren in diesem Teil, an welcher Stelle der Verfassung die Hymne erwähnt wird und wie deren Status beschrieben wird.

Im zweiten Teil seines Bandes über die Nationalhymnen geht *Häberle* auf seine an anderen Stellen schon ausführlich präsentierte Verfassungstheorie ein. Immer geht es um die Identitätselemente, die sich in den Texten und Melodien der Hymnen aufzeigen las-

---

2 *Häberle* 1987; später aktualisiert: *Häberle* 2006a; *Häberle* 2007; *Häberle* 2008; *Häberle* 2011.

3 *Häberle* 2007: 51.

sen; das, was ein Volk „im Innersten“ zusammenhält[4], es geht um „Emotionen“[5], „emotionale Konsensquellen“[6] und „Pathosformeln“[7], die „gemeinschaftsbildende, integrierende“ Funktion von Hymnen. An diesen Stellen weitet *Häberle* das Feld seiner Überlegungen auf Opern (Nabucco, Verdis Nationaloper), auf Woodstock und die Hymnen zur Fußball-WM aus. Er vermutet darin identitätsstiftende Elemente, auch wenn diese offensichtlich eine diffuse, kaum zu kanalisierende Wirkung haben. Wichtiger sind ihm dagegen diejenigen Hymnen, von denen eine klare, durch Musik und Text markierte Botschaft ausgeht: Freiheit, Frieden und Verfassungspatriotismus.[8] In diesen Teil gehören auch über zwanzig Seiten musikalische Anmerkungen zur Gestaltung der Nationalhymnen in fast achtzig Ländern der Erde, von Ägypten bis zu den Vereinigten Staaten von Amerika. In Anspielung an *Montesquieu* sieht *Häberle* in den Hymnen den „Geist“ einer Verfassung. Dieser hat jedoch durchaus ambivalente, manchmal kämpferische, heroische Dimensionen. Die auf Frieden, Freiheit und bürgerschaftliche Tugenden, eben: Verfassungspatriotismus einer gelebten Verfassung der Freiheit ausgelegten Elemente scheinen *Häberle* zwar wichtiger zu sein und verständlicherweise näher zu liegen. Aber auch den dunkleren Seiten der Pathos-Formeln wendet er sich zu.

In dem Denkmal-Band geht es nicht ausschließlich um Gedenkstätten, sondern auch um Museen, Büchereien, Theater, Natur, Umwelt und Kulturlandschaften. In diesen Bereichen findet *Häberle* „Verfassungsorte“. In globalen Kontexten gedacht, auch die Weltkulturerbe-Stätten. Es geht immer auch um den Zusammenhang zwischen „Nationalsymbolen, historischem Gedächtnis und Verfassungspädagogik“.[9] Seine Textstufen-Analyse zeigt dann die unterschiedlichen Ebenen von nüchterner Benennung bis hin zu emphatischer Aufladung, vor allem in Lateinamerika mit den reichen Verfassungstexten: „tesoro cultural de la Nación“ und „património“.[10] *Häberle* vertritt die *Hegelsche* Position, dass sich manche Errungenschaften der politischen Kultur als so vernünftig erwiesen haben, dass sie in Texte gefasst wurden.[11] Es sind zahlreiche Dimensionen, in denen *Häberle* Denk-Mal und Erinnerungsthemen findet: „Präambel-Element, Staatsaufgabe, als Grundpflicht des Einzelnen, als Erziehungsziel.“[12]

---

4 *Häberle* 2007: 49.
5 *Häberle* 2007: 73.
6 *Häberle* 2007: 50.
7 *Häberle* 2007: 72.
8 *Häberle* 2007: 53, 108, 115.
9 *Häberle* 2011: 49/50.
10 *Häberle* 2011: 54 ff.
11 *Häberle* 2011: 16.
12 *Häberle* 2011: 61.

In allen Bänden geht es, wie immer, auch um Volkspädagogik.[13] In seiner methodisch an anderer Stelle vorgestellten Textstufen-Analyse geht er die Verfassungstexte durch und interpretiert sie unter Berücksichtigung der emphatischen Durchdringung, die das Material erfährt. Die Verfassungsrechtslehre wird in den Kreis der anderen Kulturwissenschaften, etwa der Literatur- und Musikwissenschaften (zurück-)geführt.[14] Wie diese, arbeitet sie einerseits an und mit Texten in einer Verfassungslehre als juristische Text- und Kulturwissenschaft. Es besteht durchaus eine Nähe zwischen geschriebenen Verfassungen und den drei Weltreligionen als ‚Buchreligionen'.[15] Die Nähe lasse sich am besten in Präambeln studieren. Sie sollen die Bürger in „feiertägliche Hochsprache auf das nachstehende Werk buchstäblich ‚einstimmen': Prologen, Ouvertüren oder Präludien vergleichbar." In der Schweiz hat der Schriftsteller *Adolf Muschg* an der Totalrevision der Verfassung mitgewirkt (1977). In Ostberlin saß *Christa Wolf* mit am Runden Tisch (1989). Doch nicht nur den Text, sondern auch die Musik in Gestalt der Nationalhymnen macht *Häberle* als ‚emotionale Konsensquellen'[16] aus. Durch diesen methodischen Zugriff verfolgt er die Absicht, den Verfassungsbegriff von seiner Fixierung auf den Staat zu befreien.[17] Die „normative Kraft der Verfassung" (*Konrad Hesse*) wirkt über Kultur und Volkspädagogik: Leitbilder, Erziehungsziele, aber auch Rechtsschutz für den Bürger dank der Grundrechte und dank unabhängiger Gerichtsbarkeit".[18] Aber: „Das Rechtliche ist nur *ein* Aspekt der Verfassung als Kultur".[19] „Die Kriterien beim Auswahlverfahren von Hauptstädten gehören ebenso in die Nähe von Verfassungskultur".[20] „Feiertage gehören derselben konstitutionellen (nationalen) (Tiefen)Schicht an wie Sprachen, Hymnen, Flaggen, Wappen, auch Hauptstädte".[21] „So kann der Begriff „Verfassungskultur" die Verfassung im sog. ‚Nicht-Rechtlichen' i. S. *Dietrich Schindlers* ‚Ambiance' verwurzelt sehen. Verfassungskultur um der Ökonomisierung der Verfassung entgegenzuwirken.[22]

Peter Häberle hat sich in dieser Tetralogie kleiner Bändchen mit *Rousseaus* „Kinderspielen" beschäftigt und die Verfassungen als Texte und Quellen einer solchen vielschichtigen Verfassungskultur gelesen. In seinem Kulturansatz ist er *Hermann Heller*

13 *Häberle* 2011: 18.
14 *Häberle* 2006b.
15 *Häberle* 2006b: 638.
16 *Häberle* 2006b: ebd.
17 Ebenda.
18 *Häberle* 2006b: 639.
19 *Häberle* 2009: 6.
20 Ebenda.
21 *Häberle* 2009: 8.
22 *Häberle* 2009: 18. Zum Thema Verfassungskultur: *Schmidt* 2012.

verpflichtet. Aber in Bezug auf unsere Fragen rezipiert er *Rudolf Smends* Integrationslehre.[23] Das Erleben der Gemeinschaft durch „die Repräsentation des geschichtlich-aktuellen Wertgehalts im politischen Symbol der Fahnen, (...) der politischen Zeremonien und nationalen Feste.[24] Nicht nur, aber mit besonderem Eifer, hat er Elemente einer bürgerschaftlich-republikanischen Ethik und Ästhetik herausgearbeitet und damit einen für Juristen eher selten beschrittenen Weg gewählt.[25] Es geht ihm um eine als Kulturwissenschaft verstandene Verfassungslehre in ‚weltbürgerlicher Absicht'".[26] Er verlässt damit den sicheren Boden der Normen, Regeln, Prinzipien und Verfahren und tauscht ihn gegen die Unsicherheit der *tool-kits* der Kulturwissenschaften. In diesem Rahmen der Kulturwissenschaften ist nur das real, was auch zur Darstellung gebracht werden kann, was vorgestellt (imagined) und mit Sinn versehen werden kann, was sich kulturell manifestiert und das im *Weberschen* Sinne geglaubt werden kann: Verfassungslehre als Kulturwissenschaft. Gleichzeitig leistet die Kulturwissenschaft, dass die Verfassung als etwas verstanden werden kann, was in den Alltag einbricht und eindringt. Somit muss sich die Geltung der Verfassung auch an Alltagspraktiken ablesen lassen können. Ist dies nicht der Fall, hat sie aus kulturwissenschaftlicher Sicht keine Geltung, bleibt sie das berühmte Stück Papier.

Günter Frankenberg formuliert das so: „Whether and to what extend constitutions are integrated in the symbolic everyday depends on the popular appeal, readability, and age: similarly, whether or not they capture the people's utopian fancy and their desire for authoritative higher-law settlement, unification, and orientation remain open questions".[27]

Die Beschäftigung mit der Symbolebene passiert hier zunächst einmal als Textdeutung. Wo finden sich Hinweise auf Flaggen, nationale Feiertage, Hymnen und Denkmale in den Verfassungen, auch wenn der Symbolbegriff etwas unterkomplex bleibt. Aber um mit *Günter Frankenberg* zu sprechen, versteht *Häberle* Verfassungen als komplexe Narrative. Es sind Erzählungen, die als Erzählungen in einem komplexen und konfliktträchtigen Diskurs um Deutungsmacht verstanden werden müssen. Es sind „layered narratives"[28], die sich wie eine geologische Schichtung lesen lassen, wie Ablagerungen und Sedimentierungen in einem Flussbett. Der Text allein gibt uns allerdings oft gar keinen Aufschluss über die Bedeutung. Oft ist die Interpretation entscheidender als der Text.[29]

23 Diesen Hinweis verdanke ich *Robert van Ooyen*.

24 *Smend* 1955: 162 f.

25 Zu der Tetralogie gehören die Konkretisierungen zu dem Thema: „Verfassungslehre als Kulturwissenschaft" (*Häberle* 1998).

26 *Häberle* 2011: 144.

27 *Frankenberg* 2004: 450.

28 *Frankenberg* 2004: 446.

29 *Vorländer* 2002.

Diese Texte sind durchdrungen von Ideen, Idealen und Ideologien[30] und in den Symbolen werden diese Inhalte und Bedeutungsgehalte noch einmal verdichtet. Man kann Muster erkennen und politisch-dogmatisch ausdeuten. Muster demokratischer, republikanischer, autoritärer Repräsentation in Artefakten. Diese Flaggen, Hymnen und Denkmale sind auch deshalb oft umstritten, weil sie die Deutungsoffenheit der Verfassungen zurücknehmen, weil sie Deutungsangebote machen und aus der Vielzahl der Deutungen eine auswählen und zur autoritativen Darstellung bringen. Diese kulturwissenschaftliche Deutung hat Traditionen in der „legal anthropology“ (*Kim Lane Scheppele*), in der Kulturanthropologie mit *Clifford Geertz'* „nets of meaning“ und „webs of signification“.[31] Wie sich jedoch Verfassungen, so *Frankenberg*, zu Kultur, Gesellschaft, Philosophie, Kunst verhalten ist keineswegs einfach und eindeutig. Die Texte, Musikstücke und Statuen sind eingebunden in eine Vielzahl von Bedeutungsnetzen, historischen Bezügen und Assoziationen.

Frankenberg wäre einer von *Häberles* Mitstreitern in Abgrenzung von kognitivistischen und funktionalistischen Verkürzungen der Verfassungslektüre. Es geht darum, menschliches Verhalten zu beeinflussen, menschliches Bewusstsein zu erreichen (auch mit ästhetischen Botschaften), um so den Institutionen (Gesetzen und Verfassungen) den kulturellen Hintergrund, die entgegenkommende politische Kultur (*Habermas*) zu verschaffen, den sie brauchen, um ihre Geltung zu entfalten. Autoritären Regimen fällt das traditionell leichter. Sie geben Deutung vor, das gehört zu ihrem Selbstverständnis. Sozialistische Wandbilder, Marx-Lenin-Statuen legen Zeugnis davon ab, mit welcher Entschlossenheit und dem Hang zur Vereindeutigung von Geschichte und politischer Ikonologie vorgegangen wurde oder wird.

Die Geltungssicherung oder Geltungsüberhöhung ist dabei in den Verfassungen angelegt. Sie sind höheres Recht. Diese Geltungsfiktion bedarf nachgerade einer „Einschreibung in die Herzen“, denn sie muss als jungfräuliche Empfängnis rationale Widerstände überwinden. Sie muss Paradoxien vereinen und sich durch Transzendenzbehauptungen auszeichnen. Die Überhöhung ist in das Dokument eingeschrieben. Somit liegt es nahe, es zu verherrlichen, emotional aufzuladen, symbolisch darzustellen, aufzubahren einer Bibel gleich, zu sakralisieren etc. Auch der Grund- und Menschenrechtskatalog arbeitet mit dem Pathos der Unverletzlichkeit, den Errungenschaften und Opfern der Gründung/Revolution, Pathosformeln allenthalben.

Verfassungsrevolutionen führen in der Regel auch zu neuer Selbstdarstellung: neuer Ästhetik. Gleiches gilt für die Denkmale. Manche bleiben erhalten auch nach einem Regimewechsel, manchmal werden sie niedergerissen, manchmal auch ironisch verfremdet. Immer geht es um eine symbolische Gestaltung des öffentlichen Raums, um die Domi-

---

30 *Frankenberg* 2004: 440.
31 Vgl. *Frankenberg* 2004: 442.

nanzansprüche einer Deutung der Verfassung und sei es die Deutung der Deutungsoffenheit. In allen Fällen hat es die bürgerschaftliche Rechts- und Verfassungsordnung dann leichter, wenn sie, um den pathetischen Satz von *Rousseau* aufzugreifen, „über die Herzen der Bürger herrscht". Analytischer gesprochen bewegen sich Verfassungen als Symbolordnungen in einem Kampf um Deutungsmacht und Geltung. Wollen sie sich auf Dauer stellen, dann tun sie gut daran, nicht nur Institutionen aufzubauen, sondern die von der alten Ordnung einer zum Beispiel militaristischen, totalitären oder klerikalen Ordnung bestimmte Ästhetik des öffentlichen Raums zu ersetzen durch eine eigene Ästhetik.

Der bürgerschaftliche Republikanismus tut sich bekanntlich schwer mit einer eigenen Ästhetik.[32] Das Deutungsoffene, das in ihn eingeschrieben ist, ist im postheroischen Zeitalter nur schwer zur Darstellung zu bringen. Immer wieder muss die Transparenz herhalten – wie beim Bundesverfassungsgericht in Karlsruhe. Schon die Darstellung großer Bürgergestalten hat etwas Heroisierendes und damit auch anti-demokratisch Umdeutbares.

Nationaldenkmale, Strophen von Nationalhymnen oder Fahnen, wie im Konflikt um Rassengleichheit die Fahne der Südstaaten in den USA, können immer wieder als verdichtete Symbole der *white power* oder der Sklaverei, als Heiligtümer (flag burning) und Kristallisationsfläche dienen. Manchmal reichen schon die Farben der Nationalflaggen.

4 Zusammenfassung

Wie *Günther Frankenberg* (op. cit.) formulierte, muss der Verfassungsvergleich, um aus seinem Randdasein in die Mitte des Faches zu rücken, Verfassungen als Recht und als Kultur gleichzeitig verstehen.[33] Diesen nach innen gerichteten Appell hat *Peter Häberle* schon lange verstanden und den für die Politikwissenschaft interessanten Ansatz verfolgt, den Verfassungsvergleich auch über die Grenzen der Rechtswissenschaft hinaus interessant zu machen. Dabei bleibt es gelegentlich bei Andeutungen und einer Materialsammlung. Auch bleibt der Symbolbegriff seltsam unterkomplex. Sollte es nicht vielmehr interessieren, welche kulturellen Anschluss-Praktiken folgen?[34] Sind nicht die Texte überschätzt, wenn man sie auf diese Art wörtlich nimmt? So bleibt es in vielen Schriften *Häberles* bei Andeutungen, bei ersten Vorüberlegungen, die an einigen Stellen schlaglichtartig ausfallen. Es wird nicht durchargumentiert, die einzelnen Stationen werden schnell abgeschritten.

32 *Vorländer* 2003.
33 *Frankenberg* 2004: 451.
34 *Kahn* 1999, *Schmidt* 2012, *Vorländer* 2002.

So wüsste man gerne, wie sich z. B. in der Analyse der Hymnen ein aggressiv antirepublikanischer Furor nationalsozialistischer oder totalitärer Musik genau von republikanischen Hymnen unterscheiden. Gibt es so etwas wie eine republikanische Bild-, Denkmal- und Tonsprache? Wie schützen wir uns in den Pathosformeln vor den Angriffen auf die Ratio, auch wenn *Häberle* diese an einigen Stellen mit dem Pathos versöhnt sieht?[35] Hymnen sind emotionale „statements“ ohne klare Richtung. Sie versuchen die Seelen der Menschen zu erreichen, ohne Zweifel, aber gab es nicht auch Kampf- und Marschmusik, die zum Krieg aufrief und den Charakter einer Nationalhymne angenommen hatte? Wie geht *Häberle* mit der diffusen Botschaft der Fußball-Hymnen um, die zweifellos emotionalen Aufruhr im Sinn haben, aber ohne politisch produktiv verwertbare Botschaften bleiben? Vor allem müsste der gesamte Kontext der Entstehung der Verfassunskultur im Zusammenhang der jeweiligen Verfassung untersucht werden. Es müsste der normative Bezug geklärt und gezeigt werden, an welcher Schwelle die Verbindung zwischen Rationalität und Emotionalität aufgekündigt wird und zum Beispiel Musik, Marsch- und Kampflied zu einem die Verhehrung nur noch vertiefenden Instrument wird. Viele Hymnen sind Erinnerungen ans Heroische im postheroischen Zeitalter. Und die historische Aufarbeitung in Museen muss auch nicht immer volkspädagogisch-republikanischen Ansprüchen genügen. Alleine die Nennung von Museen in Verfassungen besagt noch nichts über ihren konkreten Charakter. Wenn die emotionale Verbindung stark gemacht wird, die Leidenschaften für das Projekt der Verfassung mobilisiert werden sollen, müsste geklärt werden, wie weit der Deckel der Pandora-Büchse aufgemacht werden kann, ohne die zerstörerische Kraft der Emotionen ebenfalls frei zu setzen.

35 *Häberle* 2007: 73.

Literatur

Frankenberg, Günter, 2006: Comparing Constitutions: Ideas, ideals, and ideology – toward a layered narrative, in: International Journal of Constitutional Law 4 (3), S. 439-459.

Häberle, Peter, 1987: Feiertagsgarantien als kulturelle Identitätselemente des Verfassungsstaates, Berlin.

Häberle, Peter, 1989: Textstufen als Entwicklungswege des Verfassungsstaates, in: Festschrift Partsch, S. 555-579.

Häberle, Peter, 1998: Verfassungslehre als Kulturwissenschaft, 2. Auflage, Berlin.

Häberle, Peter, 2006a: Der Sonntag als Verfassungsprinzip, Berlin.

Häberle, Peter, 2006b: Der Sinn von Verfassungen in kulturwissenschaftlicher Perspektive, in: Archiv des öffentlichen Rechts, Band 131, S. 621-642.

Häberle, Peter, 2007: Nationalhymnen als kulturelle Identitätselemente des Verfassungsstaates, Berlin.

Häberle, Peter, 2008: Nationalflaggen. Bürgerdemokratische Identitätselemente und internationale Erkennungssymbole, Berlin.

Häberle, Peter, 2009: Verfassungskultur als Kategorie und Forschungsfeld der Verfassungswissenschaften, in: IEV-Online. Hagener Online-Beiträge zu den Europäischen Verfassungswissenschaften, Hagen.

Häberle, Peter, 2011: Die Erinnerungskultur im Verfassungsstaat. Denk-Mal- Themen, Geschichtsorte, Museen, nationaler und universaler Kulturgüterschutz, Berlin.

Kahn, Paul, 1999: The Cultural Study of Law, Chicago.

Rousseau, Jean-Jacques, 1996: Betrachtungen über die Regierung Polens, in: ders.: Sozialphilosophische und Politische Schriften. 2. Aufl., Düsseldorf/Zürich.

Scheppele, Kim-Lane, 2004: Constitutional Ethnography. An Introduction, in: Law and Society Review 38, S. 389-406.

Schmidt, Rainer, 2012: Verfassungskultur und Verfassungssoziologie, Wiesbaden.

Smend, Rudolf, 1955: Verfassung und Verfassungsrecht (1928); in: Ders., Staatsrechtliche Abhandlungen und andere Aufsätze, Berlin, S. 119-276.

Vorländer, Hans, 2002: Integration durch Verfassung? Die symbolische Bedeutung der Verfassung im politischen Integrationsprozess, in: ders., Hrsg.), Integration durch Verfassung, Wiesbaden, S. 9-40.

Vorländer, Hans (Hrsg.), 2003: Zur Ästhetik der Demokratie. Formen der politischen Selbstdarstellung, München.

Roland Lhotta

Die kinetische Verfassung: Verfassungstheorie und Verfassungsbegriff bei Peter Häberle und Rudolf Smend

1 Zwischen Kinetik und Totalität der Verfassung: Eine erste Verortung

Der disziplinäre Status der Verfassungstheorie ist heute letztlich immer noch ungewiss.[1] Als disziplingeschichtlicher Nachfolger der Allgemeinen Staatslehre hat sie jedoch für die verfassungsrechtliche Dogmatik eine wichtige Komplementärfunktion und fungiert als „Rezeptions- und Transformationsdisziplin für nachbardisziplinäre, und das heißt: einerseits für wirklichkeits- und kulturwissenschaftliche Erkenntnisse namentlich aus der Soziologie, der Wirtschaftswissenschaft, der Politikwissenschaft und der Psychologie und andererseits für im engeren Sinne verfassungswissenschaftliche Grundlagenerkenntnisse namentlich aus der Allgemeinen Staatslehre, der Verfassungsgeschichte, der Verfassungskomparatistik, der Rechts- und Staatsphilosophie und der politischen Theorie."[2] Konzediert man der Verfassungstheorie diese disziplinäre Rolle, dann ist es naheliegend, im mittlerweile monumentalen Oeuvre von *Peter Häberle*[3] einen Fundus verfassungstheoretischer Reflexion aufzusuchen, der in hohem Maße rezeptiv und transformativ für Erkenntnisse der Nachbardisziplinen ist und sich als *kulturwissenschaftlich* versteht – worunter sich aber *keine* kulturwissenschaftliche Staatslehre im Sinne Hermann Hellers[4] verbirgt, „sondern eine Erweiterung der traditionellen Hermeneutik von Verfassungstexten. Er will die Erarbeitung der ‚kulturellen Wurzeln' des Rechts für ‚Verfassungstheorie und Verfassungsrecht fruchtbar machen', weil die ‚juristische Methode' sie, insbesondere was den ‚essentiellen Kern (der) Kultur', nämlich deren ‚traditionale Ideen' samt ‚den ihnen zugeordneten Werten' betrifft, allenfalls teilweise erfasse."[5] In Konsequenz dessen, lies: dem Bestreben hiervon so viel wie möglich zu erfassen, entwickelte Häberle seit den späten 60er Jahren im konzeptionellen Dreischritt von *offener Verfassung* über die *offene Gesellschaft der Verfassungsinterpreten* zur *Verfas-*

1 Zum Stand *Jestaedt* 2009 und 2010: 5 ff. sowie *Depenheuer / Grabenwarter* 2010; eine „Identitätskrise" der Verfassungstheorie konstatiert *Barber* 2010: 1; grundlegend zur Funktion und Notwendigkeit von Verfassungstheorie nach wie vor *Morlok* 1988.

2 *Jestaedt* 2010: 34.

3 Publikationsverzeichnis unter http://www.bieur.uni-bayreuth.de/de/publications.

4 Vgl. *Heller* 1961: 32 ff.

5 *Hofmann* 2009a: 62.

sungslehre als Kulturwissenschaft[6] ein „holistisches Verfassungsverständnis", das „hergebrachte Unterscheidungen" wie die von „Recht und Realität, Staat und Gesellschaft, Politik und Kultur" aufhebt und stattdessen alle Faktoren zur „totalen Verfassung" verschmilzt.[7] Diese *totale Verfassung* ergibt sich bei Häberle daraus, dass er die Verfassung als umfassenden und alles durchdringenden „öffentlichen Prozess"[8] und institutionellen Speicher der Kultur[9] versteht. Das hat nicht nur eine Auflösung des hergebrachten Staat-Verfassung-Konnex und der These von der Vorgängigkeit des Staates[10] zur Folge, sondern auch ein anderes Verständnis von Rechtswissenschaft, die für Häberle „im ganzen wie im einzelnen eine spezialisierte Kulturwissenschaft"[11] ist. Zudem setzt er statisch-konservierenden Verständnissen von Verfassung eine konzeptuelle Dynamisierung der Verfassung entgegen, weil er sie als republikanisches Proprium aller Bürger fasst, das sie sich durch Interpretation latent anverwandeln, neu hervorbringen und damit auch fortbilden. In der Konzeptionalisierung dieses umfassenden Projekts einer Neujustierung der Verfassungstheorie steht Häberle ersichtlich unter dem inspirierenden Einfluss zweier Protagonisten des Weimarer Methoden- und Richtungsstreits: *Hermann Heller* und *Rudolf Smend.*

Im Folgenden soll versucht werden, einige Einflusslinien der Smend'schen Verfassungstheorie in Häberles Werk nachzuzeichnen. Denn angefangen von der Öffnung der Verfassungstheorie für die Nachbardisziplinen über die Dynamisierung und „fließende Fortbildung" der Verfassung, die Kategorie des „Öffentlichen", das institutionelle Grundrechtsverständnis und die dem Bürger zugewiesene Aktivrolle als Mitgestalter „seiner" Verfassung bis hin zur kulturwissenschaftlichen Umdefinition hat sich Häberle offenkundig erheblich von der smend'schen Integrationslehre (und ihrer „geisteswissenschaftlichen" Orchestrierung[12]) sowie ihrer Anverwandlung durch die Freiburger Schule um *Konrad Hesse* inspirieren lassen. Dies kann und soll an dieser Stelle natürlich nicht umfassend rekonstruiert werden.[13] Stattdessen soll gewissermaßen als *pars pro toto* exemplarisch gezeigt werden, wie Häberle die Verfassung einer *Kinetik* öffnet, die zu einer permanenten Verfassungsgebung führt, weil er den „citoyen" als Interpreten und

6 Diesen Dreischritt erfasst treffend *Kempen* 2010: 946, Fn. 61.

7 *Isensee* 2010: 235; in der Politikwissenschaft würde dies eher unter ein umfassendes und empirisch validierbares Verständnis von „Kontext" fallen – vgl. *Goodin / Tilly* 2011.

8 *Häberle* 1978.

9 *Häberle* 2009: 125: „Verfassung ist (...).Vor allem aber ist sie Kultur."

10 Exemplarisch für diese Position *Isensee* 1987 und 2010.

11 *Häberle* 1994: 19.

12 Zur geisteswissenschaftlichen Richtung immer noch exzellent *Rennert* 1987.

13 Vgl. für die Entwicklung der „Smend-Schule" in der Bundesrepublik Deutschland *Günther* 2004: 234 ff.

damit als Verfassungsakteur ernst nimmt, ja geradezu einfordert[14], um ihn sowohl zum konstitutiven Mit-Gestalter „seiner" *res publica* als auch zum Erzähler *und* Rezipienten jener übergreifenden Narrative zu machen, die die Verfassung als Symbol und kultureller Speicher von Werten und Normen bereithält, um sie immer wieder aufs Neue zu aktualisieren und situativ anzuverwandeln, mithin jener fließenden Fortbildung anheim zu geben, die Smend als Wesensmerkmal der Integration und damit auch des Politischen ausgemacht hatte.[15] Verfassungsinterpretation wird damit zum Bestandteil eines öffentlichen[16] Prozesses permanenter Verfassungsgebung[17], in dem die Verfassung genau diesen Prozess „anregt" und die Verfassungssubjekte zur permanenten Hervorbringung der Verfassung auffordert, weil sie Opportunitätsstrukturen und republikanisch-bürgerliche Betätigungsmöglichkeiten eröffnet, über die alle Bürger sich die Verfassung sowohl aneignen als auch fortentwickeln und hervorbringen. Damit erweist sich Häberle nicht nur von Smends Verfassungstheorie und seinem dynamischen Verständnis der Verfassung affiziert[18], sondern vermag auch mit dem eigenen Oeuvre zu zeigen, dass Smends Verfassungstheorie – vermittelt durch ihre freiheitlich-pluralistische sowie anti-etatistische Anverwandlung in der Smend-Schule -„anpassungs- und daher auch zukunftsfähig" ist.[19] Im Lichte aktueller Debatten der politischen Theorie und Regierungslehre zum (Neo-) Republikanismus, „popular constitutionalism" sowie zum normativen und konstruktivistischen Institutionalismus erweist sich zudem, dass die von Häberle vertretene Verfassungstheorie vielfältige Anknüpfungspunkte zum interdisziplinären (Verfassungs-) Theoriediskurs bietet und nicht zuletzt daran erinnert, wem die Verfassung eigentlich „gehört".

2 Die Verfassungstheorie Rudolf Smends: Innovation und Anregung

Smends Denken wurde ganz zentral durch die Frage motiviert, „von welcher staatstheoretischen Sicht her unser heutiges positives Staatsrecht allein verständlich wird"[20]. Schon früh forderte er, vor allem die „funktionelle Bedeutung" von Verfassungseinrich-

---

14 Vgl. Häberle 1978e: 165 ff. „Eine Verfassung, die nicht nur den Staat im engeren Sinne, sondern auch die Öffentlichkeit strukturiert und die Gesellschaft verfaßt, die die Bereiche des Privaten unmittelbar mit einbezieht, kann dies nicht nur passiv tun, die gesellschaftlichen und privaten Kräfte als Objekte behandeln,. Sie muß diese auch aktiv einbeziehen: als Subjekte." (a. a. O., S. 167)

15 Vgl. *Lhotta* 2005a und 2005b

16 Wegweisend für die verfassungstheoretische Konzeptionalisierung von Öffentlichkeit *Smend* [1955] 1994 – diesen Aufsatz referenziert Häberle immer wieder.

17 Vgl. *Häberle* 1978 und 1987; im Kontrast dazu die konventionelle Sicht bei *Herdegen* 2010.

18 Vgl. zudem die Würdigung Smends bei *Häberle* 1975 und 1981.

19 *Morlok / Schindler* 2005: 31; zur Aktualität Smends *Lhotta* 2005 und kritisch *van Ooyen* 2013; differenzierend hinsichtlich der „anti-demokratischen" Ausrichtung Smends *Lhotta* 2000.

20 *Smend* [1956b] 1994: 500 f.

tungen[21] zu ermitteln[22] und sich mit den „staatstheoretischen Voraussetzungen einer Verfassungslehre“[23] zu beschäftigen. Aus seiner Sicht sollten die „materialen – um nicht zu sagen soziologischen und teleologischen Gehalte“[24] der Verfassung überhaupt erst einmal erarbeitet werden, um den vollständigen Gehalt der Rechtsnormen zu ermitteln[25], mit denen sich die Staatsrechtslehre zu befassen habe. Dabei war seine Integrationslehre von Anfang an offen für andere Disziplinen, um sich hierdurch der Restriktionen herkömmlicher Jurisprudenz zu entledigen, denn „nicht Paragraphenauslegung und rechtsbegriffliche Systembauten, sondern soziologisch begründete Verfassungstheorie ist die notwendige Grundlage einer neuen Staatsrechtslehre im neuen Deutschland“[26]. Mehr noch: Eine „befriedigende und fruchtbare Staats- und Verfassungslehre ohne eine eigene, *nicht* juristische, sondern geisteswissenschaftliche Methode“[27] sei gar nicht möglich.

Den Staat suchte Smend über staatstheoretische Grundlagen zu erfassen, die er geisteswissenschaftlich als objektive Wertgesetzlichkeiten erfasste, die sich in den Institutionen der Verfassung manifestieren und im Verfassungsleben erlebbar werden, aber auch immer wieder zum Leben gebracht werden. Diese Wertgesetzlichkeiten und Manifestationen „allgemeiner Sinnorientierungen“[28] können laut Smend nur über „methodisch und sachlich besondere Wege“ erschlossen werden, die v.a. im Verfahren „phänomenologischer Abstraktion“ zu sehen sind. Smend geht es also um eine phänomenologisch angeleitete Wesenserkenntnis des Staates – und zwar entlang jener Faktoren bzw. Institutio-

21 *Smend* [1919] 1994: 61.

22 Die funktionelle Bedeutung von Verfassungseinrichtungen interessiert auch Häberle in ausgesprochen hohem Maße. Das wird besonders deutlich bei den Grundrechten, die von ihm nicht vorrangig als negative Abwehrrechte gedeutet werden, sondern als „enabling“ – als Rechte, die den Bürger in die Lage versetzen, an einer freiheitlichen und pluralistischen *res publica* mitzuwirken. Sie sind insoweit Ausdruck des „politisierten Freiheitsbegriffs“ (*Günther* 2004: 254) der Smend-Schule und wurden von Häberle seit seiner Dissertation (*Häberle* 1962) konsistent als institutionelle Struktur interpretiert, die den Bürger zur freiheitlichen Mitwirkung an Verfassung und Gemeinwesen einlädt, anregt und genau dies auch sichert und garantiert. Dieses Motiv der (funktionalen) Mitwirkung –*nicht* im Sinne einer sittlichen Pflicht wie bei Smend – wird bei Häberle konzeptuell durch *Öffentlichkeit*, die *Offenheit der Verfassung* und deren *Interpretation* durch die *offene Gesellschaft der Verfassungsinterpreten* befördert. Wegweisend für die Grundrechtstheorie und ein institutionelles Verständnis *Smend* 1928a und 1933.

23 *Smend* [1928b] 1994: 127.

24 *Smend* [1928b] 1994: 124.

25 Auch hier erweist sich Häberle von Smend inspiriert – so z.B., wenn er für ein *Möglichkeitsdenken* in der Verfassungsinterpretation votiert, um damit *alle* Alternativen einer Auslegung auszuloten; ebenso wenn er dafür plädiert, immer wieder die „Wirklichkeit“ an Verfassungsnormen heranzutragen, um ihr Potential auszuloten.

26 *Smend* [1919] 1994: 67.

27 *Smend* [1928b] 1994: 119 (Hervorhebung des Verf.).

28 *Smend* [1928b] 1994: 235. Sinnorientierungen und Sinnpotentiale werden von Häberle rekurrent gesucht und gefunden; dies ergibt sich nahezu zwangsläufig aus dem Umstand, dass er die Verfassung als Emanation der Kultur und Speicher ihrer Sinnstiftungsangebote versteht.

nen, die zur Wesensbestimmung[29] des Staates beitragen. Organe und Institutionen sind für ihn Ausdrucksformen bzw. Gestalten der geistigen Wirklichkeit des Verfassungslebens.[30] Leben zielt bei Smend also auf die (Geistes-) Wirklichkeit des politischen Lebens, zu dem die Verfassung samt ihrer Institutionen anregen könne[31], wobei das Sinnprinzip der Integration als ein Telos oder institutionell-funktionaler Sinn interpretiert wird, unter dessen Gebot das gesamte staatliche Leben steht.[32] Hier liegt ein wichtiger Schlüssel zu Smends Begriff des Politischen, der „für die Staatsrechtslehre nicht zu entbehren“[33] sei[34], und zwar schon allein deswegen, weil er das Staatsrecht als dasjenige Recht bezeichnet, welches „das Politische zum Gegenstande“ habe und sich auf die „Gesamtheit der Einrichtungen und Funktionen, durch welche der Wille des Staates als Einheit begründet und ausgesprochen wird“ beziehe.[35]

Smend möchte die Komplexität des staatlichen Lebens theoretisch erfassen und von diesen theoretischen Erkenntnissen aus die juristische Arbeit am Verfassungsrecht zu einer wirklichkeitsnäheren, weil „vollständigeren“ Auslegung führen[36]. Seine staatstheoretischen Prämissen lanciert Smend v.a. über die Staatsform, die er mit einem jeweils bestimmten Typus von „Integrationssystem“ in Verbindung bringt. Jede Verfassungsauslegung habe von der Feststellung der jeweils spezifischen Staatsform, lies: des jeweils obwaltenden „Integrationssystems“ samt seiner Sinnorientierung und Wertgesetzlichkeit auszugehen, um von dort aus die Lösung staatsrechtlicher Einzelprobleme in Angriff zu nehmen.[37] Das für Smend so wichtige Problem der Staatsformen als „Integrationssysteme umfassender Totalität“[38] ist für ihn das Kernelement einer auf die Integration abstel-

---

29 Vgl. *Smend* [1928b] 1994: 178.

30 *Smend* [1928b] 1994: 198.

31 Das Motiv der „Anregung“ durch die Verfassung zieht sich – unter oftmaliger Referenzierung auf Smend – wie ein roter Faden durch Häberles verfassungstheoretisches Werk.

32 Dieses Sinnprinzip übernimmt Häberle *nicht* von Smend, ebenso wenig dessen Automatismen und sittliche Verpflichtung. Sinnprinzipien, die für ihn maßgeblich sind, lauten: *Freiheitlichkeit*, *Offenheit*, *Pluralismus*, *Demokratie*, *Republikanismus*.

33 *Smend* [1928b] 1994: 238.

34 Häberles Verfassungstheorie entbehrt dieser staatstheoretischen Anleitung und Verankerung des Politischen. Wenn überhaupt, dann manifestiert sich in Häberles republikanischer Verfassungstheorie „das Politische“ im ubiquitären und völlig offenen Vorgang der Interpretation, mit dem die Verfassung von allen Bürgern der *res publica* immer wieder aufs Neue hervorgebracht wird („creatio continua“) – weswegen er auch mit der (politischen!) Absentierung des Verfassungssouveräns im Gefolge der Unterscheidung von *pouvoir constituant* und *pouvoir constitué* nichts anfangen kann.

35 *Smend* [1923] 1994: 82.

36 Die „vollständigere“ Auslegung als Leitmotiv ist bei Häberle im *Möglichkeitsdenken* und der Verfassung als „öffentlichem Prozess“ verankert – deswegen auch sein Appell, Verfassungsinterpretation immer auch im Lichte der „Wirklichkeit“ zu betreiben.

37 *Smend* [1928b] 1994: 252 & 268; dahinter verbirgt sich letztlich der Gedanke der „Leitidee“, und solche Leitideen vermag auch Häberle zu identifizieren, nicht nur im GG, sondern auch im gemeineuropäischen Verfassungsrecht als Spiegel und Speicher von Kultur.

38 *Smend* [1928b] 1994: 222.

lenden Staatsformenlehre[39], die für die juristische Auslegung bedeutsam sein soll.[40] Zentriert auf den Vorgang der Integration geht es ihm um einen von ihm „hier entwickelten ganz bestimmten Begriffs des ‚Politischen'"[41] - Integration ist für Smend der „Inbegriff aller politischen Tätigkeit"[42] und als solche permanent erlebbar.[43]

Die von ihm ausgemachte „allgemeine Integrationstendenz des Verfassungslebens"[44] ist für Smend eine (objektive) „Wertgesetzlichkeit des Geistes", die eine „stetige Harmonisierung"[45] bewirkt und die „Lebenstotalität des Staates"[46] immer wieder aufs Neue herstellt. Indem die Verfassung, hegelianisch gesprochen, den „objektiven Geist", resp.: die Kultur eines Gemeinwesens repräsentiert[47], aktualisiert und in den Verfassungsinstitutionen als „Verfasstheiten" und „Gestalten" des kollektiven Geistlebens immer wieder erlebbar macht[48], wirkt sie integrierend. Sie ist geisteswissenschaftlich – über die Ermittlung „allgemeiner Sinnorientierungen"[49] – sinnhaft zu deuten, v.a. aber kann und muss sie „erlebt" und durch tätige Mitwirkung der Aktivbürgerschaft am „Leben"[50] erhalten werden[51]. Institutionen wie die Verfassung sind somit Ausdrucksgestalten und Wirklichkeitsformen des gemeinsamen Lebens als Geistleben.[52] Die Verfassung dient der Geistverwirklichung und der politischen Berufung eines Volkes und seiner Individuen.[53] Die-

39 Vgl. *Smend* [1923] & [1928b] 1994: 218 ff. und 252.

40 Vgl. *Smend* [1928b] 1994: 233 ff..

41 *Smend* [1928b] 1994: 257.

42 *Llanque* 2002: 322.

43 *Smend* [1928b] 1994: 136. Die Idee eines immer fortwährenden Prozesses der Hervorbringung und „beständigen Erneuerung" (Smend) der Verfassung ist in Häberles Verfassungstheorie ausgesprochen wirkmächtig und wurde von ihm folgerichtig auch auf seine Europäische Verfassungslehre übertragen. Wie oben schon angedeutet, ist bei Häberle aber die Interpretation der Inbegriff aller politischen Tätigkeit, wie überhaupt alles, das der Bürger der *res publica* im Wege der Wahrnehmung seiner Grund- und Bürgerrechte zur „creatio coninua" der Verfassung beitragen kann.

44 *Smend* [1928b] 1994: 191.

45 *Smend* [1928b] 1994: 175.

46 *Smend* [1928b] 1994: 189.

47 So mit explizitem Rückgriff auf Hegel *Isensee* 1987: 636, Rz. 117. Für die Gleichsetzung von „objektivem Geist" und „Kultur" bei Hegel und dem Konnex dessen zur Hegel'schen Institutionenlehre vgl. *Schnädelbach* 1999: 68. Für ähnliche Sichten auf den „Geist" bei Smend vgl. etwa *Smend* [1912] 1994: 30, Fn. 12; *Smend* [1928b] 1994: 207, 230 und 216 mit Rekurs auf Montesquieu; *Smend* [1946] 1994: 382; zum „Schatten Hegels" in der Integrationslehre *Lhotta* 2005b.

48 Hier dürfte eine der wichtigsten Wurzeln für ein holistisches Verständnis von Verfassung als Kultur bei Häberle (via Smend) liegen – die hegel'sche Metapher vom objektiven Geist (die letztlich für „Kultur" steht) umschreibt eine (geistige) „Lebenstotalität", die alles durchwirkt und überall vorfindbar und erlebbar wird, auch durch das eigene Mit-Tun. Dieser Grundgedanke ist in Häberles Verfassungstheorie omnipräsent – und deshalb versucht sie auch, alle möglichen Emanationen von Kultur in der Verfassung aufzuzeigen und auf ihr sinnstiftendes Potential zu befragen.

49 *Smend* [1928b] 1994: 235.

50 Vgl. *Smend* [1933] & [1956] 1994: 505.

51 Genau dies greift Häberle auf und deutet es *republikanisch* um.

52 *Smend* [1928b] 1994: 198.

53 *Smend* [1933] 1994: 323 & [1959], 520.

ser Berufung zu folgen, wird bei Smend zu einer ethisch-sittlichen Verpflichtung des Individuums, die es nicht erlaubt, „sich seiner Mitverantwortung für das Ganze in einer Ohne-mich-Haltung zu entziehen“[54]. Es sei „gerade unsittlich, dem uns Aufgegebenen im politischen Bereich auszuweichen“[55]. Dieses Element einer „politischen Ethik“ ist ein „durchgehendes Moment“ der smend'schen Integrationslehre.[56] Sie braucht den „sittlich an den Staat gebundenen Bürger“[57], dem die Ausübung seines „sittlichen Berufs des Staatsbürgers“[58] durch die Verfassung und das ihr innewohnende Integrationsprinzip ermöglicht wird.

Smends Integrationslehre birgt indessen – darauf ist oft genug und nicht ohne Schärfe hingewiesen worden[59] - erkenntnistheoretische und methodische Probleme. Ihr Verfasser hat selbst betont, dass es für seinen Gegenstand nur eine „irreführende und keine angemessene Darlegungsform“[60] gebe und dass sich sein Ansatz in der Anwendung zu bewähren habe. Aber gerade in der juristischen Anwendung fällt die Bewährungsprobe ambivalent aus[61]: Soweit Smend die Verfassung und auch das Verfassungsrecht als „Integrationssystem“ versteht, das die „Erfüllung einer sich immerfort wandelnden Aufgabe sicherzustellen“ habe, die Lösung dieser Aufgabe bzw. die Lösungsfaktoren sich aber „entsprechend den veränderten Zeiten und Umständen“ verschieben[62], fordert er nicht nur eine „elastische, ergänzende, von aller sonstigen Rechtsauslegung weit abweichende Verfassungsauslegung“[63], sondern geht noch weiter. Da er die „befriedigende Integration“ als „aufgegeben“ und als wertgesetzliche Sinnverwirklichung versteht, darf der aufgegebene Integrationserfolg „vielfach in nicht genau verfassungsmäßigen Bahnen erreicht werden“ – dies entspreche dem (Integrations) Sinn der Verfassung eher „als ein paragraphentreueres, aber im Erfolge mangelhafteres Verfassungsleben“[64]. Diese teleologisch-funktionale Aufladung wird aber prekär, wenn die von Smend ausdrücklich gewollte Auflösung der Verfassung in einen permanenten Prozess der „fließenden Fortbil-

---

54 *Smend* [1966] 1994: 486.

55 *Smend* [1945] 1994: 378. So weit würde Häberle indessen aufgrund seiner freiheitlich-pluralistischen Orientierung *nicht* gehen. Wenngleich er die möglichst umfassende Aktivierung aller Bürger einer *res publica* im Sinne des o. g. „politisierten Freiheitsbegriffs“ sicher begrüßen würde.

56 *Smend* [1928b] 1994: 131.

57 *Smend* [1933] 1994: 322.

58 *Smend* [1933] 1994: 320.

59 Vgl. für eine umfassende Diskussion und Würdigung m.w.N. *Lhotta* 2005a & b.

60 *Smend* [1928b] 1994: 130.

61 Diese Kritik ist auch der Verfassungstheorie von Häberle zuteil geworden – vgl. zuletzt etwa *Kempen* 2010: 946, Rz. 21.

62 *Smend* [1928b] 1994: 241.

63 Häberles Eintreten für ein offenes und wirklichkeitsorientiertes Ausschöpfen der Potentialität aller Verfassungsrechtsnormen ist – so viel kann zumindest gesagt werden – ein Verfassungsverständnis, das positivistischen, statischen und konservierenden Auffassungen diametral entgegensteht.

64 *Smend* [1928b] 1994: 190.

dung des gesetzten Verfassungsrechts“[65] mündet[66], der Wirklichkeit und Normativität unter einen einheitlichen Begriff zusammenfasst und damit zur Konversion von Sein und Sollen führt.[67] Smend selbst bekannte hinsichtlich seiner Integrationslehre, sie sei „um die möglichst weitgehende Ineinssetzung von Norm und Faktum bemüht“[68]. Verfassungsrechtliche Normen können dann aber in ihrer Auslegung völlig dem einen (wertgesetzlichen) Ziel der Integration untergeordnet werden, das vorher in sie hineingelesen wird.[69] Zwar begreift Smend den Staat geisteswissenschaftlich als Ergebnis einer dialektischen Zusammenordnung des einzelnen, der Gemeinschaft und des beide verbindenden Gesamtzusammenhangs – „der Staat ist nur, weil und sofern er sich dauernd integriert, in und aus den Einzelnen aufbaut – dieser dauernde Vorgang ist sein Wesen als geistig-soziale Wirklichkeit“[70]. Aber diese sich immerfort neu ereignende Vereinheitlichung der Einzelwillen zur Selbstgestaltung des Staates empirisch nachzuweisen, wird fragwürdig, wenn dabei überempirisch aufgegebenes in den Lebensäußerungen des Staates nur reifiziert wird.[71]

Auf gewisse Weise repräsentiert Smends Verfassungstheorie damit einen Theorietypus, der „die Sinn-Einheit über der Vielheit der positivrechtlichen Normen“ sucht (wenn nicht postuliert) und damit „für die Verfassungsnormen einen – diese notwendigerweise transzendierenden – Verständnishorizont bereit“ hält und „der in der Verfassung schlummernden Entelechie ihre Stimme“ gibt. Insofern ist sie „holistisch angelegt“ und wesensnotwendig „der Ort, an dem die für die Verfassungsrechtswissenschaft insgesamt unentbehrlichen ‚großen Erzählungen‘, die leitenden kollektiven Deutungsmuster, geformt und verbreitet werden.“[72] Mehr noch: Eine solche Verfassungstheorie fokussiert nachgerade zwangsläufig auf die „Sinnvermittlung“ und die „Bewegungsgesetze der geltenden Verfassung“. Diese sucht und findet sie „in Gestalt und Format der Leitidee, des Leitbildes, des Schlüsselbegriffs, des Grundsatzes, des Prinzips, des Idealtypus, der Deutungsfolie. Verfassungstheoretisches Denken ist, weit mehr – und weit legitimer – noch als verfassungsdogmatisches Denken teleologisch geprägt.“[73]

---

65 *Smend* [1928b] 1994: 241 f.

66 Hiervon ist Häberles Verfassungstheorie nachdrücklich beeinflusst – die Verfassung ist ihm in einem latenten Fortbildungsprozess begriffen, der aber – anders als bei Smend – *nicht* dem aufgegebenen Sinnprinzip der Integration unterliegt, sondern „offen“ ist und auch sein soll.

67 Vgl. *Friedrich* 1987: 19.

68 *Smend* [1956a] 1994: 480.

69 Vgl. zuletzt etwa die Kritik bei *Isensee* 2010: 260/261; diese trifft teilweise auch auf Häberle zu – nicht hinsichtlich der Integration und Einheitsstiftung als Staatsraison, der Verfassung und Verfassungsinterpretation zu dienen hätten; wohl aber hinsichtlich des Konnex zwischen Verfassungsverständnis und öffentlicher Meinung sowie der „Verflüssigung“ der Verfassung.

70 *Smend* [1928b] 1994: 138.

71 Vgl. *Smend* [1928b] 1994: 139.

72 *Jestaedt* 2009: 54/55.

73 *Jestaedt* 2010: 26.

Im Folgenden wird zu zeigen sein, wie sehr auch Häberle einem solchen verfassungstheoretischen Programm verpflichtet ist. Gerade „Sinnvermittlung“ wird bei ihm über die in einer Verfassungsgemeinschaft ubiquitäre Tätigkeit der Interpretation zum Kernelement konstitutioneller Selbstregierung[74] und zum Inbegriff politischer Tätigkeit im Sinne einer immer wieder neu erfolgenden situationsspezifischen Sinnermittlung und -stiftung[75], die für die Fortentwicklung der Verfassung sorgt. Verfassungen sind ein Werk *aller* Verfassungsinterpreten und damit der „Form und Sache nach mehr Ausdruck und Vermittlung von Kultur, Rahmen für kulturelle (Re-) Produktion und Rezeption und Speicher von überkommenen kulturellen ‚Informationen‘, Erfahrungen, Erlebnissen, Weisheiten.“[76] Die verfassungstheoretisch von Häberle extrapolierten „Leitideen“ sind Offenheit, Öffentlichkeit, Freiheitlichkeit, Pluralismus, Republikanismus, Demokratie – und der zentrale Verfassungsakteur, der all dies in der Verfassung zum Leben erweckt, ist für Häberle der Bürger der *res publica.* Damit öffnet er den Weg dafür, die Wirkungsbedingungen von Verfassungsrecht sowie die dialektisch konstitutive Wechselbeziehung zwischen Normen (Institutionen) und Normadressaten neu zu erfassen[77], v.a. aber auch die Wichtigkeit von Kommunikation, Narrativen, Frames usw. für das Funktionieren und Leben einer Verfassung zu berücksichtigen (die wiederum allesamt „Kultur“ sind). Letzthin weist das auf konstruktivistische Ansätze voraus, deren Potential für die Erfassung der „Bewegungsgesetze“ der Verfassung *Morlok* zu Recht betont hat. Diese verstehen

> „die soziale Welt als durch soziales Handeln, genauer durch kommunikative Beziehungen hervorgebracht, bestätigt oder verändert. Sieht man die Dinge so, dann stellt sich die Verfassung weniger als ‚Entscheidung‘ dar, als Sammlung von Normen mit fixiertem Bedeutungsgehalt, denn als ein ‚Angebot‘ an Formeln, die von der jeweiligen politischen Gemeinschaft unter wesentlicher Beteiligung der Verfassungsjuristen herangezogen werden, um sich über ihre Grundwerte zu verständigen, um aktuelle Probleme zu entscheiden. Dies umfasst auch die Anpassung an neue Gegebenheiten, die Aufnahme von Veränderungen im Wertempfinden der Bevölkerung, kurz, die zeitgemäße, also die situations- und bedürfnisgemäße Auslegung der Verfassung.“[78]

74 *Eisgruber* 2001: 44.
75 *March/Olsen* 1994: 267 und *March/Olsen* 1989: 39.
76 *Häberle* 2004: 33.
77 Vgl. für entsprechende Forschungsdesiderate *Shane* 2006: 212.
78 *Morlok* 2007: 66; für eine ähnliche Sicht auf die Verfassung als „gegebenes“ Angebot der Selbstverständigung *Hennis* 2000: 198.

All dies sind Aspekte, die Häberle in seinem verfassungstheoretischen Werk immer wieder betont hat. Nicht-judizielle Interpretationen, die Relation zwischen judiziellen und nicht-judiziellen Interpretationen und die Bedeutung dessen für das *öffentliche* Verständnis und damit auch das Wirken und die Funktion der Verfassung, das Prozesshafte der Verfassung, insbesondere die wechselseitige Verbindung von Verfassung und (all) ihren Interpreten, über die der Verfassung und ihren Normen (öffentlich) Sinn zugeschrieben wird – all diesen Aspekten hat Häberle in seinen verfassungstheoretischen Schriften bereits in den 70er Jahren viele Gedanken gewidmet, die auch heute noch aktuell klingen.[79] So votierte er nachdrücklich dafür, dass die Verfassungsinterpretation „theoretisch der Erweiterung und Vertiefung um die Dimension des Öffentlichen" bedürfe, „weil ihr Gegenstand die Verfassung der res publica ist und weil die an ihren Vorgängen personal Beteiligten öffentliche Kräfte und ‚Faktoren' sind."[80]: Die hier deutlich werdende verfassungstheoretische (republikanische) Erweiterung der Akteure der Verfassungsinterpretation mündet denn auch konsequent in der folgenden Definition oder Arbeitshypothese zur Verfassung an sich:

> „*Verfassung* ist rechtliche Grundordnung eines *freiheitlichen* öffentlichen Prozesses – law in public action –, und sie wird als demokratische Verfassung selbst zum Prozeß. Als solcher weist sie in die Zukunft. Demokratisches Verfassungsrecht ist Recht der Öffentlichkeit par excellence. Öffentlichkeit ist das Gesetz , unter dem Verfassung angetreten ist und unter dem sie sich weiterzuentwickeln hat. In der Öffentlichkeit und ihren Korrelatbegriffen liegen Voraussetzungen und Bahnen der Fortentwicklung der Verfassung. Die Wirklichkeit der Verfassung ist die Wirklichkeit ihres so verstandenen – *öffentlichen* – Rechts."[81]

Für Häberle ist es in Konsequenz seines hier deutlich werdenden politisierten Freiheitsbegriffs unabdingbar, die Verfassung und ihre Normen in einem fortwährenden öffentlichen Prozess mit der Wirklichkeit zu konfrontieren und dadurch fortzuentwickeln – weil „die Möglichkeiten, die in der Rechtsnorm ‚liegen', oft erst durch die Konfrontation mit der Wirklichkeit erschlossen werden können."[82] Mehr noch: „Das Offenhalten von Möglichkeiten innerhalb der geltenden Verfassungsordnung ist zentraler Inhalt wichtiger verfassungsrechtlicher Prinzipien. (...)" [83] Allerdings macht Häberle deutlich, dass die hier intendierte Fortentwicklung der Verfassung *nicht* mit „Verfassungswandel" konfundiert werden sollte.[84] Dass der von Smend so erfolgreich inaugurierte und verfassungstheoretisch flankierte Verfassungswandel *kein* sach- und zeitgerechtes Interpretationsverständ-

---

79 Vgl. die Würdigung in *Blankenagel / Pernice / Schulze-Fielitz* (2004).
80 *Häberle* 1978d: 121/122 (Hervorhebungen im Original).
81 *Häberle* 1978b: 65 (Hervorhebungen im Original).
82 *Häberle* 1978a: 26.
83 *Häberle* 1978a: 22.
84 *Häberle* 1978b: 82/83.

nis mehr ermögliche, hat aber nicht nur damit zu tun, dass damit die – von Häberle so hochgeschätzte - Freiheit des Interpreten verschleiert würde, sondern v. a. damit, dass für ihn die latente Fortentwicklung der Verfassung durch eine offene Gesellschaft der Verfassungsinterpreten dazu führt, dass Verfassungsgebung und Verfassungsinterpretation in eins fallen. Diese offene Gesellschaft ist – idealiter – die gesamte Gesellschaft der *res publica* – und es ist diese offene Gesellschaft, die in Permanenz die Verfassung interpretiert und damit ständig fortentwickelt bzw. neu hervorbringt und sich damit in einem öffentlichen Prozess – einer „creatio continua" - permanent konstituiert:

> „Der weitere – republikanische – Begriff der Verfassunggebung macht mit der pluralistischen Demokratie ernst. ‚Volk' ist eine pluralistische Größe und als solche anthropologisch begründet. Die Vielfalt seiner Interessen und Ideen, seine Bewegungen und Wandlungen, seine Objektivationen und Subjektivismen, seine Wirklichkeit und seine Möglichkeiten lassen sich nicht auf *ein* Moment, auf *ein* Verfahren, auf *einen* sog. ‚Träger' oder auf einen ‚Zeitpunkt' festlegen. Das Volk der Republik lässt sich nicht in den ‚Wartestand' versetzen oder beurlauben, nicht von seiner – lebenden und wachsenden Verfassung ablösen oder ‚abziehen'. (...) Die Doktrin in der Nachfolge von Sieyes macht aber gerade diesen (revolutionären) ‚Schnitt' und diese Abstraktion. Sie reißt Volk und Staat, Volk und Verfassung auseinander. Die in der Schweiz und in der BR Deutschland existierende ‚konstitutionelle Demokratie' zwingt zu einer anderen Sicht: Verfassunggebung wird demokratisch bzw. demokratietheoretisch in den Präsens umgedacht: als Vorgang der Republik gesehen."[85]

Im besten Sinne ist dies der verfassungstheoretische Ausdruck für eine „non-state centred notion of republican citizenship"[86], die einen „lernenden Souverän"[87] überhaupt erst prozedural ermöglicht. Das bedeutet aber auch, im Sinne von Häberles Pluralismuskonzept, dass es einen dauerhaften Konsens oder einen zementierten Status quo im Verfassungsleben gar nicht gibt und auch nicht geben soll. Verfassungsgemeinschaften sind zwar Interpretationsgemeinschaften[88] – aber sie müssen nicht homogen sein. Und Homogenität muss auch nicht mittels der autoritativen Interpretation des „Rechtsstabes" hergestellt oder fingiert werden. Autoritäres Integrationsmanagement durch Verfassung[89] bzw. Verfassungseliten[90] und „‚Heilige Allianzen' des Bestehenden und über das Bestehende"[91] gehen – so würde dies auch Häberle fassen - an der funktionalen und institutionellen Logik sowie dem republikanischen Kern der *Interpretation* als aktiv-integrierender und sinnstiftender Tätigkeit eines jeden Bürgers in der Verfassungsge-

85 *Häberle* 1978f: 198.
86 *Michelmann* 1988: 1531.
87 *Maus* 2005: 967.
88 *Vorländer* 2002: 22.
89 *Frankenberg* 1996:105 ff.
90 Vgl. *Lhotta* 1998.
91 *Häberle* 1978a: 29.

meinschaft vorbei. Nur so ist es im übrigen möglich, „Institute, Verfahren und Instrumente zu schaffen, aufrechtzuerhalten und weiterzuentwickeln, die je nach Lebensbereich den Weg freigeben für praktikable Alternativen; der Weg zu möglichen *und* nötigen Alternativen wird institutionalisiert. (...) Das Offenhalten für nicht etwa nur system*konforme*, sondern auch für systemrelevante Informationen ist die Garantie für die Offenheit einer Verfassung und die sie kennzeichnende Möglichkeit, aus Theorie und Praxis Alternativen zu entwickeln. Sie ist die Garantie für ein Konkurrenzverhältnis von Ideen, Argumenten und Interessen.“[92] Letztlich geht es hier um nichts anderes, als den bereits von *James Madison* inaugurierten „commerce of ideas“, der eine *kinetische Theorie der Verfassung* geradezu erzwingt.[93] Die Pluralität einer Gesellschaft samt deren Pluralität von Interpretationen soll aufgenommen und deren beständiger Abgleich zueinander gewährleistet werden. Das hier zugrunde liegende verfassungstheoretische Modell beruht somit auf der grundsätzlichen „Deutungsoffenheit“ der Verfassung[94], die deren fortwährende (Re-) Interpretation notwendig macht und damit Offenheit und Pluralität ermöglicht.[95]

Dieser fortwährende Vorgang der Sinnstiftung und Sinnvermittlung im Wege der Interpretation ist ein „öffentlicher Prozess“[96] ohne einen „numerus clausus der Verfassungsinterpreten“[97] – denn „wer die Norm ‚lebt‘, interpretiert sie auch (mit)“[98], und „jeder, der in und mit dem von der Norm geregelten Sachverhalt lebt, ist indirekt und ggf. auch direkt Norminterpret“[99]. Dies wurde „von Juristen manchmal belächelt, so als wollte er jedem Laien die Kompetenz zur Verfassungsinterpretation zusprechen. So war es jedoch nicht gemeint. Vielmehr ging es darum, den demokratisch-theoretischen Ort und die Zeit zu bestimmen, an dem in einer freiheitlichen Gesellschaft (civil society) das Recht entsteht. Die Antwort lautete mit Recht: Täglich und überall!“[100] Insofern ist es völlig konsequent, dass Häberle auf verfassungsrechtliche Elemente einer „Pflicht zum offenen Rechtsgespräch“ sowie die „Kommunikationsaufforderungen“ in prozessualen Grundrechtsschutzgarantien hinweist[101]. Dies sind Bestandteile eines „judiziellen Dia-

92 *Häberle* 1978c: 116/117.
93 *Lhotta* 2010: 117 ff.
94 *Brodocz* 2009: 119.
95 Vgl. *Michelmann* 1988: 1528 f.:
96 *Häberle* 1978d: 123.
97 *Häberle* 1978e: 156.
98 *Häberle* 1978e: 156.
99 *Häberle* 1978e: 157.
100 *Stolleis* 1996: 22/23; die tägliche „Schaffung“ und „Hervorbringung“ des Rechts ist ein hochinteressanter und für das „wirkliche“ (sic!) Funktionieren von Recht aufschlussreicher Fokus neuerer, teilweise ethnographisch angelegter Forschung aus der Law & Society-Richtung – vgl. als ersten Überblick *Sarat / Kearns* 1993 und *Halliday / Schmidt* 2009.
101 *Häberle* 1978b: 70.

logs"[102], der sich in einer Verfassungsgemeinschaft über den Bereich der professionellen (amtlichen) Regelanwender und -interpreten hinaus auf *alle* die Verfassung „lebenden" Bürger erstreckt.[103] Und dies ist auch der Grund dafür, dass Häberle fordert, die Publizität der Verfassungssprache müsse „so gestaltet sein, daß der Bürger seine Rechte kennt und daß er sie selbst vor dem Verfassungsgericht geltend machen kann. (...) Im Bereich des Verfassungsrechts muß die juristische Fachsprache so allgemeinverständlich sein, daß sie dem Bürger etwas sagt. Die Verfassung muß sich der Alltagssprache öffnen. Die Sprache der Verfassung muß zur Sprache aller Bürger werden. Idealiter fällt die Verfassungssprache mit der Alltagssprache zusammen und schafft Publizität und Transparenz; Verfassungsrecht, insbesondere Grundrechte, gehen jeden an."[104] Recht beruht nicht zuletzt auf Sprache und auf Kommunikation – es benötigt als soziale Institution das Kommunikationsmedium der Sprache, und die Sprache hat für die Institution des Rechts als auch für die Rechtsadressaten eine konstitutive Wirkung.[105] Sie ist das Medium, in dem die grundrechtlich und demokratisch legitimierten Interpreten in der Bürgerdemokratie sich als Verfassungsinterpreten betätigen und auch betätigen können.

Aus einer solchen Perspektive ist dann auch der Republikbegriff des Grundgesetzes durchaus mehr als eine „metarechtliche Appell-Funktion, die darauf ausgeht, den Willen der Betroffenen zum demokratischen Verfassungsstaat hervorzurufen und zu erhalten"[106]. Er ist vielmehr ein Ausdruck für ein *konstitutionalisiertes institutionelles Design* mit vielfältigen „arenas of citizenship"[107], das die Mitglieder der Verfassungsgemeinschaft in die Lage versetzt, „to exercise their own best judgment about moral and political principles"[108], anstatt sich einem zunehmend „anomischen Recht"[109] gegenüber zu sehen[110]. Damit zielen die verfassungstheoretischen Überlegungen Häberles auch in einen Kernbereich aktueller Diskurse im Bereich des konstruktivistischen[111] und normativ-soziologischen[112] Institutionalismus[113] sowie im Bereich der Politischen Theorie der Neo-Republikanismus.[114] Dieser Kernbereich beinhaltet solche Problemkomplexe wie die Relation und wechselseitige Konstitution von Institutionen (Regeln) und Akteuren,

102 *Galligan* 2007: 57; mustergültig in der Analyse von „constitutional dialogues" *Fisher* 1988.
103 Vgl. *Kramer* 2004 und *Häberle* 1978d: 123/124.
104 *Häberle* 1978b: 71; anderer Ansicht *Vitzthum* 2010: 385, Rz. 21.
105 Vgl. *Lhotta* 2012 und *Conley / O'Barr* 2005 & 1990 sowie *Tiersma / Solan* 2012.
106 *Unruh* 2002: 597.
107 *Michelmann* 1988: 1531.
108 *Eisgruber* 2001: 205.
109 *Lhotta* 2014.
110 Für eine aktivierende Interpretation des Rechts im politischen System auch *Zemans* 1983.
111 Vgl. *Hay* 2006.
112 Vgl. *March/Olsen* 1989, 1995, 2006a & b und dazu *Lhotta* 2016.
113 Den immer noch besten Überblick zum Neo-Institutionalismus in seinen verschiedenen Ausrichtungen bietet *Peters* 2005.
114 Für einen ersten Versuch der Zusammenführung vgl. *Lhotta / Zucca-Soest* 2011.

die Sinnstiftung und Handlungsanleitung, die aus dieser Relation resultieren sowie die Relevanz von Kommunikation, Sprache, Interpretation, Medien[115] u. a. für die Hervorbringung und das (Er-) Leben der sozialen Welt, als soziale Praxis[116], zu der als Kulturprodukt und Kultursymbol umfassender Natur auch die Verfassung und das Recht schlechthin gehören. Das ist nunmehr auch ein gutes Stück weit weg von Smend – aber durch die kreative Anverwandlung seiner verfassungstheoretischen Überlegungen denkbar und erschließbar. Insofern ist es eine nicht zu gewagte Quintessenz, dass Smend für Häberle ein verfassungstheoretischer „Anreger“ im besten Sinne war und ist – und auch ein alternatives verfassungstheoretisches Denken, wie es von beiden praktiziert wurde/wird, schon allein deswegen seine Berechtigung hat, weil es „Reflexionsdefizite“[117] markieren kann und daran erinnert, dass die Verfassung dem Volk und seinen Bürgern „gehört“.

115 Für einen ebenso kreativen wie instruktiven Ansatz *Vismann* 2011.
116 Die Verfassung als soziale Praxis behandelt für die Bundesrepublik Deutschland *Volkmann* 2013.
117 *Morlok* 2007.

Literatur

Barber, Nick W., 2010: The Constitutional State. Oxford.

Blankenagel, Alexander / *Pernice*, Ingolf / *Schulze-Fielitz*, Helmuth (Hrsg.), 2004: Verfassung im Diskurs der Welt: Liber Amicorum für Peter Häberle zum siebzigsten Geburtstag, Tübingen.

Böckenförde, Ernst-Wolfgang, 1999: Anmerkungen zum Begriff Verfassungswandel, in: ders., Staat, Nation, Europa. Studien zur Staatslehre, Verfassungstheorie und Rechtsphilosophie, Frankfurt/M., S. 141-156.

Böckenförde, Ernst-Wolfgang, 1991: Die verfassunggebende Gewalt des Volkes – Ein Grenzbegriff des Verfassungsrechts, in: ders., Staat, Verfassung, Demokratie. Studien zur Verfassungstheorie und zum Verfassungsrecht, Frankfurt/M., S. 90-112.

Brodocz, André, 2009: Die Macht der Judikative. Wiesbaden.

Conely, John M. / *O'Barr*, William M., 1990: Rules versus Relationships. The Ethnography of Legal Discourse. Chicago & London.

Conely, John M. / *O'Barr*, William M., 2005: Just Words. Law, Language, and Power, 2nd ed., Chicago & London.

Depenheuer, Otto, 2010: Funktionen der Verfassung, in: Depenheuer, Otto/Grabenwarter, Christoph (Hrsg.), Verfassungstheorie, Tübingen, S. 537-568.

Depenheuer, Otto / *Grabenwarter*, Christoph (Hrsg.), 2010: Verfassungstheorie, Tübingen.

Dreier, Ralf / *Schwegmann*, Friedrich (Hrsg.), 1976: Probleme der Verfassungsinterpretation. Dokumentation einer Kontroverse, Baden-Baden.

Eisgruber, Christopher L., 2001: Constitutional Self-Government, Cambridge, Mass. & London.

Ewick, P. / *Silbey*, S. 1998: The Common Place of Law: Stories from Everyday Life. Chicago.

Fisher, Louis, 1988: Constitutional Dialogues: Interpretation as Political Process. Princeton, NJ.

Frankenberg, Günter, 1996: Die Verfassung der Republik, Baden-Baden.

Frankenberg, Günter, 2002: Zur Rolle der Verfassung im Prozess der Integration, in: Vorländer, Hans, Integration durch Verfassung, Wiesbaden, S. 43-69.

Friedrich, Manfred, 1987: Rudolf Smend, 1882-1975, in: AöR 112, S. 1-26.

Galligan, Denis J., 2007: Law in Modern Society, Oxford.

Goodin, Robert E. / *Tilly*, Charles (Hrsg.), 2011: The Oxford Handbook of Contextual Political Analysis, Oxford (Repr.).

Grimm, Dieter, 2001: Das Grundgesetz nach 50 Jahren, in: ders., Die Verfassung und die Politik. Einsprüche in Störfällen, München, S. 295-324.

Grimm, Dieter, 1991: Verfassungsfunktion und Grundgesetzreform (1972), in: ders., Die Zukunft der Verfassung, Frankfurt/M., S. 313-335.

Günther, Frieder, 2004: Denken vom Staat her. Die bundesdeutsche Staatsrechtslehre zwischen Dezision und Integration 1949-1970, München.

Häberle, Peter, 1962: Die Wesensgehaltsgarantie des Art. 19 Abs. 2 Grundgesetz. Zugleich ein Beitrag zum institutionellen Verständnis der Grundrechte und zur Lehre vom Gesetzesvorbehalt, Karlsruhe.

Häberle, Peter, 1975: Zum Tode von Rudolf Smend, in: NJW 28, S. 1874-1875.

Häberle, Peter, 1978: Verfassung als öffentlicher Prozeß. Materialien zu einer Verfassungstheorie der offenen Gesellschaft. Berlin.

Häberle, Peter, 1978a: Demokratische Verfassungstheorie im Lichte des Möglichkeitsdenkens, in: ders., Verfassung als öffentlicher Prozeß, S. 17-58.

Häberle, Peter, 1978b: Zeit und Verfassung, in: ders., Verfassung als öffentlicher Prozeß, S. 59-92.

Häberle, Peter, 1978c: Verfassungstheorie ohne Naturrecht, in: ders., Verfassung als öffentlicher Prozeß, S. 93-120.

Häberle, Peter, 1978d: Verfassungsinterpretation als öffentlicher Prozeß – ein Pluralismuskonzept, in: ders., Verfassung als öffentlicher Prozeß, S. 121-152.

Häberle, Peter, 1978e: Die offene Gesellschaft der Verfassungsinterpreten. Ein Beitrag zur pluralistischen und ‚prozessualen' Verfassungsinterpretation, in: ders., Verfassung als öffentlicher Prozeß, S. 156-181.

Häberle, Peter, 1978f: Verfassungsinterpretation und Verfassunggebung, in: ders., Verfassung als öffentlicher Prozeß, S. 182-224.

Häberle, Peter, 1981: Klassikertexte im Verfassungsleben, Berlin & New York.

Häberle, Peter, 1982: Rezensierte Verfassungsrechtswissenschaft, Berlin.

Häberle, Peter, 1987: Die verfassunggebende Gewalt des Volkes im Verfassungsstaat – eine vergleichende Textstufenanalyse, in: AöR 112, S. 54 ff.

Häberle, Peter, 1994: Europäische Rechtskultur. Versuch einer Annäherung in zwölf Schritten. Baden-Baden.

Häberle, Peter, 2009: Europäische Verfassungslehre, 6., aktualisierte und erweiterte Aufl., Baden-Baden.

Häberle, Peter, 2004: Europäische Verfassungslehre, 2. Aufl., Baden-Baden.

Halliday, Simon / *Schmidt*, Patrick, (Hrsg.), 2009: Conducting Law and Society Research. Reflections on Methods and Practice, Cambridge u. a.

Haltern, Ulrich, Integration als Mythos. Zur Überforderung des Bundesverfassungsgerichts, in: JöR N.F. 45 (1997), S. 31-88.

Hay, Colin, 2006: Constructivist Institutionalism, in: Rhodes, R. A. W. / Binder, Sarah A. / Rockman, Bert A. (Hrsg.), The Oxford Handbook of Political Institutions, Oxford, S. 56-74.

Heller, Hermann, 1961: Staatslehre, hrsg. von Gerhart Niemeyer, 2., unveränderte Aufl., Leiden.

Hennis, Wilhelm, 2000: Verfassung und Verfassungswirklichkeit, abgedr. in: ders., Regieren im modernen Staat, Tübingen, S. 183-213.

Herdegen, Matthias, 2010: Grenzen der Verfassungsgebung, in: Depenheuer, Otto / Grabenwarter, Christoph (Hrsg.), Verfassungstheorie, Tübingen, S. 349-371.

Hesse, Konrad, 1999: Grundzüge des Verfassungsrechts der Bundesrepublik Deutschland, Neudr. der 20. Aufl., Heidelberg.

Hillgruber, Christian, 2010: Verfassungsinterpretation, in: Depenheuer, Otto / Grabenwarter, Christoph (Hrsg.), Verfassungstheorie, Tübingen, S. 505-534.

Hochschild, Jennifer L., 2006: How Ideas affect Actions, in: Goodin, Robert E. / Tilly, Charles (Hrsg.), Oxford Handbook of Contextual Political Analysis, Oxford, S. 284-296.

Hofmann, Hasso, 2009: Recht und Kultur. Drei Reden (Wissenschaftliche Abhandlungen und Reden zur Philosophie, Politik und Geistesgeschichte, Bd. 55), Berlin.

Hofmann, Hasso, 2009a: „In Europa kann's keine Salomos geben“ – Zur Geschichte des Begriffspaars Recht und Kultur, in: ders., Recht und Kultur. Drei Reden (Wissenschaftliche Abhandlungen und Reden zur Philosophie, Politik und Geistesgeschichte, Bd. 55), Berlin, S. 32-64.

Isensee, Josef, 2010: Die Staatlichkeit der Verfassung, in: Depenheuer, Otto/Grabenwarter, Christoph (Hrsg.), Verfassungstheorie, Tübingen, S. 199-270.

Isensee, Josef, 1995: Die Normativität der Verfassung und der politische Prozess, in: Verfassungen als Fundament und Instrument der Politik, Kimmel, Adolf (Hrsg.), Baden-Baden, S. 25-44.

Isensee, Josef, 1987: Staat und Verfassung, in: HStR I, Isensee, Josef / Kirchhof, Paul (Hrsg.), Heidelberg, S. 591-661.

Jestaedt, Matthias, 2009: Die Verfassung hinter der Verfassung. Eine Standortbestimmung der Verfassungstheorie, Paderborn u.a.

Jestaedt, Matthias, 2010: Verfassungstheorie als Disziplin, in: Depenheuer, Otto / Grabenwarter, Christoph (Hrsg.),: Verfassungstheorie, Tübingen, S. 4-56.

Kaiser, André, 2006: Die politische Theorie des Neo-Institutionalismus: March, James G. / Olsen, Johan P., in: Brodocz, André / Schaal, Gary S., Politische Theorien der Gegenwart II. Eine Einführung, 2., erweiterte und aktualisierte Aufl., Opladen & Farmington Hills, S. 313-342.

Kempen, Bernhard, 2010: Verfassung und Politik, in: Depenheuer, Otto / Grabenwarter, Christoph (Hrsg.), Verfassungstheorie, Tübingen, S. 929-951.

Kirchhof, Paul, 2010: Begriff und Kultur der Verfassung, in: Depenheuer, Otto / Grabenwarter, Christoph (Hrsg.), Verfassungstheorie, Tübingen, S. 69-117.

Kramer, Larry D., 2004: The People Themselves. Popular Constitutionalism and Judicial Review, Oxford.

Lhotta, Roland (Hrsg.), 2005: Die Integration des modernen Staates. Zur Aktualität der Integrationslehre von Rudolf Smend, Baden-Baden.

Lhotta, Roland, 2005a: Rudolfs Smends Integrationslehre und die institutionelle Rückgewinnung des Politischen im modernen Staat des permanenten Übergangs, in: ders. (Hrsg.), Die Integration des modernen Staates. Zur Aktualität der Integrationslehre von Rudolf Smend, Baden-Baden, S. 37-68.

Lhotta, Roland, 2005b: Ethischer Institutionalismus und sittliche Pflicht zur Integration: Der Schatten Hegels in der Integrationslehre, in: ders. (Hrsg.), Die Integration des modernen Staates. Zur Aktualität der Integrationslehre von Rudolf Smend, Baden-Baden, S. 91-112.

Lhotta, Roland, 1998: Verfassungsreform und Verfassungstheorie. Ein Diskurs unter Abwesenden?, in: Zeitschrift für Parlamentsfragen 29, S. 159-179.

Lhotta, Roland, 2000: Rudolf Smend und die Weimarer Demokratiediskussion. Integration als Philosophie des „Als-ob“, in: Gusy, Christoph (Hrsg.), Demokratisches Denken in der Weimarer Republik, Baden-Baden, S. 286-325.

Lhotta, Roland, 2010: Die Federalist Papers und die moderne Politikwissenschaft: Der republikanische Institutionalismus von Hamilton, Madison und Jay, in: Ders. (Hrsg.), Die hybride Republik. Die Federalist Papers und die politische Moderne, Baden-Baden, S. 99-123.

Lhotta, Roland, 2012: Die konstitutive Wirkung des Rechts und seiner Sprache: Judizielle Governance als diskursiver Wettbewerb um Deutungshoheit, in: Carsten Bäcker / Matthias Klatt / Sabrina Zucca-Soest (Hrsg.), Sprache - Recht - Gesellschaft, Tübingen, S. 45-58.

Lhotta, Roland, 2014: Anomisches Recht und Integrationsräson: Pathologien der Integration durch Recht, in: Franzius, Claudio / Mayer, Franz C. / Neyer, Jürgen (Hrsg.), Grenzen der europäischen Integration, Baden-Baden, S. 93-115.

Lhotta, Roland, 2016: Neoinstitutionalismus und Demokratie, in: Lembcke, Oliver W. / Ritzi, Claudia/Schaal, Gary S. (Hrsg.), Zeitgenössische Demokratietheorie, Bd. 2: Empirische Demokratietheorien, Wiesbaden, S. 127-150.

Lhotta, Roland / *Ketelhut,* Jörn, 2006: Der EuGH als judizieller Manager von Ordnungs- und Leitideen: Eine neo-institutionalistische Analyse am Beispiel der „dominant ideology of motherhood“, in: Becker, Michael / Zimmerling, Ruth (Hrsg.), Politik und Recht (PVS-Sonderheft 36), Wiesbaden, S. 397-415.

Lhotta, Roland / *Ketelhut,* Jörn, 2009: Integrationsverantwortung und parlamentarische Demokratie: Das Bundesverfassungsgericht als Agent des „verfassten politischen Primärraums“?, in: Zeitschrift für Parlamentsfragen 40, S. 864-888.

Llanque, Markus, 2006: Die politische Theorie der Integration: Smend, Rudolf, in: Brodocz, André / Schaal, Gary S., Politische Theorien der Gegenwart I, 2., erweiterte und aktualisierte Aufl., Opladen & Farmington Hills, S. 313-340.

March, James G. / *Olsen,* Johan P., 1989: Rediscovering Institutions. The Organizational Basis of Politics, New York & London.

March, James G. / *Olsen,* Johan P., 1994: Institutional Perspectives on Governance, in: Derlien, Hans-Ulrich / Gerhardt, Uta / Scharpf, Fritz W. (Hrsg.), Systemrationalität und Partialinteresse. FS für Renate Mayntz. Baden-Baden, S. 249-270.

March, James G. / *Olsen,* Johan P., 1995: Democratic Governance, New York u. a.

March, James G. / *Olsen,* Johan P., 2006a: Elaborating the "New Institutionalism", in: Rhodes, Rod. A. W. / Binder, Sarah A. / Rockman, Bert A. (Hrsg.), The Oxford Handbook of Political Institutions, Oxford, S. 3-20.

March, James G. / *Olsen,* Johan P., 2006b: The Logic Of Appropriateness, in: Moran, Michael / Rein, Martin / Goodin, Robert E. (Hrsg.), The Oxford Handbook of Public Policy, Oxford, S. 689-708.

Maus, Ingeborg, 2005: Demokratie und Justiz in nationalstaatlicher und europäischer Perspektive, in: Blätter für deutsche und internationale Politik, S. 965-979.

Michelman, Frank, 1988: Law's Republic, in: Yale LJ 97, S. 1493-1537.

Möllers, Christoph, 2000: Staat als Argument. München.

Möllers, Christoph, 2008: Der vermisste Leviathan. Staatstheorie in der Bundesrepublik Deutschland, Frankfurt/M.

Morlok, Martin, 1988: Was heißt und zu welchem Ende studiert man Verfassungstheorie, Berlin.

Morlok, Martin, 2007: Reflexionsdefizite in der deutschen Staatsrechtslehre, in: Schulze-Fielitz, Helmuth (Hrsg.), 2007: Staatsrechtslehre als Wissenschaft (Die Verwaltung, Beiheft 7), Berlin, S. 49-77.

Morlok, Martin / *Schindler,* Alexandra, 2005: Smend als Klassiker: Rudolf Smends Beitrag zu einer modernen Verfassungstheorie, in: Lhotta, Roland (Hrsg.), Die Integration des modernen Staates. Zur Aktualität der Integrationslehre von Rudolf Smend, Baden-Baden, S. 13-35.

Peters, B. Guy, 2005: Institutional Theory in Political Science. The 'New Institutionalism', 2nd ed., London & New York.

Pettit, Philip, 1999: Republicanism. A Theory of Freedom and Government, Oxford, (paperback).

Rueschemeyer, Dietrich, 2006: Why and how Ideas matter, in: by Goodin, Robert E./Tilly, Charles, Oxford Handbook of Contextual Political Analysis, Oxford, S. 227-251.

Sarat, Austin / *Kearns,* T. (Hrsg.),1993: Law in Everyday Life, Ann Arbor.

Schliesky, Utz, 2001: Der Beitrag des Subsidiaritätsprinzips gemäß Art. 5 II EGV zur Legitimation supranationaler Herrschaftsgewalt, in: Schliesky, Utz / Schünemann, Martin, Rechtsprobleme der Verzahnung von Herrschaftsgewalt in Mehrebenensystemen, Köln, S. 23-66.

Schliesky, Utz, 2004: Souveränität und Legitimität von Herrschaftsgewalt, Tübingen.

Schnädelbach, Herbert, 1999: Hegel zur Einführung. Hamburg.

Schulze-Fielitz, Helmuth (Hrsg.), 2007: Staatsrechtslehre als Wissenschaft (Die Verwaltung, Beiheft 7), Berlin.

Shane, Peter M., Analyzing Constitutions, in: Rhodes, Rod A. W./Binder, Sarah A./Rockman, Bert A., The Oxford Handbook of Political Institutions, Oxford, 2006, 191-216.

Smend, Rudolf, Staatsrechtliche Abhandlungen und andere Aufsätze, 3., wiederum erw. Aufl., Berlin 1994

Smend, Rudolf, [1910] 1994: Zur Geschichte der Formel „Kaiser und Reich" in den letzten Jahrhunderten des alten Reiches, in: ders., Staatsrechtliche Abhandlungen und andere Aufsätze, S. 9-18.

Smend, Rudolf, [1912] 1994: Maßstäbe des parlamentarischen Wahlrechts in der deutschen Staatstheorie des 19. Jahrhunderts, in: ders., Staatsrechtliche Abhandlungen und andere Aufsätze, S. 19-38.

Smend, Rudolf, [1916] 1994: Ungeschriebenes Verfassungsrecht im monarchischen Bundesstaat, in: ders., Staatsrechtliche Abhandlungen und andere Aufsätze, S. 39-59.

Smend, Rudolf, [1919] 1994: Die Verschiebung der konstitutionellen Ordnung durch die Verhältniswahl, in: ders., Staatsrechtliche Abhandlungen und andere Aufsätze, S. 60-67.

Smend, Rudolf, [1923] 1994: Die politische Gewalt im Verfassungsstaat und das Problem der Staatsform, in: ders., Staatsrechtliche Abhandlungen und andere Aufsätze, S. 68-88.

Smend, Rudolf, [1928a] 1994: Das Recht der freien Meinungsäußerung, in: ders., Staatsrechtliche Abhandlungen und andere Aufsätze, S. 89-118.

Smend, Rudolf, [1928b] 1994: Verfassung und Verfassungsrecht, in: ders., Staatsrechtliche Abhandlungen und andere Aufsätze, S. 119-276.

Smend, Rudolf, [1932] 1994: Protestantismus und Demokratie, in: ders., Staatsrechtliche Abhandlungen und andere Aufsätze, S. 297-308.

Smend, Rudolf, [1933] 1994: Bürger und Bourgeois im deutschen Staatsrecht, in: ders., Staatsrechtliche Abhandlungen und andere Aufsätze, S. 309-325.

Smend, Rudolf, [1939] 1994: Der Einfluß der deutschen Staats- und Verwaltungsrechtslehre des 19. Jahrhunderts auf das Leben in Verfassung und Verwaltung, in: ders., Staatsrechtliche Abhandlungen und andere Aufsätze, S. 326-346.

Smend, Rudolf, [1943] 1994: Politisches Erlebnis und Staatsdenken seit dem 18. Jahrhundert, in: ders., Staatsrechtliche Abhandlungen und andere Aufsätze, S. 346-362.

Smend, Rudolf, [1945] 1994: Staat und Politik, in: ders., Staatsrechtliche Abhandlungen und andere Aufsätze, S. 363-379.

Smend, Rudolf, [1946] 1994: Das Problem der Presse in der heutigen geistigen Lage, in: ders., Staatsrechtliche Abhandlungen und andere Aufsätze, S. 380-390.

Smend, Rudolf, [1951] 1994: Staat und Kirche nach dem Bonner Grundgesetz, in: ders., Staatsrechtliche Abhandlungen und andere Aufsätze, S. 411-422.

Smend, Rudolf, [1955] 1994: Zum Problem des Öffentlichen und der Öffentlichkeit, in: ders., Staatsrechtliche Abhandlungen und andere Aufsätze, S. 462-474.

Smend, Rudolf, [1956a] 1994: Integrationslehre, in: ders., Staatsrechtliche Abhandlungen und andere Aufsätze, S. 475-481.

Smend, Rudolf, [1956b] 1994: Das Problem der Institutionen und der Staat, in: ders., Staatsrechtliche Abhandlungen und andere Aufsätze, S. 500-516.

Smend, Rudolf, [1959] 1994: Staat, in: ders., Staatsrechtliche Abhandlungen und andere Aufsätze, S. 517-526.

Smend, Rudolf, [1962] 1994: Das Bundesverfassungsgericht, in: ders., Staatsrechtliche Abhandlungen und andere Aufsätze, S. 581-593.

Smend, Rudolf, [1966] 1994: Integration, in: ders., Staatsrechtliche Abhandlungen und andere Aufsätze, S. 482-486.

Smend, Rudolf, [1969] 1994: Deutsche Staatsrechtswissenschaft vor hundert Jahren – und heute, in: ders., Staatsrechtliche Abhandlungen und andere Aufsätze, S. 609-619.

Smend, Rudolf, [1973] 1994: Die Vereinigung der Deutschen Staatsrechtslehrer und der Richtungsstreit, in: ders., Staatsrechtliche Abhandlungen und andere Aufsätze, S. 620-615.

Stolleis, Michael, 1996: Staatsrechtslehre und Politik (Heidelberger Universitätsreden 12), Heidelberg.

Tamanaha, Brian Z., 2006: A General Jurisprudence of Law and Society, Oxford (Repr.).

Tiersma, Peter M. / *Solan*, Lawrence M. (Hrsg.), 2012: The Oxford Handbook of Language and Law, Oxford.

Unruh, Peter, 2002: Der Verfassungsbegriff des Grundgesetzes, Eine verfassungstheoretische Rekonstruktion, Tübingen.

van Ooyen, Robert Chr., 2013: Integration. Die anti-demokratische Staatstheorie von Rudolf Smend im politischen System der Bundesrepublik Deutschland, Wiesbaden.

Vismann, Cornelia, 2011: Medien der Rechtsprechung (hrsg. von Alexandra Kemmerer und Markus Krajewski), Frankfurt/M.

Vitzthum, Wolfgang Graf, 2010: Form, Sprache und Stil der Verfassung, in: Depenheuer, Otto / Grabenwarter, Christoph (Hrsg.), Verfassungstheorie, Tübingen, S. 373-389.

Volkmann, Uwe, 2013: Grundzüge einer Verfassungslehre der Bundesrepublik Deutschland. Tübingen.

Vorländer, Hans, 2002: Integration durch Verfassung. Die symbolische Bedeutung der Verfassung im politischen Integrationsprozess, in: ders. (Hrsg.), Integration durch Verfassung, Wiesbaden, S. 9-40.

Vorländer, Hans, 1999: Die Verfassung. Idee und Geschichte, München.

Vorländer, Hans, Verfassung und Konsens. Der Streit um die Verfassung in der Grundlagen- und Grundgesetzdiskussion der Bundesrepublik Deutschland. Untersuchungen zur Konsensfunktion und Konsenschance der Verfassung in der pluralistischen und sozialstaatlichen Demokratie, Berlin, 1981.

Zemans, F. K., 1983: Legal Mobilization: The neglected Role of the Law in the Political System, in: American Political Science Review 77, S. 690-703.

II.

Theorie der Verfassungsgerichtsbarkeit und der Grundrechte

Tamara Ehs

Horizontgericht
Das Politische in der Verfassungsgerichtsbarkeit*

1 Einleitung

1.1 Häberles Wiederentdeckung

Peter Häberle nahm in den 1970er-Jahren mit seinen Texten zur Verfassungsgerichtsbarkeit eine bereits 50 Jahre zuvor (vor allem von Hans Kelsen, Carl Schmitt und Heinrich Triepel) heftig geführte Debatte auf und aktualisierte sie: die Frage nach dem Verhältnis von Politik und Recht(sprechung). Laut Häberle treffen die Alternative und der Dualismus Recht oder Politik nicht zu, denn „[d]as Dogma von der unpolitischen Verfassungsgerichtsbarkeit enthält ebenso eine Selbsttäuschung wie die Rede vom unpolitischen (Verfassungs-)Recht. Es geht vielmehr um die Frage, welche Politik der Verfassungsinterpretation ‚aus' der Verfassung von den Verfassungsrichtern entwickelt wird: Politik durch Verfassungsinterpretation der Verfassungsgerichtsbarkeit."[1] Für Häberle ist auch die Rechtsprechung nur ein Teilverfahren des politischen Prozesses – und hat damit aber eine immanent politische Funktion. Das Bundesverfassungsgericht (BVerfG) als „gesellschaftliches Gericht"[2] zu verstehen, das im Staat arbeitsteilig agiert und seine politische Aufgabe mit Parlament, Regierung und den Bürgerinnen und Bürgern teilt, ist wesentliches Verdienst Häberles.

Dass ihm hierfür nicht selten der Vorwurf gemacht wurde, eine „zu sozialwissenschaftliche" Rechtswissenschaft zu betreiben, bestätigt zumindest Häberles Intention: sich auf die Rechts- als Gesellschaftswissenschaft einzulassen, Recht(swissenschaft) stets auch im sozialen und schließlich historischen Kontext zu lesen; und dies nicht bloß, um zu wissen, wie Recht damals war, sondern um nachzuspüren, wie heute in Geltung stehendes Recht geworden ist. Denn nur die Auseinandersetzung mit dem Kontext politischer Entstehungsgeschichte jeglicher Rechtwerdung – und hierzu zählt eben gerade auch die Verfassungsrechtsprechung – schärft das „Möglichkeitsdenken"[3] für Rechtswe-

---

* Der Beitrag beinhaltet Forschungsergebnisse, die aus Projekten hervorgegangen sind, die vom Zukunftsfonds der Republik Österreich (P13-1462) sowie vom ÖNB-Jubiläumsfonds (P 16324) gefördert wurden.

1 *Häberle* 1976: 4.

2 Vgl. *Häberle* 1997.

3 Vgl. *Häberle* 1977.

ge, die (noch) nicht beschritten wurden, aber auch gangbar gewesen wären oder in Zukunft sein könnten.

Mit diesem Zugang zum Recht nahm Peter Häberle die „ältere Tradition von ‚Kulturwissenschaften'", ja die „kulturwissenschaftliche ‚Spur' der Weimarer Tradition" auf.[4] Diese Spur ist kritisch-dialektisch, herrschaftssoziologisch und nicht allein empirisch-analytisch ausgerichtet und führte Häberle unter anderem zur Ansicht, dass Rechtschöpfung und Rechtanwendung kein Gegensatzpaar darstellen, sondern einander bedingen. Denn auch Richterinnen und Richter artikulieren Wertvorstellungen, erläutern die in der Rechtsordnung im- und explizit eingeschriebenen Werte einer Gesellschaft und entwickeln sie weiter. Gerade mit Blick auf das BVerfG beachtet Häberle die strukturellen Bedingungen höchstrichterlicher Urteilsfindung und begreift Rechtsprechung nicht mit der irreführenden Terminologie der Rechts*findung*, womit bloß die rechtspolitische Funktion der Rechts*fortbildung* verschleiert werde, sondern als erklärungsbedürftiges Ergebnis einer politisch und sozial bedingten Recht*werdung* und -*entwicklung*.

1.2 Wiederentdeckung Häberles

Peter Häberles eingangs zitierte *Grundprobleme der Verfassungsgerichtsbarkeit* aus dem Jahre 1976 markieren heute wieder einen Anknüpfungspunkt – nicht nur für sozialwissenschaftlich denkende Juristinnen und Juristen, sondern gerade auch für rechtswissenschaftlich denkende Politikwissenschaftlerinnen und Politikwissenschaftler. So ist es auch kein Zufall, dass die Anfrage, einen Beitrag „über das Politische in der Verfassungsgerichtsbarkeit Peter Häberles" zu schreiben, an eine Politologin erging. Ich teile nämlich mit Häberle die Überzeugung, dass es kein unpolitisches Recht gibt: „Negativ kann man vielleicht sagen, die Behauptung der Existenz eines unpolitischen Rechts sei ebenso politisch wie falsch. Andererseits muß ‚Politisierung des Rechts' Grenzen und Kontrollen haben."[5] Insbesonders die Verfassungsrechtsprechung werte ich im Vergleich mit anderen Stufen der Rechtsprechung als besonders politisches Moment und Verfassungsgerichte somit als politische Akteure.[6] Sie spielen sowohl in der von Häberle angesprochenen Politisierung des Rechts als auch in ihrem Vexierbild, der Juridifizierung der Politik, eine tragende Rolle, sind als Grenzgerichte sowohl kontrollierende Akteure als auch passiv Betroffene einer *Grenzziehung* zwischen Politik und Recht, die doch stets neu verhandelt werden muss und letztlich fließend bleibt.

4 *Häberle* 1998: 1.

5 *Häberle* 1972. Zum juristischen Diskurs der Selbstbeschreibung als „unpolitisch" siehe *Schmidt* 2005.

6 Siehe hierzu meine jüngsten Beiträge: *Ehs* 2015 und *Ehs* / *Neisser* 2015.

Worauf Peter Häberle schon vor 40 Jahren aufmerksam gemacht hat, wird heute wieder und neu entdeckt. Denn angesichts neuartiger Konstitutionalisierungsprozesse und bislang im modernen Staat ungebräuchlicher Governanceformen im Rahmen der Mitgliedschaft in der Europäischen Union und internationaler Institutionen steigt seit geraumer Zeit die Bedeutung von nationalen Höchstgerichten und supra- respektive international rechtsprechenden Organen. Für den Verfassungspolitologen Ran Hirschl sind diese Einrichtungen nicht mehr nur wichtige, sondern mittlerweile entscheidungsrelevante „policy-making bodies", die derart in eigentlich demokratisch zu entscheidende Prozesse eingreifen, dass er bereits von einer „Juristokratie" spricht und warnt: „[T]he global trend toward juristocracy is part of a broader process, whereby political and economic elites, while they profess support for democracy, attempt to insulate policymaking from the vicissitudes of democratic politics."[7]

Sowohl von den Medien als auch von der Wissenschaft werden nationale Verfassungsgerichte ebenso wie auch der Europäische Gerichtshof (EuGH) als Mit- oder gar Gegenspieler „der Politik" wahrgenommen. Denn diese Gerichte treffen immer öfter anstelle der Parlamente Wertungs- und Richtungsentscheidungen für die politisch verfasste Gesellschaft. Sie greifen mit ihren Erkenntnissen in das System von Machtbeziehungen ein, dem sie wiederum selbst verhaftet und verantwortlich sind. Durch die ihnen übertragenen und von ihnen in Anspruch genommenen Gestaltungsbefugnisse sind sie auch politische Organe.

Hinsichtlich der Politik von Verfassungsgerichten gibt es weltweit ein breites Spektrum der Intensität und Absicht solcher Eingriffe, wie allein eine kleine internationale Rundschau zeigt: In der Türkei definierte das Verfassungsgericht im Jahr 2007 aus politischem Anlass die Verfahrensregeln zur Wahl des Staatsoberhauptes neu und damit indirekt auch seine eigenen Entscheidungsbefugnisse im Zusammenspiel mit dem Parlament[8]; in Pakistan hatte der Oberste Gerichtshof in den vergangenen Jahren eigenständig ein rechtstaatliches Vakuum gefüllt und die dritte Gewalt gestärkt, 2012 mit der Aushöhlung der parlamentarischen Autorität aber einen „richterlichen Staatsstreich" verübt, als es den demokratisch gewählten Premierminister Yousaf Raza Gilani seines Amtes enthob[9]; in Italien hat der Verfassungsgerichtshof mit dem Wahlrechtsurteil vom Jänner 2014 willentlich die Politik ersetzt, indem er den Mehrheitsbonus und die geschlossenen Listen für rechtswidrig erklärte – und dies unter faktischer Zulassung einer rechtlich nicht vorgesehenen Verfassungsbeschwerde.[10] All diese drei exemplarisch erwähnten

7 *Hirschl* 2004: 73.
8 Vgl. *Platter / Çalışkan* 2008.
9 Vgl. *Jaffrelot* 2013.
10 Vgl. *Palermo* 2014.

Urteile sind rechtlich umstritten, aus Sicht der Gerichte jedoch im Interesse des Volkes ergangen, also auch politisch argumentiert.

Peter Häberles wissenschaftlicher Ansatz bietet für die Analyse jener Vorgänge praktikable Werkzeuge, die aus seiner Befassung mit dem BVerfG hervorgegangen sind. Das BVerfG hat eine beachtliche Selbstemanzipation vollbracht, die bereits kurz nach seiner Institutionalisierung im Jahre 1951 begonnen hatte. Entgegen der Absicht des Gesetzgebers, der das neue Gericht unter der Zuständigkeit des Justizministeriums etablieren wollte, erklärt das BVerfG in seiner *Status-Denkschrift* vom 27. Juni 1952: „Die Verfassungsgerichtsbarkeit unterscheidet sich von jeder anderen Gerichtsbarkeit grundsätzlich dadurch, dass sie allein es mit einer besonderen Art von Rechtsstreitigkeiten, nämlichen den ‚politischen Rechtsstreitigkeiten' zu tun hat" und zog daraus die Konsequenz: „Das Bundesverfassungsgericht ist in seiner Eigenschaft als berufener Hüter der Verfassung zugleich ein mit höchster Autorität ausgestattetes Verfassungsorgan. Als solches steht es verfassungsrechtlich dem Bundestag, dem Bundesrat und der Bundesregierung ebenbürtig zur Seite."[11] Das BVerfG entscheidet also nach eigener Aussage „politische Rechtsstreitigkeiten". Es füllt nicht nur selbstbewusst seine Rolle als institutionalisierter Disziplinar aus, sondern es macht ebenso selbstbewusst Politik, weswegen manch eine/r von der „Karlsruher Republik" spricht[12], und gilt mittlerweile als „dritte Kammer" oder „Herzkammer der Republik"[13]; kritischere Beobachter wie Christian Rath sprechen eher von einem „Schiedsrichterstaat" und „juristischer Nebenregierung" und meinen, das BVerfG befriedige und kanalisiere „das Bedürfnis nach dem guten, strengen Fürst."[14] All jener Kritik unterliegt der Vorwurf des überspannten Verfassungsbogens, einer Justitia, deren Waage demokratisch unzureichend zwischen parlamentarischem Gesetzgeber und BVerfG austariere.

Wenn wir mit Peter Häberle die historischen Entstehungsbedingungen des BVerfG betrachten, so steht an dessen Beginn der dezidiert antitotalitäre Konsens der Nachkriegszeit, der sich für bewusst „eingeschränkte" oder „selbstdisziplinierte" Demokratien aussprach. Oliver W. Lembcke meint diesbezüglich: „Die Politik hat die Institution der Verfassungsgerichtsbarkeit geschaffen, weil sie der rechtsetzenden Macht auch in Form demokratischer Mehrheiten prinzipiell mißtraut."[15] Christian Boulanger schwächt diesen Befund allerdings ab; ihm zufolge erweisen sich Verfassungsgerichte gerade in politischen und gesellschaftlichen Umbruchsituationen als ein wichtiges Element zur Stabili-

11 *Leibholz* 1953.
12 *Schaal / Friedel / Endler* 2000.
13 *Stolleis* (Hrsg.) 2011.
14 *Rath* 2013.
15 *Lembcke* 2009: 116.

sierung des neuen demokratischen Verfassungssystems.[16] Das traf auf Deutschland nach 1945 gewiss zu, wie auch Sascha Kneip bestätigt.[17] Doch heute verfügt die Bundesrepublik wohl über ein hinreichend stabiles demokratisches Verfassungssystem, das eigentlich ein zurückhaltenderes BVerfG erwarten lassen würde. Umso mehr ist die politische Funktion, die Verfassungsgerichtsbarkeit unter heutigen Bedingungen erfüllt, mit Peter Häberles kontextuellem Zugang unter demokratischer Beobachtung zu halten.

2 Grenzen, Horizonte

2.1 Macht

Verfassungsgerichtsbarkeit ist ein Teilverfahren des politischen Prozesses. Politik stellt sich soziologisch gesehen als Kampf um Macht dar. Schon nach Ferdinand Lassalle sind „Verfassungsfragen […] ursprünglich nicht Rechtsfragen sondern Machtfragen."[18] Macht wiederum ist ein Fundamentalbegriff in der Gesellschaft und somit in den Gesellschaftswissenschaften. Macht bedeutet Einfluss und gemäß Max Weber, an den Peter Häberle methodisch anknüpft, die Chance, „innerhalb einer sozialen Beziehung den eigenen Willen auch gegen Widerstreben durchzusetzen, gleichviel worauf diese Chance beruht."[19] Hinzu kommt laut Luhmann als Machtinstrument des Rechts die Möglichkeit, negative Sanktionen in Aussicht zu stellen.[20] Versteht man demnach Macht so wie Weber oder Luhmann funktional als die Fähigkeit, das Leben anderer Menschen zu beeinflussen, gar zu gestalten, dann ist das BVerfG sehr wohl eine mächtige Institution, die es als politischen Player unter sozialwissenschaftlichen Gesichtspunkten zu erforschen gilt. Denn das BVerfG ist nicht nur passiv Teil des politischen Prozesses, sondern auch aktiv. Da sein Gegenstand die Verfassung des politischen Gemeinwesens ist, wird es ebenso von den Machtbeziehungen beeinflusst, die es auch selbst steuert. Unter dem Machtaspekt, auf den der „Jurist im Kontext"[21] stets hingewiesen hat, setzte in den vergangenen Jahren eine rege politologische Auseinandersetzung mit dem BVerfG ein, die beständig auf die Rechtswissenschaft rückwirkte.[22]

Die Politikwissenschaft verortet die Machtmomenta des BVerfG entlang der Dimensionen ihres Politikbegriffes: Erstens beziehen sich BVerfG-Erkenntnisse auf die poli-

16 Vgl. *Boulanger* 2002. Auch *Grimm* (2001: 108) sieht Verfassungsgerichte generell als „Stabilisatoren" des politischen Systems.
17 Vgl. *Kneip* 2013.
18 *Lassalle* 1919: 60.
19 *Weber* 1922: § 16.
20 Vgl. *Luhmann* 2002: 38 ff.
21 *Voßkuhle / Wischmeyer* 2015.
22 Siehe zum Beispiel *van Ooyen / Möllers* 2006; und jüngst *van Ooyen* 2015.

teia; sie haben breite Entscheidungswirkung, gehen also in starkem Maße über die Einzelfallentscheidung hinaus. Weiters verfolgen Bundesverfassungsrichter/innen mit ihren Entscheidungen im Rahmen der ihnen zustehenden Interpretationsspielräume *policies*. Diese orientieren sich zwar an Normen und rechtlichen Diskursen, haben aber eine wertorientierte und politische Zielrichtung, wodurch sie politische Inhalte definieren, befördern oder begrenzen.[23] Darüber hinaus ist das BVerfG als Akteur im politischen System (*polity*) in Beziehung zu Parlament und Regierung zu verorten, etwa wenn es seine Prüfungsmaßstäbe einschränkt (judicial self-restraint), erweitert (judicial activism) oder gar seine Rolle neu definiert. Darüber hinaus greift es dadurch in politische Prozesse (*politics*) ein, weil es Aufgaben abweist oder annimmt. Es ist als Mitinterpret der Verfassung zu deren Konkretisierung aufgerufen und schöpf dadurch aus der Verfassung politische Inhalte.

Peter Häberle hat sich vor allem mit dieser letzten Funktion beschäftigt und nennt sie „Politik durch Verfassungsinterpretation der Verfassungsgerichtsbarkeit".[24] Sein Erkenntnisinteresse am BVerfG ist daher gar nicht, *ob* das BVerfG auch Politik betreibt, sondern *wie* es im funktionellen Zusammenspiel der Staatsfunktionen politisch agiert. Dem BVerfG kommt nämlich sowohl in der Verfassungsinterpretation als auch beim Schutz der Verfassung vielleicht eine gewisse Führungsstellung, doch keineswegs das Monopol zu. Vielmehr teilt es diese Staatsfunktionen mit Bundestag und Bundesregierung, mit den Rechtspfleger/innen, sogar mit jedem Normunterworfenen.

2.2 Demokratie

Hans Kelsen, den Peter Häberle mit Blick auf die Weimarer Tradition rezipiert, äußerte sich 1920 in der ersten Auflage von *Vom Wesen und Wert der Demokratie* aus demokratietheoretischen Gründen zur Gewaltentrennung grundsätzlich ablehnend: „Nur theoretische Kurzsichtigkeit oder politische Absicht konnte das Prinzip der Trennung der Gewalten als ein demokratisches ausgeben". In Wirklichkeit handle es sich um ein „die völlige Demokratisierung des Staates hemmende[s] Prinzip."[25] Insbesonders sprach er sich dagegen aus, die drei Gewalten als wesensverschiedene Institutionen anzusehen, und befand die Unterscheidung zwischen Gerichtsbarkeit und Verwaltung ohnedies für „mehr als fragwürdig." Im Laufe seiner eigenen richterlichen Tätigkeit verdeutlichte sich Kelsens theoretische Annahme, dass sich die Frage, wem im demokratischen Rechtstaat das letzte Wort hinsichtlich der Verfassungsinterpretation zukäme, dem Bundes(verfassungs)gesetzgeber oder dem Verfassungsgericht, nicht stellte. Denn Kelsen

23 Vgl. *Wrase / Boulanger* 2013: 12 f.
24 *Häberle* 1975: 299.
25 *Kelsen* 1920: 19 f.

beging nicht jene „theoretische Kurzsichtigkeit oder politische Absicht“, die Verfassungsgerichtsbarkeit auf den Bereich des Rechts zu beschränken und vom Politischen abzugrenzen, sondern integrierte politisch-institutionelle Erwägungen in seine rechtswissenschaftlichen Konzepte.

Aus dieser Sicht ist es schließlich auch „völlig belanglos“, ob Verfassungsgerichtsbarkeit „echte ‚Justiz' sei.“[26] Denn „(z)wischen dem politischen Charakter der Gesetzgebung und dem der Justiz besteht nur eine quantitative, keine qualitative Differenz.“[27] Das BVerfG ist demzufolge wie jede staatliche Einrichtung eine politische Einrichtung, dessen Tätigkeit sich nur im Rahmen der Arbeitsteilung von den anderen unterscheidet. Sie alle sind Teile der gesamten *res publica*. Konflikte der Gewaltentrennung qualifizierte Kelsen deshalb als Scheinproblem. Denn für ihn sind die drei Gewalten gemäß der Lehre vom Stufenbau der Rechtsordnung lediglich verschiedene Stadien der Rechtskonkretisierung. Kelsens Auffassung, auch die Gesetzgebung sei eine Art Vollziehung, nämlich Vollziehung der Verfassung, ist die demokratietheoretische Grundlage der Verfassungsgerichtsbarkeit.[28]

Im heutigen Institutionengefüge kann das BVerfG als *Grenzgericht* bezeichnet werden, weil es das Ende des Rechtsweges markiert und weil es auf die Grenzen der politischen Herrschaftsausübung hinweist. Er kann aber genauso gut als *Horizontgericht* begriffen werden, weil das griechische Wort ὁρίζων ebenso Öffnung wie zugleich Grenze, welche die Öffnung beschränkt, bedeutet – und damit auf die politischen Möglichkeitsräume verwiesen wird. „Dem einen oder dem anderen Raum gehört es nur in dem Maße an, in dem es die Grenzen des betreffenden Raums zum anderen hin öffnet“, meinte Jacques Derrida in seinen Reflexionen über das „Müssen“ in Politik und Recht.[29] Das BVerfG ist in diesem Sinne eine Institution des Sowohl-als-Auch, nicht des Entweder-Oder, und offenbart gerade darin seine demokratiepolitische Funktion. Es ist weder nur-rechtliches noch nur-politisches Organ, sondern beides. Diese Offenheit in beide Richtungen bedeutet auch für die Urteilsfindung am BVerfG, die „demokratische Tugend des Sowohl-als-auch, Ausdruck der Toleranz und des Pluralismus hat Direktive für Alternativdenken zu bleiben. Entweder-Oder-Denken kann eine Form intellektueller Intoleranz sein. Es droht den Weg zum Ausgleich des ‚Sowohl-als-Auch‘ und damit zum demokratischen Kompromiß zu versperren, dessen Vorstufe es sein sollte. Insofern ist das Möglichkeits- und Alternativendenken spezifische Ausprägung des kritischen Rationalismus mit seinem Postulat der Falsifizierbarkeit [...].“[30] Peter Häberle steht mit dieser Betonung des kritischen Rationalismus als Bedingung demokratischen Handelns wiederum in

26 *Kelsen* 1930-31: 583.
27 *Kelsen* 1930-31: 586.
28 Vgl. *Olechowski* 2009.
29 *Derrida* 2013: 58.
30 *Häberle* 1977: 39.

der Weimarer Tradition.[31] Sein gesellschaftstheoretisches Pluralismuskonzept ist ihm Grundlage verfassungsgerichtlicher Interpretation, denn im demokratisch verfassten Staat der offenen Gesellschaft müssen die Möglichkeiten, die das Grundgesetz bietet, prinzipiell offen gehalten werden.[32]

Aus diesem Grund weist Peter Häberle auch die Metapher vom „letzten Wort" zurück. Denn wenn das BVerfG lediglich Co-Interpret (und daher auch nur Co-Hüter) der Verfassung ist, hat es kein Monopol auf die Begehung und Schließung ihrer Möglichkeitsräume. Vielmehr sind es in der offenen, demokratischen Gesellschaft auch die Normunterworfenen selbst, die zur Verfassungsinterpretation aufgerufen sind und die auf diesem Wege aus der Verfassung politische Inhalte schöpfen. Nur ein offenes Verfassungsverständnis ist der Demokratie und ihrer pluralistischen, der Kompromisssuche verpflichteten Grundlage angemessen. Hierbei wird Verfassung als öffentlicher Prozess verstanden und das BVerfG als ein „Bürgergericht" im Sinne einer politischen Einrichtung des *citoyen*. Peter Häberle geht mit der Konzeption der „offenen Gesellschaft der Verfassungsinterpreten" von der Kompetenz jedes Bürger und jeder Bürgerin aus, das BVerfG als Gericht der *res publica* zu beurteilen (etwa in Leserbriefen, heute auch in Internetforen, Blogs etc.).[33]

Stellung und Funktionsweise von Verfassungsgerichten im politischen Prozess sind daher eher als Wegweiser zu betrachten, wie Andrej Lang meint: „Der Wegweiser gibt das Ziel des Wanderers nicht vor; er kommt erst zum Einsatz, wenn die Entscheidung über das Ziel bereits getroffen worden ist. Zwar weist er einen Weg zum Ziel, er beschreitet ihn aber nicht selbst und kann nicht kontrollieren, ob der Weg tatsächlich beschritten wird. Ein Wegweiser legt auch nicht fest, auf welcher Straßenseite oder ob man überhaupt ‚der Straße nach oder dem Feldweg oder querfeldein' gehen soll. Er gibt nur eine Richtung vor, zwingt aber selbst nicht dazu, dieser Richtung zu folgen. Trotzdem erzielt er eine enorme Suggestivkraft – den Vorgaben des Wegweisers folgt man, auch wenn man andere Wege gehen könnte."[34] Das BVerfG sollte von der offenen Gesellschaft demnach eher wie ein Navigationsgerät verwendet werden: Man kann, ums ans Ziel zu kommen, auch einen anderen Weg einschlagen. Doch das BVerfG ist institutionalisierte Disziplin; es weist den Weg – und dabei auch zurecht. Laut Christoph Konrath „treten Verfassungsgerichte als unabhängige Akteure in bewusster Distanz zu politischen Entscheidungsgremien auf. Sie weisen ‚die Politik' scheinbar oder auch ganz im wörtlichen Sinn zurecht. Sie trauen sich offensichtlich, Politik an bestimmten Maßstäben

31 Siehe hierzu zum Beispiel *Ehs* 2007 sowie *van Ooyen* 2007.

32 Vgl. *Häberle* 1975.

[33]33 Vgl. *Häberle* 1978: 155 ff.

34 *Lang* 2014: 33. Die Metapher des Wegweisers verwendete bereits *Welan* 1982: 275.

zu messen und auch politisch Unangenehmes anzusprechen."[35] An der Grenze, am Horizont steht also ein Wegweiser, der als Zurechtweiser fungiert.

Diese Metaphern werden durch die Erkenntnisse der Politikwissenschaft gestützt, die in Verfassungsgerichten keine *veto player* im strikten Sinne nach George Tsebelis[36], sondern eher „konditionale Vetospieler"[37] sieht, die zur Machtausübung erst angerufen werden (müssen). Verfassungsgerichte werden wie Wegweiser nur dann benötigt und deren Hilfe nur dann gesucht, wenn wir mit unserem Wissen an eine Grenze gestoßen sind und die richtige Richtung nicht kennen. Es sollte aber – und hier kommt wieder Peter Häberle ins Spiel – uns als offener, demokratischer Gesellschaft überlassen sein, ob wir dem Wegweiser folgen, ob wir uns zurechtweisen lassen oder wissentlich einen anderen Weg einschlagen. Das BVerfG ist also ein Grenzgericht, weil es das Ende des Rechtsweges festlegt; doch der rechtspolitische Weg führt weiter und mitunter woanders hin. Da der Rechtstaat sich im Rechtswegestaat verkörpert, markieren Grenzgerichte die Grenzen des Rechtstaates[38] – nicht weniger, aber auch nicht mehr.

3 Kelsen bis Häberle, und europäisch darüber hinaus

Denkt man das BVerfG und seine Stellung im Institutionengefüge mit Peter Häberle, ist es (bloß?) ein Hilfsorgan des demokratischen Prozesses, der Gegensatz von Parlament und Verfassungsgerichtsbarkeit jedenfalls ziemlich künstlich. Niklas Luhmann erkannte in der Verfassung die strukturelle Kopplung der gesellschaftlichen Teilsysteme Politik und Recht[39] und griff damit doch nur auf, was bereits die Stufenbautheorie von Adolf Merkl und Hans Kelsen veranschaulichte: Jede Rechtsanwendung ist immer auch Rechtserzeugung (und umgekehrt)[40] und beinhaltet daher ein rechtliches und ein politisches Moment, weswegen in der Folge Verfassungsrechtsprechung auch Verfassungsschöpfung ist. Das macht das BVerfG zum Sowohl-als-auch-Organ. So sind etwa Bundestag und BVerfG keine Kontrahenten um die Macht im Staat oder einander entgegengesetzte Gewalten, sondern beide sind Verfassungsorgane, beide machen Politik, beide verwirklichen die Verfassung. Denn in einem funktionalen Verfassungsverständnis, wie es Peter

35 *Konrath* 2013: 184.
36 *Tsebelis* 2002.
37 *Kneip* 2009: 21.
38 Vgl. *Jestaedt* 2007: 9 f.
39 Vgl. *Luhmann* 1993.
40 „Jede Form der Rechtsetzung, sei es die Setzung genereller oder individueller Akte ist eben – durch die Technik der stufenweisen Rechtserzeugung bedingt – sowohl durch eine heteronome Determinante, als auch autonom bestimmt, durch rechtliche Bindung und ein ‚Belieben gestaltender Anwendung' (Walter Leisner). Jede Rechtsetzung ist damit auch Rechtsanwendung – das doppelte Rechtsantlitz hat Merkl das plastisch genannt", so *Korinek* 1981: 12.

Häberle hat, bildet Verfassungsrechtsprechung „ein Glied in dem System rechtstechnischer Maßnahmen, die den Zweck haben, die Rechtmäßigkeit der Staatsfunktionen zu sichern", so schon Hans Kelsen.[41] Das BVerfG misst jene Rechtmäßigkeit, d. h. die Verfassungsmäßigkeit von in politischer Willensbildung erzeugter Rechtsnormen.

Auch aufgrund Peter Häberles Gesellschaftsverständnis sind Sorgen wie jene von Bernd Rüthers, der am BVerfG oftmals viel mehr Einlegung als Auslegung ortet und in zahlreichen Urteilen nicht das Grundgesetz, sondern die weltanschaulichen Vorstellungen der jeweiligen Interpreten und Interpretinnen verwirklicht sieht,[42] zwar nicht unbegründet, jedoch kann ihnen zumindest seitens der Wissenschaften analytisch begegnet und damit auch demokratische Achtsamkeit eingefordert werden. Da es einerseits keine Hierarchie zwischen den Gewalten gibt[43], andererseits die strikte Gewaltentrennung ohnehin „mehr als fragwürdig" (Kelsen) ist und die Gewalten durch die politisch-institutionelle Gemeinschaft derart verbunden sind, dass keine Gewalt ihre Entscheidung ohne strukturelle Kopplung zur anderen trifft, besteht grundsätzlich Verfassungspluralismus – und damit Verfassungshüterpluralismus. Nicht zuletzt unter dem Einfluss der europäischen Integration (und dadurch unterschiedlichster Verfassungsautoritäten auf dem gleichen Gebiet), ist offensichtlich geworden: Es gibt nicht die eine Institution, die Recht setzt, und auch nicht die eine, der das letzte Wort zukommt. Es gibt aber gleichberechtigt nebeneinander agierende und ineinander greifende Teilsouveräne.[44] Daniel Halberstam prägte hierfür den Begriff der Heterarchie, der eine Gleichordnung von Letztentscheidern beschreibt.[45]

Zeigte Peter Häberle schon auf nationalstaatlicher Ebene, für das BVerfG, die naive Fehleinschätzung oder bewusste (Selbst-)Täuschung auf, die mit der Bezeichnung als „unpolitische" Gewalt, der noch dazu der Vorrang gegenüber den „Niederungen der Politik" einzuräumen wäre, einhergeht, so macht er dies in seiner Auseinandersetzung mit der europäischen Verfassungsstaatlichkeit umso mehr deutlich. Bereits gemäß Weimarer Demokratietheorien und nun auch gemäß der Theorien des *constitutional pluralism*[46] ist diese Engführung auf den Dualismus nicht nur unrichtig, sondern steht der pluralistischen Gesellschaft entgegen.

Demokratietheoretisch gesehen zeigen Verfassungsgerichte dem parlamentarischen Gesetzgeber die Grenzen der derzeit (!) geltenden politischen Möglichkeitsräume auf, jedoch nicht nur als Bremser des politischen Entscheidungsprozesses, sondern durch ihre konstitutionellen Klarstellungen vielmehr als Wegweiser und Hilfsmittel politischer Ge-

41 *Kelsen* 1929: 30.
42 Vgl. *Rüthers* 2014.
43 Vgl. *Möllers* 2008: 117.
44 Hierzu umfassend *Häberle* 2011 sowie *Häberle* 2013.
45 Vgl. *Halberstam* 2009.
46 Instruktiv *Teubner* 2012.

staltung. Hierbei offenbaren Verfassungsgerichte ihren wichtigen Stellenwert in der Demokratie: Sie schützen die Minderheit vor Eingriffen in die Verfassung, vor Änderungen der staatlichen Spielregeln. Sie stellen klar, dass diese oder jene Rechtsnorm den Spielregeln widerspricht. Das heißt nicht, dass Verfassungsgerichte eine Spielregeländerung gänzlich verbieten, sondern dass sie auf eine breitere demokratische Basis dieser in Diskussion stehenden Norm pochen. Der Minderheitenschutz ist schon nach Hans Kelsen die Wesensvoraussetzung der Demokratie: „Die Demokratie ist nämlich an sich nur ein formales Prinzip, das der jeweiligen Anschauung der Mehrheit die Herrschaft verschafft, ohne daß damit die Gewähr gegeben ist, daß gerade diese der Mehrheit das absolut Gute, Richtige erreicht. Aber die Herrschaft der Majorität unterscheidet sich von jeder anderen Herrschaft dadurch, daß sie ihrem innersten Wesen nach eine Minorität nicht nur begrifflich voraussetzt, sondern auch politisch anerkennt und – in konsequenter Verfolgung des demokratischen Gedankens – schützt“.[47] Und die Verfassungsgerichtsbarkeit war für Kelsen „ein besonders geeignetes Mittel, diese Idee zu verwirklichen.“[48] Auf diesen Überlegungen basierend forderte Peter Häberle vom BVerfG notwendig eine „Pluralismus-Rechtsprechung“[49], die nun institutionell im Rahmen der Europäischen Union und inhaltlich im Rahmen einer multikulturellen Gesellschaft von ihren heterarchischen Co-Verfassungshütern zurecht mit demokratischen Argusaugen beobachtet wird.

47 *Kelsen* 1923: 161.
48 *Kelsen* 1929: 81.
49 *Häberle* 1980: 63.

Literatur

Boulanger, Christian (Hrsg.), 2002: Recht in der Transformation. Rechts- und Verfassungswandel in Mittel- und Osteuropa, Berlin.

Derrida, Jacques, 2013: Gesetzeskraft. Der „mystische Grund der Autorität", Frankfurt am Main.

Ehs, Tamara, 2007: Hans Kelsen und politische Bildung im modernen Staat. Vorträge in der Wiener Volksbildung und Schriften zu Kritikfähigkeit und Rationalismus, Schriftenreihe des Hans Kelsen-Instituts Band 29, Wien.

Ehs, Tamara, 2015: Der Verfassungsgerichtshof als politischer Akteur. Konsequenzen eines Judikaturwandels, in: ÖZP – Österreichische Zeitschrift für Politikwissenschaft (im Erscheinen).

Ehs, Tamara / *Neisser*, Heinrich, 2015: Österreich. VfGH-Richterbestellung als Politikum, in: Lepsius / Baer et al. (Hrsg.), JÖR 63, Tübingen, S. 455-483.

Grimm, Dieter, 2001: Einsprüche in Störfällen. Die Verfassung und die Politik, München.

Häberle, Peter, 1972: Schlusswort, in: VVDStRL, Band 30, S. 188.

Häberle, Peter, 1975: Die offene Gesellschaft der Verfassungsinterpreten, in: Juristenzeitung 30 (10), S. 297-305.

Häberle, Peter, 1976: Grundprobleme der Verfassungsgerichtsbarkeit, in: Häberle (Hrsg.), Verfassungsgerichtsbarkeit, Darmstadt, S. 1-45.

Häberle, Peter, 1977: Demokratische Verfassungstheorie im Lichte des Möglichkeitsdenkens, in: AÖR 102, S. 27-68.

Häberle, Peter, 1978: Verfassung als öffentlicher Prozeß, Schriften zum Öffentlichen Recht, Band 353, Berlin.

Häberle, Peter, 1980: Verfassungsgerichtsbarkeit als politische Kraft, in: ders. (Hrsg.), Verfassungsgerichtsbarkeit zwischen Politik und Rechtswissenschaft, Königstein im Taunus, S. 55-79.

Häberle, Peter, 1997: Die Verfassungsbeschwerde im System der bundesdeutschen Verfassungsgerichtsbarkeit, in: JÖR 45, Tübingen, S. 89-135.

Häberle, Peter, 1998: Verfassungslehre als Kulturwissenschaft, 2. Auflage, Berlin.

Häberle, Peter, 2011: Europäische Verfassungslehre, erw. und überar. 7. Auflage, Baden-Baden

Häberle, Peter, 2013: Der kooperative Verfassungsstaat – aus Kultur und als Kultur, Vorstudien zu einer universalen Verfassungslehre, Berlin.

Halberstam, Daniel, 2009: Constitutional Heterarchy. The Centrality of Conflict in the European Union and the United States, in: Dunoff / Trachtman (Hrsg.), Ruling the World? Constitutionalism, International Law and Global Governance, Cambridge, S. 326-355.

Hirschl, Ran, 2004: The Political Origins of the New Constitutionalism, in: Indiana Journal of Global Legal Studies, 11 (1), S. 71-108.

Jaffrelot, Christophe, 2013: Chaudry der Richter, in: Le Monde Diplomatique, Dezemberausgabe, S. 13.

Jestaedt, Matthias, 2007: Wirken und Wirkungen höchstrichterlicher Judikatur – Rechtsprechung von Grenzorganen aus Sicht der Reinen Rechtslehre, in: Jabloner (Hrsg.), Wirken und Wirkungen höchstrichterlicher Judikatur, Wien, S. 9-33.

Kelsen, Hans, 1920: Vom Wesen und Wert der Demokratie, 1. Auflage, Tübingen.

Kelsen, Hans, 1923: Sozialismus und Staat. Eine Untersuchung der politischen Theorie des Marxismus, 3. Auflage, hrsgg. von Norbert Leser, Wien 1965 (basierend auf der 2. Auflage von „Sozialismus und Staat" aus dem Jahre 1923).

Kelsen, Hans, 1929: Wesen und Entwicklung der Staatsgerichtsbarkeit, in: Veröffentlichungen der Vereinigung der Deutschen Staatsrechtslehrer, Band 5, Berlin, S. 30-84.

Kelsen, Hans, 1930-31: Wer soll Hüter der Verfassung sein?, in: Die Justiz VI, S. 576-628.

Kneip, Sascha, 2009: Verfassungsgerichte als demokratische Akteure. Der Beitrag des Bundesverfassungsgerichts zur Qualität der bundesdeutschen Demokratie, Baden-Baden.

Kneip, Sascha, 2013: Verfassungsgerichte im Prozess der Demokratisierung. Der Einfluss des Bundesverfassungsgerichts auf Konsolidierung und Qualität der bundesdeutschen Demokratie, in: Wrase / Boulanger (Hrsg.), Die Politik des Verfassungsrechts. Interdisziplinäre und vergleichende Perspektiven auf die Rolle und Funktion von Verfassungsgerichten, Baden-Baden, S. 139-166.

Konrath, Christoph, 2013: Erwachende Institution klassischer Gewalt. Zur wachsenden Rolle von Verfassungsgerichten im Rahmen der politischen Willensbildung, in: Köhler / Mertens (Hrsg.), Jahrbuch für politische Beratung 2012/13, Wien, S. 183-194.

Korinek, Karl, 1981: Die Verfassungsgerichtsbarkeit im Gefüge der Staatsfunktionen, in: Veröffentlichungen der deutschen Staatsrechtslehrer (Hrsg.), Die Verfassungsgerichtsbarkeit im Gefüge der Staatsfunktionen. Besteuerung und Eigentum. Berichte und Diskussionen auf der Tagung der Vereinigung der Deutschen Staatsrechtslehrer zu Innsbruck vom 1. bis 4. Oktober 1980, Berlin / New York, S. 7-50.

Lang, Andrej, 2014: Wider die Metapher vom letzten Wort: Verfassungsgerichte als Wegweiser, in: Elser et al. (Hrsg.) Das letzte Wort – Rechtsetzung und Rechtskontrolle in der Demokratie (= 53. ATÖR), Baden-Baden, S. 15-37.

Lassalle, Ferdinand, 1919: Über Verfassungswesen (1862), in: ders., Gesammelte Reden und Schriften, hrsgg. v. Eduard Bernstein, Band 2 (1919), Berlin, S. 7-61.

Leibholz, Gerhard, 1953: Denkschrift des Bundesverfassungsgerichts (27.06.1952). Die Stellung des Bundesverfassungsgerichts. Gerichtet an Bundespräsident, Präsidenten von Bundestag und Bundesrat sowie Bundesregierung, veröffentlicht am 19.01.1953, in: Juristenzeitung 8 (5), S. 157-158.

Lembcke, Oliver W., 2009: Wahl und Auswahl. Die Besetzung des Bundesverfassungsgerichts als Problem der Parteiendemokratie, in: Liedhegener / Oppelland (Hrsg.), Parteiendemokratie in der Bewährung. Festschrift für Karl Schmitt, Baden-Baden, S. 105-116.

Luhmann, Niklas, 1993: Das Recht der Gesellschaft, Frankfurt am Main.

Luhmann, Niklas, 2002: Die Politik der Gesellschaft, Frankfurt am Main.

Möllers, Christoph, 2008: Die drei Gewalten. Legitimation der Gewaltengliederung in Verfassungsstaat, Europäischer Integration und Internationalisierung, Weilerswist.

Olechowski, Thomas, 2009: Von der Ideologie zur Realität der Demokratie, in: Ehs (Hrsg.), Hans Kelsen. Eine politikwissenschaftliche Einführung, Baden-Baden und Wien, S. 113-132.

van Ooyen, Robert Chr. (Hrsg.), 2007: Verfassungsrealismus. Das Staatsverständnis von Karl Loewenstein, Staatsverständnisse Band 17, Baden-Baden.

van Ooyen, Robert Chr., 2015: Bundesverfassungsgericht und politische Theorie. Ein Forschungsansatz zur Politologie der Verfassungsgerichtsbarkeit, Wiesbaden.

van Ooyen, Robert Chr. / *Möllers*, Martin H. W. (Hrsg.), 2006: Das Bundesverfassungsgericht im politischen System, Wiesbaden.

Palermo, Francesco, 2014: Wahlrechtsurteil: Italiens Verfassungsgerichtshof ersetzt die Politik, in: Verfassungsblog (http://www. verfassungsblog.de/wahlrechtsurteil-italiens-verfassungsgerichtshof-ersetzt-politik/), zuletzt aufgerufen am 8. Juli 2015.

Platter, Julia / *Çalışkan*, Barış, 2008: Das türkische Verfassungsgericht auf dem Weg zum „Hüter der Verfassung", in: Zeitschrift für Parlamentsfragen, 39(4), S. 832-848.

Rath, Christian, 2013: Der Schiedsrichterstaat. Die Macht des Bundesverfassungsgerichts, Berlin.

Rüthers, Bernd, 2014: Die heimliche Revolution vom Rechtsstaat zum Richterstaat. Verfassung und Methoden, Tübingen.

Schaal, Gary S. / *Friedel*, Sabine / *Endler*, Andreas 2000: Die Karlsruher Republik, Bonn.

Schmidt, Rainer, 2005: Sichtbares Recht und unsichtbare Politik. Zur Auseinandersetzung zwischen staatsrechtlichem Positivismus und Verfassungspolitologie, in: Brodocz et al. (Hrsg.), Institutionelle Macht. Genese – Verstetigung – Verlust, Köln/Wien/Weimar, S. 213-229.

Stolleis, Michael (Hrsg.), 2011: Herzkammern der Republik. Die Deutschen und das Bundesverfassungsgericht, München.

Teubner, Gunther, 2012: Verfassungsfragmente. Gesellschaftlicher Konstitutionalismus in der Globalisierung, Frankfurt am Main.

Tsebelis, George, 2002: Veto Players. How Political Institutions Work, Princeton.

Voßkuhle, Andreas / *Wischmeyer*, Thomas, 2015: Der Jurist im Kontext. Peter Häberle zum 80. Geburtstag, in: JöR 63, S. 401-428.

Weber, Max, 1922: Wirtschaft und Gesellschaft, Tübingen.

Welan, Manfried, 1982: Der Verfassungsgerichtshof – eine Nebenregierung?, in: Fischer (Hrsg.), Das politische System Österreichs, 3. Auflage, Wien-München-Zürich, S. 271-315.

Wrase, Michael / *Boulanger*, Christian, 2013: Die Politik des Verfassungsrechts. Beiträge für ein Forschungsprogramm, in: dies. (Hrsg.), Die Politik des Verfassungsrechts. Interdisziplinäre und vergleichende Perspektiven auf die Rolle und Funktion von Verfassungsgerichten, Baden-Baden, S. 7-18.

Martin H. W. Möllers

Personale und institutionelle Doppelfunktion der Grundrechte im Leistungsstaat und ihr Wesensgehalt. Zur Grundrechtstheorie von Peter Häberle

1 Einleitung

In der deutschen und europäischen Verfassungslehre sind die Grundrechte „als Ausdruck der Menschenwürde und der sich aus dieser ergebenden Demokratie wesentliche Strukturprinzipien".[1] Sie sind keine Rechte, die der Staat etwa durch Selbstbeschränkung einer allumfassenden Rechtsetzungsbefugnis dem Menschen gewährt und die er jederzeit wieder aufheben könnte. Vielmehr gelten Grundrechte als überstaatliche Rechte, deren Kernbestand die Menschenwürde nach Art. 1 Abs. 1 GG sowie Art. 1 GRC ist. Diese zunächst einleuchtende Definition erhebt den dogmatischen Anspruch, dass aus der Menschenwürde, also aus der Natur des Menschen[2], mit Hilfe der Vernunft übergesetzliche, vorstaatliche, zeitlos-ewige und universell geltende Rechtssätze klar und fehlerfrei zu definieren wären, nach denen sich das positive Recht zu richten hat.[3]

1.1 Die Menschenwürde als Kern der Grundrechte

Obwohl die Rechtsprechung bei Verletzungen der Menschenwürde zur Genugtuung des Geschädigten eine Geldentschädigung zubilligt[4], und obwohl das Bundesverfassungsgericht die „Menschenwürde" vermehrt und immer intensiver thematisiert[5] und manche Grundsatzentscheidungen von Art. 1 Abs. 1 GG aus entfaltet hat,[6] scheiterten faktisch

1 *Häberle* 2011: 330. Häberle versteht Demokratie zu Recht als organisatorische Konsequenz der Menschenwürde sowohl auf nationaler als auch auf europäischer Ebene (*Häberle* 1999: 71 ff.; *Häberle* 2011: 295 ff.; *Häberle* 2013: 333 ff.). Dass aus der Menschenwürde ein Grundrecht auf Demokratie folgt, eine von *Peter Häberle* 1987 (*Häberle* 1987: 848 f.; *Häberle* 2004a: Rn. 67-69) entwickelte These, hat das BVerfG in BVerfGE 123, 267 (341) übernommen, ohne allerdings *Häberle* als Autor zu zitieren, was *Peter Häberle* später auch kritisiert: *Häberle* 2014: 256.

2 „Jeder Mensch soll Menschenrechte haben, nur weil er Mensch ist." *Inoue* 2004: 501.

3 Zur Problematik s. *van Ooyen* 2010: 1586 f. m. w. N.; vgl. *Häberle* 2004a: Rn. 6.

4 BGHZ 128, 1 (15); 161, 33 (35 ff.). Als Betonung des Präventionsgedankens: BVerfG, NJW 2000, 2187. Siehe dazu auch *Blankenagel* 2014: 18 mit Fn. 23.

5 *Häberle* 2004a: Rn. 5 m. w. N.

6 So *Häberle* 2004a: Rn. 5. Vgl. dazu BVerfGE 33, 303 ff.; 39, 1 ff.

bisher alle Versuche, den Begriff der „Menschenwürde" exakt zu bestimmen.[7] Insofern ist die Frage nach einer „überstaatlichen Gerechtigkeitsordnung" nicht nur nicht gelöst, sondern zeigt gerade im Alltag, dass sie tatsächlich jeweils aktuell „pragmatisch" entschieden wird. Das ergibt sich z. B. beim Zusammentreffen von „Freiheit" und „Sicherheit", die beide Staatszwecke sind.[8] In der Praxis hat dies zur Entwicklung des polizeilichen Maßnahmenkatalogs geführt, der immer mehr Vorfeldmaßnahmen erlaubt und dadurch den Kreis der Verdächtigen – Menschenwürde hin oder her – erweitert. Eingriffsbefugnisse zur vorbeugenden Bekämpfung von Straftaten bedürfen immer weniger einer „konkreten Gefahr" oder eines „Anfangsverdachts".[9] Auch andere gesellschaftliche Bereiche halten Vieles für mit der Menschenwürde vereinbar. Man denke z. B. nur an die Unterkünfte und „Essenspakete", die – ohne Rücksicht auf die Speisegewohnheiten der Menschen aus den Herkunftsländern – nach deutschem Geschmack für Asyl Suchende zusammengestellt werden, oder an die Gutscheine vom Sozialamt, mit denen die Armen stigmatisiert einkaufen müssen. Die aktuelle Flüchtlingsproblematik zeigt deutlich, dass die Menschenwürde (von anderen) schnell auf der Strecke bleibt.[10] Abgesehen davon, dass die Menschenwürdeklausel in der Verfassung auf eine kulturspezifische Vorstellung von Menschenwürde bezogen ist[11], bleibt Menschenwürde, solange es andere Menschen als einen selbst betrifft, offensichtlich ein dehnbarer Begriff, obwohl die Menschenwürdegarantie bereits seit mehr als 2000 Jahren auf ideengeschichtliche Interpretationen und Erklärungen zurückblicken kann.[12] Vor allem die Gottesebenbildlichkeit[13] des Menschen, seine Vernunftbegabung und seine Einsichtsfähigkeit bilden die Grundlage für die Menschenwürde in der geistesgeschichtlichen Entwicklung.[14] In der Weimarer Reichsverfassung (WRV) kam die Menschenwürde als Element des Sozialstaats in Art. 151 Abs. 1 Satz 1 WRV vor und bestimmte, dass „die Ordnung des Wirtschaftslebens ... den Grundsätzen der Gerechtigkeit mit dem Ziel der Gewährleistung eines menschenwürdigen Daseins für alle entsprechen [muss]".[15] Wie ein „menschenwürdiges Dasein" auszusehen hat, blieb allerdings in den Kommentaren ebenso ungeklärt

---

7 Vgl. *Häberle* 2004a: Rn. 14 ff. und 83; „…ist keine für ausreichend gehaltene, ‚handliche' Formulierung für das, was Menschenwürde sein soll, erkennbar" (*Häberle* 2011: 286). Zustimmung von *Denninger* 2011a: 397, Fn. 2.

8 *Gusy* 2011: 1 ff.

9 *Lisken / Denninger* 2012: V; *Pütter* 2007: 11 ff.; *Möllers* 2014: 159.

10 *Keller* 2015.

11 *Häberle* 2011: 286.

12 Vgl. *Herdegen*, in: *Maunz / Dürig* 2015: Art. 1 Abs. 1, Rn. 7.

13 Vgl. dazu das Unterkapitel „Menschenbild und Gottesbild" bei *Häberle* 2008a: 19 f.

14 Vgl. *Cicero* 44 v.Chr.: Erstes Buch, Abs. 105; *von Aquin* 1273: Prima Pars, Quaestio 28, Articulus 3; von Pufendorf 1672: liber II, capitulus I, § 5; *Kant* 1786: 79; *Hegel* 1820: 40. Weitere Hinweise zum geistesgeschichtlichen Hintergrund bei *Herdegen*, in: *Maunz / Dürig* 2015: Art. 1 Abs. 1, Rn. 7-13.

15 *Anschütz* 1933: Art. 151, S. 700 sah in dieser Formulierung kein Gerichte und Verwaltungsbehörden bindendes Recht.

wie gar die Überlegung, ob die Menschenwürde ein „überstaatliches" Element der Rechtsordnung ist.[16]

Dass aber ein „überstaatliches" Element für die Grundrechte in Deutschland zumindest rechtstechnisch nicht wegzudenken ist, ergibt sich aus Art. 1 Abs. 2 GG, wonach das „Deutsche Volk" sich zu den „Menschenrechten *bekennt*". Denn bekennen kann man sich nur zu etwas, das bereits vorhanden ist.[17] Wenn aber schon der Begriff der „Menschenwürde" nicht exakt zu bestimmen ist, dann bleibt jedenfalls die „Ausgestaltungsbedürftigkeit aller Grundrechte" erhalten, die *Häberle* fordert und die inzwischen häufig rezipiert worden ist.[18] Allerdings kann das Recht keine Gerechtigkeitszustände realisieren.[19] Daher muss aus den Grundrechtstexten und aus der Rechtsprechung zu Grundrechtsproblematiken der theoretische Unterbau für eine Grundrechtstheorie entwickelt werden.

1.2 Grundrechtstexte und die Rechtsprechung zu Grundrechtsproblematiken

Die in der deutschen Verfassung aufgeführten Grundrechte sind Menschenrechte, die – neben weiteren vor allem universellen Pakten – in der (Europäischen) Konvention zum Schutze der Menschenrechte und Grundfreiheiten, in der Allgemeinen Erklärung der Menschenrechte (AEMR) oder in der Charta der Grundrechte der Europäischen Union (Grundrechtecharta – GRC) zu finden sind. Sie stehen außerdem in den Landesverfassungen der Bundesrepublik Deutschland. Für das Bundesverfassungsgericht (BVerfG) sind zwar vorrangiger Maßstab für eine Überprüfung staatlichen Handelns die Grundrechte des Grundgesetzes. Allerdings räumt das BVerfG in ständiger Rechtsprechung ein, dass Inhalt und Entwicklungsstand insbesondere der EMRK sowie die Rechtsprechung des Europäischen Gerichtshofs für Menschenrechte (EGMR) in Straßburg bei der Auslegung der Grundrechte des Grundgesetzes zu berücksichtigen sind.[20] Mit Inkrafttreten der Charta der Grundrechte der Europäischen Union (GRC)[21] zusammen mit dem Lissabonner Vertrag am 1. Dezember 2009 sind zunehmend die Entscheidungen des Gerichtshofs der Europäischen Union (EuGH) mit in die Grundrechtsauslegung eingeflossen.[22] Denn seitdem ist die Grundrechtecharta unmittelbar anwendbares Primärrecht mit der Folge, dass das Sekundärrecht daran zu messen ist.[23] Menschenwürdewirklichkeit in

16 *Anschütz* 1933: Art. 151, S. 699 ff.

17 Vgl. *Möllers* 2010b: 878 ff.; *Jarass*, in: *Jarass / Pieroth* 2012, Art. 1, Rn. 27; *Hillgruber*, in: *Epping / Hillgruber* 2013: Art. 1, Rn. 53 m. w. N.

18 *Kotzur* 2014: 289.

19 *Ladeur* 2004: 76.

20 Vgl. etwa BVerfGE 111, 307 (317 ff.); vgl. *Hillgruber*, in: *Epping / Hillgruber* 2013: Art. 1, Rn. 56.

21 Vgl. dazu aus *Häberles* Liste der „Negativa" Nr. (5): *Häberle* 2011: 705.

22 S. *van Ooyen* 2014: 139 ff.; vgl. *Kubicki* 2013: 2.

23 EuGH in seinem Urteil vom 9.11.2010 (Rs. C-93/09). Vgl. *Jarass* 2013: Einl. Rn. 6.

Europa kann folglich mit Hilfe der von *Häberle* entwickelten „Rechtsvergleichung als fünfte Auslegungsmethode"[24] auch nützlich sein für die inhaltliche Bestimmung der Menschenwürde in Deutschland.[25]

Die Menschenwürde nach dem Grundgesetz hat zwei Schutzrichtungen, die sich in Art. 1 Abs. 1 Sätze 1+2 GG nachlesen lassen: Zum einen wehrt sie als „status negativus" Angriffe des Staates ab („Menschenwürde als unantastbar zu *achten*"), zum anderen fordert sie als „status positivus" den Schutzauftrag an den Staat, Menschenwürdeverletzungen im Bereich der Gesellschaft abzuwehren („Menschenwürde zu schützen").[26]

> „Die doppelte Schutzrichtung der Menschenwürdeklausel bedeutet: Sie ist subjektives öffentliches Recht, Grundrecht des einzelnen *gegen* den Staat (und die Gesellschaft), und sie ist zugleich Verfassungsauftrag, gerichtet an den Staat, den einzelnen in seiner Menschenwürde vor der Gesellschaft (oder ihren Gruppen) zu schützen."[27]

Der Verfassungsauftrag kann auf unterschiedlichste Weise erfüllt werden: Der Herrenchiemsee-Entwurf des Grundgesetzes drückte dies im Art. 1 Abs. 1 GG-Entwurf so aus: „Der Staat ist um des Menschen willen da, nicht der Mensch um des Staates willen." *Theodor Heuss* lehnte diesen Entwurf ab mit der Begründung: Man darf eine Verfassung „nicht damit beginnen, die innere Würde des Staates zu kränken..."[28].[29] Auch ohne diesen Satz in der Verfassung bleibt aber nach *Häberle* jedenfalls bestehen, dass der Verfassungsauftrag eingelöst werden kann etwa durch Abwehr (z. B. mittels der Polizei) oder durch Leistung, die wiederum materiellrechtlich (z. B. durch Gesetze, die den Persönlichkeitsschutz fördern), prozessual (z. B. durch faktische Gewährleistung der Justizgrundrechte), ideell (z. B. durch Einrichtungen von Ausbildungsstätten) oder materiell (etwa durch Gewährung von Geld- und Sachleistungen zur Sicherung des Existenzminimums) zugesprochen wird.[30]

Da die Menschenwürde im Zusammenhang mit den Einzelgrundrechten steht[31], haben die Grundrechte als Teil der verfassungsmäßigen Wertordnung und ausgehend von

24 *Häberle* 1989: 916 ff. Vgl. dazu auch *von Busse* 2015 sowie auch schon *Zacher* 1972: 153 f., der die rechtsvergleichende Dimension für soziale Grundrechte fruchtbar machen will und dafür die Europäischen Sozialcharta als Rechtsvergleich anführt.

25 Dieser Ansatz der Rechtsvergleichung als – neben der grammatischen, systematischen, historischen und teleologischen – „fünfte" Auslegungsmethode ist vor allem von *Peter Häberle* aufgegriffen und gefordert worden: *Häberle* 1989: 913 ff.; *Häberle* 1992: 36 ff.; zustimmend *Schulze-Fielitz* 2004: 356 f.; *Ossenbühl* 2004: Rn. 31 f.

26 Vgl. *Denninger* 2011a: 401 ff.

27 *Häberle* 2004a: Rn. 74.

28 *Heuss* 1969: 44.

29 Zum Menschenwürdesatz im Grundgesetz und seine Entwicklung vgl. *Denninger* 2011a: 397 ff.

30 *Häberle* 2004a: Rn. 75-78. Das wurde vom BVerfG in den Anfangsjahren noch anders gesehen, vgl. BVerfGE 1, 97 (104); näher dazu *Denninger* 2011a: 401 ff.

31 *Häberle* 2004a: Rn. 99 f.

Art. 1 Abs. 1 GG[32] Verfassungsrang und binden gemäß Art. 1 Abs. 3 GG alle Staatsorgane. Sie gelten in allen Bereichen der Rechtsordnung, somit auch in der Privatrechtsordnung.[33] Keine einfache Rechtsnorm darf den Grundrechten widersprechen, vielmehr ist jede einfache Rechtsnorm mit ihren unbestimmten Rechtsbegriffen und Generalklauseln grundrechtskonform auszulegen. Verstöße dagegen führen zur Verfassungswidrigkeit und in der Regel Nichtigkeit der einfachen Rechtsnormen.[34] Damit sind die Grundrechte zu „obersten Prinzipien"[35] erhoben worden, die der Tendenz nach die Richtung der gesamten Normgebung enthalten. Die individuelle Freiheit zur Selbstentfaltung steht also in einem Spannungsverhältnis zur starren Rechtsordnung.[36] Insofern bietet „Freiheit" begrifflich Alternativen und Möglichkeiten. Sie ist nicht auf Grundrechte beschränkt, sondern findet sich auch in Form der Gestaltungs*freiheit* bei allen drei Gewalten.[37] Die Freiheit zu Alternativen wird vor allem im Leistungsstaat gewährt, der im zunehmenden Maße sog. soziale Grundrechte normiert[38], die aber keineswegs automatisch zur Grundrechtswirklichkeit führen. Daher hat Häberle 1971 eine „Wirklichkeitswissenschaftliche Bestandsaufnahme" vorgelegt.

1.3 Einleitung zu Häberles Grundrechtstheorie

In seiner „Wirklichkeitswissenschaftlichen[39] Bestandsaufnahme", die Peter *Häberle* anlässlich der vom 29. September bis 2. Oktober 1971 durchgeführten Tagung der Vereinigung der Deutschen Staatsrechtslehrer in Regensburg als Mitberichterstatter des Beitrags „Grundrechte im Leistungsstaat" vorstellte, sieht er für die Grundrechte das Problem:

---

32 Vgl. z. B. BVerfGE 36, 174 (188): „Als Träger der aus der Menschenwürde folgenden und ihren Schutz gewährleistenden Grundrechte ..."; BVerfG, 1 BvR 1637/05 vom 22.8.2006, http://www.bverfg.de/entscheidungen/rk20060822_1bvr163705.html: „...gegen das aus der Menschenwürdegarantie des Art. 1 Abs. 1 GG folgende postmortale Persönlichkeitsrecht..."; vgl. mit weiteren Beispielen und kritisch zum „wertsystematischen" Ansatz *Häberle* 2004a: Rn. 6 Fn. 34-55.

33 Vgl. z. B. BVerfGE 34, 238 (245 f.); 32, 373 (378 ff.); 99, 185 (196); vgl. *Häberle* 2004a: Rn. 8 a. E.; *Schmidt* 2015, Rn. 21.

34 Vgl. *Herdegen*, in: *Maunz / Dürig* 2015: Art. 1 Abs. 3, Rn. 3; *Schmidt* 2015, Rn. 2; *Hillgruber*, in: *Epping / Hillgruber* 2013: Art. 1, Rn. 72; *Möllers* 2010b: 878.

35 *Ladeur* 2004: 9 m. w. N.

36 *Ladeur* 2004: ebd.; vgl. auch *Isensee* 1980.

37 *Häberle* 1980a: 6.

38 *Häberle* 1980a: ebd., mit Beispielen zu sozialen Grundrechten in Fn. 29.

39 Begriff in Anlehnung an *Heller* 1934: 37 ff. „Der Staat kann wie jedes Sozialgebilde nur wirklichkeitswissenschaftlich gedeutet werden." *Heller* 1971: 142. Nach *Böckenförde* 2011: 137 ist die Wirklichkeitswissenschaftlich orientierte Methode der Verfassungsinterpretation auf die Integrationslehre *Rudolf Smends* zurückzuführen (*Smend* 1928).

> „Formtypik und Rechtstechnik des bürgerlichen Rechtsstaats haben für die Grundrechte im Leistungsstaat zwar nach wie vor Bedeutung, reichen aber nicht mehr aus“.[40]

> „Die Wandlungen, die den Staat vom bürgerlichen Rechtsstaat und seinen liberalen Grundrechten sowie den zugehörigen Instituten (klassische Normgesetze als Eingriffsgesetze, Gesetzesvorbehalt als Eingriffsvorbehalt) wegführen, führen ihn der Wirklichkeit des sozialgerechten Leistungsstaats i. S. des GG als konkreter Verfassung einer gesamtgesellschaftlichen Wirklichkeit zu. Hier realisiert sich Freiheit nicht mehr nur in der Abwehr staatlicher Eingriffe, sondern auch in der ‚Präsentation notwendiger staatlicher Leistungen‘“.[42]

Daher reiche es nicht, dass die Wissenschaft auf den Status quo ausgefeilter Dogmatik verharrt, vielmehr muss sie sich für die Zukunft rüsten, in der Gefahren für die Freiheit der Bürgerinnen und Bürger lauern und ihre menschenwürdige Existenz bedroht wird. Aus diesem Grunde sei eine Wissenschaft erforderlich, die sich der öffentlichen Wirklichkeit stellt.[43] Die Logik seiner Argumentation beruht auf dem institutionellen Grundrechtsverständnis, das *Häberle* schon Anfang der 1960er Jahre entwickelt hat. Dieses Grundrechtsverständnis beruht wiederum auf Grundrechtstheorien, auf die Häberle gestoßen ist und welche die Basis seiner Überlegungen sind. Im Wesentlichen handelt es sich um wissenschaftliche Konzepte, die vorher oder parallel entstanden und auf die *Häberle* bei seinen Ausführungen rekurriert, die er zum Teil in seine Theorie integriert und von der er sich andererseits auch abgrenzen will. Diese Theorien sind daher zunächst überblicksmäßig vorzustellen (2). Danach lässt sich sein institutionelles Grundrechtsverständnis, aus dem dann Funktionen, Wesensgehalt und Grenzen der Grundrechte zu entnehmen sind (3), leichter nachvollziehen und in einer Schlussbetrachtung zusammenfassen (4).

2 Die Basis des institutionellen Grundrechtsverständnisses bei Peter *Häberle*

Häberle hat sein Grundrechtsverständnis 1962 in seiner viel beachteten Dissertation[44] *„Die Wesensgehaltgarantie des Art. 19 Abs. 2 Grundgesetz. Zugleich ein Beitrag zum institutionellen Verständnis der Grundrechte und zur Lehre vom Gesetzesvorbehalt“* veröffentlicht. Die Arbeit wurde noch zweimal 1972 und 1983 neu aufgelegt und auch ins Italienische und Spanische übersetzt, wobei die Kernthesen seiner Grundrechtstheo-

40 *Häberle* 1972b: 45.
41 *Scheuner* 1970: 232.
42 *Häberle* 1972b: 45, Fn. 6.
43 *Häberle* 1972b: ebd.
44 Die Dissertation brachte es auf drei Auflagen und wurde zweimal ins Spanische sowie einmal ins Italienische übersetzt!

rie erhalten blieben und lediglich einige Details von ihm relativiert wurden in der Folge kritischer Buchbesprechungen und sonstiger Rezeptionen.[45] Als wesentliches Merkmal seiner Grundrechtstheorie stellt *Häberle* den Doppelcharakter der Grundrechte heraus. Danach haben Grundrechte eine individualrechtliche und eine institutionelle Seite:

> „Beide Seiten, die individualrechtliche und die institutionelle, bilden in ihrer Gesamtheit das ‚Grundrecht'. Sie verstärken sich gegenseitig. Die Grundrechte erscheinen vom Grundrechtsberechtigten her gesehen als subjektive öffentliche Rechte, von den Lebensverhältnissen aus als Institute. Sie besitzen eine personale und eine objektiv-institutionelle Ausprägung".[46]

Mit diesem Grundrechtsverständnis knüpft *Häberle* zum einen an die Institutionentheorie von *Maurice Hauriou* an (2.1), den *Häberle* bei seinem Studienaufenthalt in Montpellier 1956/57 kennenlernte[47], zum anderen lässt er auch *Erich Kaufmanns* institutionelles Grundrechtsdenken einfließen (2.2). Schließlich sieht *Häberle* in seinem Grundrechtsverständnis auch eine gewisse Seelenverwandtschaft zu *Arnold Gehlens* Naturlehre der Institution (2.3),[48] da Gehlen von Institutionen spricht, in denen sich „individuelle Bedürfnisse mit den allgemeinen sachlichen Notwendigkeiten verschränken",[49] die die „subjektiven Korrelate objektiver Institutionen"[50] seien. Dagegen steht *Häberle* zu *Carl Schmitts* Lehre von den Instituts- und institutionellen Garantien im Widerspruch (2.4), obwohl oberflächlich betrachtet einige Parallelen zu finden sind (dazu unten).

2.1 Grundrechtsverständnis nach der Institutionentheorie von Maurice Hauriou

Die zu Beginn des 20. Jahrhunderts entwickelte Institutionentheorie von *Maurice Hauriou*, die zum Teil als juristische, zum Teil als soziologische Theorie angesehen wird[51] und auch einige Ähnlichkeiten zu den Theorien von *Hermann Heller*[52] und *Rudolf Smend*[53] aufweist, ohne damit aber diese als Vertreter eines institutionellen Rechtsden-

---

45 Nachzulesen im Vorwort zu *Häberle* 1983: VI-VIII sowie als Literaturbelege zu Rezensionen und Rezeptionen der 1. und 2. Auflage: 315-321.
46 *Häberle* 1972a: 71.
47 Vgl. das Interview mit *Häberle* in diesem Band auf S. 165.
48 *Häberle* 1972a: 80.
49 *Gehlen* 2014: 177; *Häberle* 1972a: 80, Fn. 68.
50 *Gehlen* 2014: 59; *Häberle* 1972a: 80, Fn. 68.
51 Vgl. *Mager* 2003: 123 ff.; *Mainzer* 2003: 41 m. w. N.
52 Vgl. zu *Hermann Heller* schon *Sontheimer* 1963: 26 ff.
53 Vgl. zur Grundrechtstheorie von Smend *Unger* 2012: 160 ff. Vgl. zu Antipluralismus und Antiparlamentarismus in der Integrationslehre von *Smend* aber *van Ooyen* 2006: 121 ff.

kens einzuordnen,[54] basiert auf seinen religiösen Überzeugungen und seinen christlichen Optimismus:[55]

> „Ich muß noch einmal bezeugen, daß der unermeßliche und reiche Schatz sozialer Betrachtungen, der in der Summa theologica niedergelegt ist, mir ausgezeichnete Dienste geleistet hat. Um so schlimmer für die, die es verschmähen, sich seiner zu bedienen."[56]

Die Institutionentheorie bringt zum Ausdruck, dass *Hauriou* auf das Seiende vertraut in dem Glauben, dass trotz aller Boshaftigkeit in der Welt „das Gute allein beständig und zusammenhängend ist"[57] und „nur die Dinge, die gut und gerecht geworden sind, in der Gesellschaft endgültig Wurzel schlagen können".[58] Die Zeit als ein Merkmal des Fortdauerns, aus dem die Institution Bedeutung und Kraft schöpft und gewohnheitsrechtliche Zustimmung erfährt, heilt alle Wunden: Alles passe sich im Laufe der Zeit an die Ordnung der Dinge an und führe zu einer Besserung, weil die Gerechtigkeit einverleibt sei. Institution sei daher als *Element des sozialen Stoffes* zu begreifen,[59] „dessen Fortdauer nicht von dem subjektiven Willen bestimmter Individuen abhängt".[60] Trotz immer neuer Anwendung von Gewalt bleibe die Institution bestehen, was sie auch aus der gewohnheitsrechtlichen Zustimmung ergibt, soweit „die Institution der Ausdruck einer im Guten wurzelnden realen Idee ist."[61]

Anders als *Häberle*, der an die soziale Wirklichkeit anknüpfen will, versucht *Hauriou* nicht, durch Beobachten und Analysieren der Realität Schlussfolgerungen zu ziehen, die für seine Institutionentheorie grundlegend sein können. *Hauriou* geht umgekehrt vor: Zuerst stellt er – ohne Rücksicht darauf, ob die Theorie einschränkungslos in die juristische Dogmatik passt[62] – seine Thesen auf, wie Recht, wie Institutionen idealtypisch entstehen, um anschließend an der sozialen Wirklichkeit diese Thesen zu verifizieren.[63] Seine pluralistische[64] „Idee" der Entstehung der Institutionen ist vor allem rechtsphilosophisch angelegt[65] und erinnert daher an *Platons* Ideenlehre[66], in der die Ideen als eigentliche Wirklichkeit absolute, zeitunabhängig bestehende Urbilder sind und nicht dem Entstehen, dem Wandel und dem Vergehen unterliegen, sodass sie von göttlicher Quali-

54 *Callies* 1962: 31; vgl. auch *Mainzer* 2003: 41, Fn. 66.
55 Vgl. *Leontowitsch* 1937/38: 234.
56 *Hauriou* 1916: XXIV.
57 *Hauriou* 1916: XX.
58 *Hauriou* 1916: 11.
59 Vgl. *Leontowitsch* 1937/38: ebd.
60 *Hauriou* 1923: 75.
61 *Leontowitsch* 1937/38: ebd.
62 Vgl. *Friedrich* 1963: 60.
63 Vgl. *Mainzer* 2003: 42.
64 Zur pluralistischen Vorgehensweise Haurious vgl. *Friedrich* 1963: 10 f.
65 Vgl. *Willms* 1970: 43.
66 *Gurvitch* 1968: 23.

tät sind.[67] Ihre Objektivität ließe nur den Schluss zu, dass man eine Idee nicht schaffen, sondern man nur auf sie stoßen könne.[68] Woher die Ideen als materielle Wertungen des Rechtssystems allerdings stammen, beantwortet *Hauriou* nicht. Dadurch sind *Haurious* Ideen offen für alle möglichen weltanschaulichen Ideologien.[69] Andererseits räumt *Hauriou* dem Subjektiven den Vorrang vor dem Objektiven ein und stellt den Mensch und seine Freiheit in das Zentrum seines Denkens[70], sodass *Häberle* ihn verteidigt:

> „Seine Institutionentheorie ist daher von jedem Verdacht frei, sie wirke sich gegen die Freiheit des einzelnen aus".[71]

Nach *Häberle* bezieht sich *Haurious* Institutionenbegriff auf eine individualistisch gedachte Ordnung, „bei der die Institution das notwendige objektive, überindividuelle Element darstellt."[72] Gleichzeitig sieht *Häberle* in der Rechtsphilosophie *Kaufmanns* viele Gemeinsamkeiten mit *Haurious* Gedankenwelt.[73]

2.2 Grundrechtsverständnis nach Erich Kaufmanns institutionellem Grundrechtsdenken

Ähnlich wie bei *Hauriou* sieht *Kaufmann*, den *Häberle* „als fünften Riesen zu den ‚großen Vier'" der Weimarer Klassik hinzufügt[74] und an den er wegen *Kaufmanns* institutioneller Sicht der Grundrechte anknüpft[75], in den objektiven Instituten Phänomene der sittlichen Weltordnung, die nicht von einem Gesetzgeber geschaffen, sondern vorgefunden sind.[76] Bei ihm wird nicht eindeutig klar, ob er den Institutsbegriff, den *Kaufmann* vermutlich zuerst auch auf Grundrechte anwendet, rein normativ versteht oder ob auch die soziale Wirklichkeit mit eingeschlossen ist. Letzteres lässt sich aber einerseits durch seine Bezugnahme u. a. auf *Hauriou* und *Friedrich Julius Stahl*[77] folgern, als auch andererseits dadurch, dass er die Lebendigkeit der objektiven Institute[78] beschreibt.[79] Nach *Kaufmann* sind die Rechtsinstitute und ihre grundlegenden Regelungen kein Produkt der Gesetzgebung, sondern bilden eine überindividuelle Ordnung, die nicht nur dem Gesetzgeber vorgehen, sondern auch dem Richter Weisung geben. Denn aus „dem Wesen der

---

67 Vgl. *Natorp* 2014: 126 f.
68 *Hauriou* 1965: 39; *Mainzer* 2003: 43.
69 *Mainzer* 2003: 44.
70 *Häberle* 1972a: 75 f. m. w. N.
71 *Häberle* 1972a: 76.
72 *Häberle* 1972a: ebd.
73 *Häberle* 1972a: 76.
74 Vgl. das Interview mit *Häberle* in diesem Band auf S. 189.
75 Vgl. das Interview mit *Häberle* in diesem Band auf S. 190.
76 *Kaufmann* 1927: 2, 16, 20; *Mainzer* 2003: 44. Vgl. auch *Mager* 2003: 141 ff.
77 *Stahl* 1963.
78 *Kaufmann* 1964: 177.
79 Vgl. *Mainzer* 2003: 45.

in seinem Gewissen gegebenen Institute hat der Richter Rechtssätze für den zu entscheidenden Fall zu entnehmen“[80].

Nach *Häberle* umschreibt *Kaufmann* das Wechselverhältnis, das zwischen dem Subjektiv-Individualrechtlichen und dem Objektiv-Institutionellen besteht, indem *Kaufmann* unter anderem davon spricht, dass das Recht Rechtsformen für den individuellen Willen bereitstelle, dass die Durchsetzung eines Rechtsgeschäfts nur mit objektiven Elementen möglich sei und dass der moderne Begriff des Individuums „einen Korrelatbegriff zu Recht, Staat und Gemeinschaft“ darstelle.[81] Insgesamt betone *Kaufmann* zwar das Objektiv-Institutionelle, aber:

> „Trotz der Betonung des Objektiv-Institutionellen kommt es bei ihm jedoch nicht zu einer Vernachlässigung des Individuellen, der Freiheit und der Persönlichkeit. Dem Individuum ist bei der Gestaltung der sittlichen Welt eine aktive schöpferische Rolle aufgegeben[..]. Es ist dazu berufen, die Institute zu realisieren und sie mit den eigenen Legitimationsvorstellungen zu erfüllen, ihnen ‚wirkliches Leben‘ zu geben.“[82]

Die Institute kommen also nicht nur auf die Menschen zu, sondern lassen genügend Raum für schöpferische Tätigkeiten. Auf diese Weise verbindet *Kaufmann* das Individuelle mit dem Objektiven und kommt so auch dem Grundrechtsverständnis nach *Arnold Gehlens* Naturlehre der Institution nahe, der den Menschen als handelndes Wesen versteht.

2.3 Arnold Gehlens Naturlehre der Institution

Der deutsche Anthropologe *Arnold Gehlen* entwickelte seine Naturlehre der Institutionen zeitgleich mit *Häberles* Institutionellem Grundrechtsverständnis im Wesentlichen in den 1960er Jahren. Sie ist in der soziologischen Institutionentheorie auch heute noch maßgeblich[83] und hat wohl auch Peter *Häberles* institutionelles Grundrechtsverständnis mit beeinflusst,[84] was *Häberle* selbst einräumt.[85] Sein Hauptwerk „Der Mensch“ von 1940 gilt als „das“ zentrale Werk der Philosophischen Anthropologie. In *Arnold Gehlens* Naturlehre der Institution stehen vor allem deren Entstehungsursachen, die *Gehlen* am Bedürfnis der menschlichen Natur festmacht,[86] und ihre Funktion im Vordergrund. *Geh-*

80 *Mainzer* 2003: ebd. m. w. N.
81 *Häberle* 1972a: 77.
82 *Häberle* 1972a: 79.
83 Vgl. *Fuchs-Heinritz / Lautmann* u. a. 1994: 302.
84 *Mainzer* 2003: 49.
85 *Häberle* 1983: 73 ff., 104. „Das Motto »Zurück zur Natur« (*Rousseau*) ist durch *A. Gehlens* »Zurück zur Kultur« zu ersetzen.“ (*Häberle* 1999: 72).
86 *Gehlen* 2004: 18; *Gehlen* 2014: 26 ff.

len stellt die Sonderstellung des Menschen als biologisches „Mängelwesen“ heraus, das anders als Tiere nicht an eine bestimmte Umwelt angepasst ist. Vielmehr leiden Menschen an einem „lebensgefährlichen Mangel an echten Instinkten“, woraus sich sein Antrieb erklären lässt, die Natur zu kultivieren. Der Mensch, der von Natur aus ein Kulturwesen sei, muss somit lernen, „die Welt und sich selbst zu beherrschen“, um überleben zu können. Denn alle Menschen werden ständig von einer Vielzahl von Eindrücken und Handlungsmöglichkeiten ausgesetzt, die zu einer Überflutung von Reizen und Handlungsalternativen führten.[87] Um diese zu beherrschen, setze das Individuum das Bewusstsein ein, um seine Bedürfnisse zu befriedigen, und bediene sich in der Gruppe bzw. in der Gesellschaft der Institutionen, weil sie das Verhalten anderer Menschen vorausberechenbar machten und so ein Zusammenleben ermöglichten.[88]

Die Institutionen, die sich aus frühzeitlichen Riten entwickelt haben könnten und sich nach *Gehlen* beispielhaft in Familien, Freundschaft, Arbeitsteilung, Kunst und Religion widerspiegeln, haben für den Menschen Entlastungsfunktion und stabilisieren sein Leben. Sie sind somit konkrete Erscheinungen der sozialen Realität und damit keine Kategorien des Rechts, das vielmehr selbst sich aus vielen unterschiedlichen Institutionen zusammensetze wie etwa Gerichten, Behörden, Anwälten etc.[89]

> „Das Thema institutionellen Denkens ist es also, das Individuum und seiner Freiheit in das Übergreifende objektiver Ordnungen und Lebensverhältnisse einzubetten und umgekehrt die individuellen Schöpferkräfte und Gestaltungskräfte diesen Ordnungen zuzuführen.“[90]

Wenn *Arnold Gehlens* Naturlehre der Institution den Menschen als handelndes Wesen in einem konkreten Ordnungsgefüge sieht, greift er letztlich, ohne es konkret auszusprechen, ebenfalls den Doppelcharakter der Grundrechte auf. Insofern sieht *Häberle* eine Abgrenzung zum Grundrechtsverständnis Carl Schmitts und seiner Lehre von den Instituts- und institutionellen Garantien.[91]

2.4 Grundrechtsverständnis nach Carl Schmitts Lehre von den Instituts- und den institutionellen Garantien

Carl Schmitt, der seine nach wie vor wirkmächtige Lehre von den Instituts- und institutionellen Garantien zwischen 1928 und 1930 entwickelte, begrenzt seine Theorie der Instituts- und institutionellen Garantien auf verfassungsrechtliche Gewährleistungen, die er

87 *Gehlen* 2014: 41; *Gehlen* 2004: 36, 41; vgl. *Jonas* 1966: 38 f.; *Mainzer* 2003: 49.
88 *Gehlen* 1961: 71; *Gehlen* 2014: 67; *Jonas* 1966: 43; *Mainzer* 2003: 49 f.
89 *Mainzer* 2003: 50; *Gehlen* 1961: 76; *Gehlen* 2004: 18, 35 ff., 43, 61; *Jonas* 1966: 57, 103.
90 *Häberle* 1972a: 80.
91 *Häberle* 1972a: 92 ff.

wie Grundrechte als Abwehrmechanismen staatlicher Eingriffe behandelt, indem die Instituts- und institutionellen Garantien eine Beseitigung bestimmter Einrichtungen durch den einfachen Gesetzgeber verhindern.[92] Da *Schmitt* wie *Häberle Maurice Hauriou* als einen seiner geistigen Väter seiner Theorien ansieht[93], tauchen in beiden Grundrechtsverständnissen gewisse äußerliche Parallelen auf: Zum Beispiel wenden sie sich gegen den Positivismus und den Liberalismus und kritisieren das Auseinanderreißen von Lebensverhältnissen und Norm.[94] Beide gehen von vorfindlichen Ordnungen wie Ehe, Familie etc. aus und betrachten die Norm nur als Bestandteil der Institution.[95] Diese „Gemeinsamkeiten" sind jedoch nur oberflächlich gegeben. Tatsächlich haben *Häberle* und *Schmitt* unterschiedliche Grundrechtsverständnisse. Denn Instituts- und institutionelle Garantien grenzen sich nach *Schmitt* von den Grundrechten ab:[96]

> In ungenauer Ausdrucksweise spricht man hier ebenfalls oft von Grundrechten, obwohl die Struktur solcher Garantien logisch und rechtlich von der eines Freiheitsrechtes ganz verschieden ist."[97]

Dadurch wird – nach *Häberle* – der Institutionenbegriff ein „Gegenbegriff zum Individualrechtlichen und der Freiheit" und ist kein Korrelatbegriff.[98] Der

> „lapidare Satz: Die Freiheit ist kein Institut,[99] verdeutlicht dies schlaglichtartig."[100]

Auch wenn die Begriffe „Institut" und „Institution" bei *Schmitt* insgesamt relativ unscharf bleiben,[101] er den Schwerpunkt jedenfalls im normativen Bereich legt,[102] unterscheidet er grundsätzlich in Abgrenzung zur subjektiven Freiheit Institutsgarantien von institutionellen Garantien. *Institutsgarantien*, für die er beispielhaft u. a. das Verbot von Ausnahmegerichten (Art. 105 WRV), die Ehe als Grundlage des Familienlebens (Art. 119 WRV) und die privatrechtliche Institution des Eigentums (Art. 153 WRV) und des Erbrechts (Art. 154 WRV) nennt,[103] sind demnach *Rechtsinstitute* mit „typischen, traditionell feststehenden Normenkomplexen und Rechtsbeziehungen".[104] Dagegen sieht

---

92 *Schmitt* 1973b: 215. S. auch *Mager* 2003: 21 ff.
93 *Schmitt* 2010: XII.
94 *Schmitt* 2006: 29 ff., 44 und 46 ff.; *Häberle* 1983: 91, 90 und 90 f.
95 *Schmitt* 2006: 13, 20 f. und 23; *Häberle* 1983: 86, 96, 170 und 98, 106. Weitere Parallelen bei *Mainzer* 2003: 53 f.
96 *Schmitt* 2010: 170; *Schmitt* 1973a: 164, 169; Vgl. auch *Mainzer* 2003: 45.
97 *Schmitt* 2010: 170.
98 *Häberle* 1972a: 92. Zu den Schwächen Schmitts vgl. auch *Mager* 2003: 32 f.
99 *Schmitt* 1973a: 160; *Schmitt* 1973b: 208 ff.
100 *Häberle* 1983: 92.
101 *Mainzer* 2003: 46.
102 *Mainzer* 2003: 47.
103 *Schmitt* 2010: 171.
104 *Schmitt* 1973b: 215.

Schmitt als *institutionelle Garantie* eine in der Verfassung verankerte öffentlich-rechtliche Institution, die ihrem Wesen nach begrenzt ist und nur innerhalb des Staates existiert. Die institutionelle Garantie stützt sich nicht auf die Vorstellung einer unbegrenzten Freiheitssphäre, sondern ist vielmehr eine *Institution*, „die als solche immer etwas Umschriebenes und Umgrenztes, bestimmten Aufgaben und bestimmten Zwecken Dienendes ist".[105] Als Beispiele werden das Selbstverwaltungsrecht der Gemeinden (Art. 127 WRV)[106], das Berufsbeamtentum (Art. 129 WRV), das aber zugleich auch dem einzelnen Beamten zugute kommt,[107] und die Einrichtungsgarantie der Universitäten im Rahmen der Wissenschaftsfreiheit (Art. 142, 149 WRV) genannt,[108] das nach *Schmitt* von *Rudolf Smend* als „Grundrecht der deutschen Universität"[109] bezeichnet wird.

Nach *Schmitt* kann es aber keine Grundrechte einer natürlichen, wie etwa die Familie, oder einer organisierten Gemeinschaft, zu denen zum Beispiel Universitäten, Gemeinden und Gemeindeverbände zählen, geben:

> „Die Familie als solche hat kein Grundrecht im echten Sinne, ebensowenig ihr Mitglied als solches. Sie kann nur als Einrichtung verfassungsrechtlich geschützt werden. Das gleiche gilt von Gemeinden und Gemeindeverbänden."[110]

Daher widerspricht die *Schmittsche* Auffassung, dass die Freiheit kein Institut, sondern das „echte Grundrecht des einzelnen" immer absolut und prinzipiell unbegrenzt sei,[111] nach *Häberle* einer institutionellen Wertung der Grundrechte. Denn

> „bei C. Schmitt ist das Recht ebenso bloßer Umbau der Freiheit und nicht Wirklichkeit und Erfüllung der Freiheit, wie das Institutionelle lediglich einen ‚Umbau'[112] der Freiheit bildet..."[113]

Die

> „institutionelle Seite der Freiheit [besteht] aber gerade *im* Recht [...], da sie durch das Recht, d. h. durch Verfassungs- und Gesetzesrecht konstituiert ist und im Recht ihre *Gestalt* besitzt. ... In diesen Normenkomplexen hat die institutionelle Seite der Freiheit ihre *Daseinsweite*. Nur wer die Freiheit als einen Rechtsbegriff sieht und das an anderer Stelle beobachtete ‚In-

---

105 *Schmitt* 2010: 171; *Schmitt* 1973a: 149; vgl. auch *Mainzer* 2003: 46.
106 *Schmitt* 2010: 171 f.
107 *Schmitt* 2010: 172.
108 *Schmitt* 2010: 173.
109 Staatsrechtslehrertagung 1927, in: AöR. XIII, S. 107.
110 *Schmitt* 2010: 173.
111 *Schmitt* 2010: 175; *Schmitt* 1973a: 167 ff.; *Schmitt* 1973b: 208 ff.
112 *Schmitt* 1973b: 210.
113 *Häberle* 1983: 93.

> einander' von Recht und Freiheit anerkennt, vermag zu einer institutionellen Sicht der Grundrechte zu gelangen, ja er muß zu einer solchen durchstoßen."[114]

Auch wenn *Häberle* zunächst dem Grundrechtsverständnis nach *Carl Schmitts* Lehre von den Instituts- und institutionellen Garantien ablehnend gegenüber steht, sieht er dessen Ideen am Ende seiner Dissertation noch als mögliches Durchgangsstadium:

> „Die Lehre von den Instituts- und den institutionellen Garantien bildet ein freilich durch Vereinseitigungen und Scheinalternativen belastetes Stadium auf dem Weg zur ‚Institutionalisierung' der Grundrechte. Es handelt sich um eine Entwicklung, auf die C. Schmitt anspielt[..], nur daß im Gegensatz zu dessen Auffassung der hier beschriebene Institutscharakter der Grundrechte die grundrechtliche Freiheit nicht zum Privileg[..] macht. Daß der Institutscharakter der Grundrechte keine Privilegierung bedeutet, folgt u. a. aus der Wechselbedingtheit zwischen grundrechtlicher Freiheit der einzelnen oder Gruppen und der institutionellen Seite der Grundrechte sowie aus dem Ineinander von Individual- und Gemeinschaftsinteresse[..]."[115]

Die Wechselbedingtheit zwischen grundrechtlicher Freiheit des Einzelnen oder von Gruppen einerseits und der institutionellen Seite der Grundrechte andererseits sowie das Ineinandergreifen von Individual- und Gemeinschaftsinteresse sind dagegen Eckpunkte von *Peter Häberles* Doppelcharakter der Grundrechte und sein institutionelles Grundrechtsverständnis.

3 Peter Häberles Doppelcharakter der Grundrechte und sein institutionelles Grundrechtsverständnis

Seine Theorie der Institutionen, mit der die einseitige Sicht der Grundrechte als individualistisch und abwehrrechtlich überwunden wird, entwickelte *Häberle* zu Beginn der 1960er Jahre als Grundrechtstheorie, in der eine Interdependenz zwischen Freiheit und Ordnung, Individual- und Gemeinschaftsinteresse sowie Selbst- und Vorbestimmtheit festgeschrieben wird.[116] *Häberle* stellt bereits drei Jahre später heraus[117], dass institutionelles Denken sich nicht auf die Grundrechte beschränken darf. Vielmehr soll sich die Politikwissenschaft als Wissenschaft vom politischen Gemeinwesen nicht als allgemeine

114 *Häberle* 1983: ebd. u. 94.
115 *Häberle* 1983: 237.
116 *Mager* 2003: 75.
117 *Häberle* 1965: 391.

Staatslehre fortsetzen[118], sondern sich als Institutionenlehre etablieren. Als Beispiele für solche Institutionen nennt er Rechtsstaat, Parlament, Gerichtsbarkeit, Gewerkschaften.[119] Daraus ergibt sich, dass institutionelles Denken für *Häberle* einen hohen Stellenwert einnimmt. Es ist die Basis seines Verständnisses von Wesen und Funktionen der Grundrechte im Leistungsstaat.

3.1 Wesen und Funktionen der Grundrechte im Leistungsstaat

Dass das Grundgesetz den „Leistungsstaat" verankert, lässt sich textlich anhand von Aussagen über Leistungsstaat und Leistungsprinzip belegen. *Häberle* nennt selbst zum Beispiel Art. 3, 7 Abs. 4 Sätze 3 u. 4, 14 Abs. 2, 20 Abs. 1 (Sozialstaatsprinzip und Demokratie), 28 Abs. 2, 29 Abs. 1, 33 Abs. 2 u. 5, 104a sowie weitere auf.[120] Außerdem stellt er fest, dass der Leistungsstaat nicht nur mit seinen Bestimmungen verfassungstextlich legitimiert wird, sondern „gleichzeitig als gelebte Verfassung in einer dem bürgerlichen Rechtsstaat unbekannten Kraft und Fülle in seinen ‚Leistungsfunktionen'"[121] in Erscheinung tritt. Leitlinien und Verfahren, die wie etwa die Leistungsgesetzgebung häufig schon an einzelnen Begriffen wie „Hilfe", „Sicherung", „Förderung" zu erkennen ist, „‚erfüllen' den leistenden Sozialstaat ‚von unten her'".[122] Das Leistungsrecht, mit dem das Parlament den Funktionswandel im sozialen Rechtsstaat aufzufangen sucht und welches das Profil des sozialen Rechtsstaats bestimmt, geht ein neues Verhältnis von Bürger und Staat sowie von Legislative und Exekutive einher. Ohne Leistungsrecht sind die Grundrechte sozial ineffektiv, sodass sein Rechts- und Gemeinwohlwert nicht geringer ausfällt als der des Eingriffsrechts, weil es „Kooperations-, Kommunikations-, Partizipations-, Verfahrens- und Organisationsformen in den Vordergrund rücken" lässt.[123] Daraus ergibt sich, dass Leistungsverhältnisse und Leistungsrechtsverhältnisse potentiell Grundrechtsverhältnisse sind[124], die auch in der Leistungsverwaltung, welche versucht Grundrechte durch (Um-)verteilung etc. für alle effektiver zu machen, als Verfassungsziele realisiert.[125] Das gilt auch in der Leistungsrechtspre-

118 Nach *Heller* 1934: 57 soll es gerade umgekehrt sein; vgl. auch *Sontheimer* 1963: 49: „Unsere gemeinsame Wissenschaft [Anm.: gemeint sind Politische Wissenschaft und Staatsrechtslehre] erforscht ihren Gegenstand, die Ordnung menschlichen Zusammenlebens, den Staat, die Politik, nicht nur, um zu wissen, wie sie beschaffen sind, und auch nicht im Sinne einer Kunstlehre einerseits oder Verfassungslehre andererseits, sondern letztlich im Sinne einer Ordnungswissenschaft."

119 *Häberle* 1965: 391. Vgl. *Mainzer* 2003: 51 mit Fn. 166.

120 *Häberle* 1972b: 46; *Häberle* 1980a: 164.

121 *Häberle* 1972b: ebd.; *Häberle* 1980a: ebd.

122 *Häberle* 1972b: ebd.; *Häberle* 1980a: ebd.

123 *Häberle* 1972b: 47 f.; *Häberle* 1980a: 166. Zu Gemeinwohl, Grund- und Orientierungswerte vgl. *Häberle* 2011: 369 ff.

124 *Häberle* 1972b: 48; *Häberle* 1980a: ebd.

125 *Häberle* 1972b: 53; *Häberle* 1980a: 168.

chung, die Grundrechtsbezug hat, da sie über die Kontrolle hinaus immer in Bezug auf die Grundrechte gestaltend tätig wird.[126] Dadurch haben Grundrechte nicht nur bei Eingriffen sondern auch bei Leistungen in der verfassungsrechtlichen Ordnung eine erhebliche Bedeutung.

Häberle stellt zunächst fest, dass Grundrechte in der verfassungsrechtlichen Ordnung eine doppelte Bedeutung wahrnehmen: Zum einen ermöglichen sie als „Höchstwerte" dem Einzelnen, für sich „Werte zu finden und zu aktualisieren, indem sie ihm den Status der Freiheit verbürgen"[127], zum anderen sind sie „zugleich Voraussetzung dafür, daß sich über die individuelle Freiheitsbetätigung aller diese Ordnung immer von neuem konstituiert."[128] Daraus ergibt sich nach *Häberle*, der seine Überlegungen mit Schriften von *Hauriou* und *Kaufmann* stützt[129], klar, dass die Grundrechte „konstitutive Bestandteile... der freiheitlichen Ordnung des Grundgesetzes"[130] und ihre Rechtsgutqualität unbestritten sind.[131] Als weitere Folge ergibt sich daraus, dass sich alle in der Verfassung normierten Rechtsgüter als Einheit zusammenschließen, sodass folgerichtig die Verfassungsauslegung auch nur ganzheitlich betrieben werden darf:

> „Grenzen und Inhalt der Grundrechte sind in einer ‚Zusammenschau' zu bestimmen, die ihnen als konstitutivem Teil eines Gesamtzusammenhangs gerecht wird. Keine Verfassungsnorm kann aus sich allein heraus ausgelegt werden."[132]

Diese ganzheitliche Auslegung weist *Häberle* auch in der Rechtsprechung des Bundesverfassungsgerichts zur Bestimmung des Menschenbilds des Grundgesetzes nach.[133] Ferner stellt er fest, dass die Rechtsgüter des Grundgesetzes „nicht fremd und isoliert" nebeneinander bzw. gegenüber stehen, sondern gerade in einem „immanenten Zusammenhang", der es – trotz der Verschiedenartigkeit der einzelnen Verfassungsrechtsgüter – nicht zulässt, dass es zu einer „Herrschaft der Werte" in dem Sinne kommt, dass sich einzelne Werte gegenüber anderen durchsetzen oder dass die Werte gegeneinander ausgespielt werden.[134] Vielmehr erfolgt zwischen ihnen stets ein Ausgleich, sodass grundgesetzliche Werte nicht abstrakt der Rechtsordnung von oben diktiert werden, sondern –

---

126 *Häberle* 1972b: 54; *Häberle* 1980a: 169.
127 *Häberle* 1983: 4.
128 *Häberle* 1983: ebd.
129 *Häberle* 1983: 4 f., Fn. 2 und 3.
130 *Häberle* 1983: 4 f.
131 *Häberle* 1983: 7. Vgl. schon *Anschütz* 1933: 505 f.: „Die Aufnahme von Bestimmungen über gewisse fundamentale Rechte des Individuums als Mensch und Bürger in das Staatsgrundgesetz ist ... ein typischer Wesenszug fast jeder neuzeitlichen Verfassung" mit dem Ziel, „der Staatsgewalt gegenüber der Freiheit des Einzelnen Maß und Ziel zu setzen..."
132 *Häberle* 1983: 5.
133 BVerfGE 4, 7 (15 f.); 7, 377 (402 f.); 8, 274 (329). Vgl. *Häberle* 1983: 5, Fn. 6.
134 *Häberle* 1983: 6.

hier greift *Häberle* den Gedanken der verfassungsrechtlichen Positivität der Grundrechte von *Smend* auf[135] – Werte sind,

> „die von der Verfassung positiviert und konkretisiert sind, deren ständig neue Aktualisierung hic et nunc aufgegeben ist".[136]

Damit haben die grundgesetzlichen Rechtsgüter, seien sie geschrieben oder ungeschrieben oder immanent[137] eine spezifische Bedeutung für die Gemeinschaft, die sich in der sozialen Funktion der Grundrechte als wesentliches Element niederschlägt.[138] Denn:

> „Jede Grundrechtsausübung ist in einem spezifischen Sinne soziale Betätigung."[139]

Die soziale Funktion der Grundrechte, die gleichrangig neben dem individuellen Interesse steht, aber bei den einzelnen Grundrechten durchaus differenziert zu betrachten ist[140], ergibt sich nicht ausschließlich aus der Wesensgehaltgarantie des Art. 19 Abs. 2 GG, sondern folgt „aus dem Rechts- und Grundrechtsbegriff als solchem."[141] Da Grundrechte wesentlich subjektive öffentliche Rechte sind, darf das Verständnis ihrer sozialen Funktion nicht ihre individuelle Bedeutung aushöhlen.

> „Die Grundrechte sind nicht nur um der Erzielung eines ‚Gesamterfolgs' willen gewährleistet, sie sind auch um der individuellen Persönlichkeitsentfaltung willen auf den einzelnen Lebensgebieten verbürgt."[142]

Daraus ergibt sich, dass die einzelnen Verfassungsrechtsgüter in einer Interdependenz zueinander stehen. Es gibt also nicht nur ein alternatives „Entweder-oder", sondern faktisch handelt es sich um ein „Sowohl-Als-auch". Denn auf der einen Seite sind die Grundrechte Garant für den Bestand der Gemeinschaft, umgekehrt werden die Grundrechte erst durch den Bestand der Gemeinschaft gewährleistet.[143] Dies wird auch in Entscheidungen des Bundesverfassungsgerichts zur Gemeinschaftsklausel vertreten, wenn das Gericht festlegt: „[Es gehört] ...zum Inbegriff aller Grundrechte, ..., daß sie nicht in

---

135 *Smend* 2010a: 266 f., Fn. 15.
136 *Häberle* 1983: 7.
137 *Häberle* 1983: 7 u. 8 unterscheidet „ungeschriebene" von „immanenten" Grundrechtsgrenzen.
138 *Häberle* 1983: 8.
139 *Häberle* 1983: 12.
140 *Häberle* 1983: 10, der die Differenzierung an einzelnen Freiheitsrechten darstellt, z. B. der Petitionsfreiheit, der Meinungsfreiheit, der Berufsfreiheit, der Gewissensfreiheit, der Vertragsfreiheit.
141 *Häberle* 1983: 9.
142 *Häberle* 1983: 11.
143 *Häberle* 1983: 12, Fn. 56, in der er zehn Entscheidungen des Bundesverfassungsgerichts zur Gemeinschaftsklausel zitiert.

Anspruch genommen werden dürfen, wenn dadurch die für den Bestand der Gemeinschaft notwendigen Rechtsgüter gefährdet werden".[144]

Damit haben die Grundrechte eine konstitutive Bedeutung für die Gemeinschaft und die Verfassung, weil jede Ausübung eines Grundrechts dem Staatsganzen „unverzichtbare Schöpferkräfte" zuführt.[145] Die Grundrechte haben dadurch ein „aktivbürgerliches Moment", das die Grundrechtsberechtigten in die Lage „aktiver Staatsbürger" versetzt.[146] Sie sind deshalb „funktionelle Grundlage" in der freiheitlichen demokratischen Grundordnung mit der Stellung als „Konnexinstitute der Demokratie".[147] Sie können deshalb nicht allein Abwehrrechte gegen den Staat und seiner Maßnahmen sein[148], weil die Menschen bei reiner Abwehrfunktion der Grundrechte außerhalb der Verfassung stünden.[149] Da jede Verfassung jedoch darauf ausgerichtet ist, „lebendige Menschen zu einem politischen Gemeinwesen zusammenzuordnen"[150], dient die Abwehrfunktionen nach *Häberle* vielmehr auch dazu,

> „... den einzelnen zu Staat und Gemeinschaft hinzuführen".[151]

3.2 Die Überwindung des Gegensatzes von Rechtsstaat und Demokratie

Durch seine Forderung, den einzelnen zu Staat und Gemeinschaft hinzuführen, überwindet *Häberle* in seinem richtungsweisenden Ansatz die Verschiedenartigkeit von Rechtsstaat und Demokratie. Zu Recht versteht er nämlich Demokratie als organisatorische Konsequenz der Menschenwürde sowohl auf nationaler als auch auf europäischer Ebene.[152] Dass aus der Menschenwürde ein Grundrecht auf Demokratie folgt, Menschenwürde und Demokratie sich also wechselseitig bedingen mit der Folge, dass dem demokratischen Gesetzgeber ein großer Spielraum eingeräumt ist, ist eine von *Peter Häberle* 1987[153] entwickelte These, die das BVerfG[154] übernommen hat, ohne allerdings *Häberle* als Autor zu zitieren, was *Peter Häberle* später auch kritisiert.[155]

---

144 BVerfGE 1, 42 (52). Vgl. auch *Pecher* 2002: 135.

145 *Häberle* 1983: 18.

146 *Häberle* 1983: ebd. mit Kritik u. a. an *Georg Jellineks* Formalismus und Positivismus, welches die Erkenntnis der institutionellen Bedeutung der Grundrechte verhindere (*Häberle* 1983: 91) und dem „Eingriffs- und Schrankendenken" Vorschub leiste (*Häberle* 1983: 153). Vgl. zur Grundrechtstheorie von *Jellinek* aktuell *Augsberg* 2012: 95 ff.

147 *Häberle* 1983: 17 m. w. N. Hier schließt sich der Kreis, dass die Menschenwürde ein Grundrecht auf Demokratie begründet. Vgl. *Häberle* 1987: 848 f.; *Häberle* 2004a: Rn. 67 ff.

148 Vgl. *Hesse*: 1959: 32, *Hamel* 1957: 20, vgl. zur Auffassung von Walter Hamels Grundrechtstheorie *Mager* 2003: 78 ff.

149 *Häberle* 1983: 19.

150 *Smend* 2010b: 319 f., Fn. 15. Zitat schon bei *Häberle* 1962: 19.

151 *Häberle* 1983: 19.

152 *Häberle* 1999: 71 ff.; *Häberle* 2011: 295 ff.; *Häberle* 2013: 333 ff..

153 *Häberle* 1987: 848 f.; *Häberle* 2004a: Rn. 67-69.

Häberles Verdienst ist es somit, die bis heute in der Rechtswissenschaft festgeschriebene Entgegensetzung von Rechtsstaat und Demokratie zu überwinden. Dieser Gegensatz lässt sich auf die gescheiterten Demokratisierungsversuche Deutschlands im 19. Jahrhundert und des darauf folgenden preußischen Obrigkeitsstaats zurückführen, der die Tradition einer hegelianischen Überhöhung des Staates begründete als eine „über den Einzelinteressen stehende neutrale Obrigkeit, die das ‚Gemeinwohl' verkörpert."[156] Hier hatte die Trennung von Staat und Gesellschaft starke rechtsstaatliche Strukturen herausgebildet, vor allem durch das dem nichtstaatlichen, gesellschaftlichen Bereich zugeordnete Zivil- und Strafrecht, welche primär wirtschaftliche Interessen des Eigentumsschutzes verfolgten, ohne jedoch gleichzeitig demokratische Strukturen im staatlichen Bereich zu schaffen.[157] Auch in Weimar ist es nie gelungen, die neue demokratische Verfassung gegen die überkommenen Rechtstraditionen durchzusetzen.[158] Dieses Erbe der überwiegend antidemokratischen Traditionen der Weimarer Staatsrechtslehre, die vor allem durch *Carl Schmitt* – aber auch durch *Rudolf Smend* – wirkmächtig wurden[159], hat sich bis heute in der Staatsrechtslehre und in der Rechtsprechung des Bundesverfassungsgerichts erhalten, das geradezu dogmatisch eine Grundrechtssystematik entwickelt hat und sich in Einzelfallrechtsprechung ergeht.[160] Das ergibt sich schon aus der Differenzierung der verfassungsgerichtlichen Entscheidungenbegründungen in einen „Maßstäbeteil"[161] und einer „Sachverhaltssubsumtion"[162]. Denn in dem abstrakten „Maßstäbeteil" „spricht das Gericht ex cathedra von einer von den Sachverhalten und Streitfragen abgehobenen Warte, in der sich die Verfassungsauslegung als autoritative Normerkenntnis verselbständigt hat."[163] Hier zitiert sich das BVerfG auch meistens nur selbst aus früheren Entscheidungen. Diese Grundrechtsdogmatik ist heute der Regelfall. Dagegen haben sich Entscheidungen des BVerfG zum Demokratiebegriff vergleichsweise sehr spät ergeben, etwa in dem „zukunftsweisenden pluralistischen und menschenrechtlichen

---

154 In BVerfGE 123, 267 (341).

155 *Häberle* 2014: 256.

156 *van Ooyen* 2013a: 135.

157 *van Ooyen* 2015a: 171; vgl. *van Ooyen* 2005.

158 *Bryde* 2015: 499.

159 Vgl. *van Ooyen* 2015b: 96 und schon *Nuscheler / Steffani* 1976; *Sontheimer* 1968; „andersherum" *Gusy* 2000. Vgl. zum Erbe der antidemokratischen Traditionen der Weimarer Staatsrechtslehre die weiteren Ausführungen bei *van Ooyen* in diesem Band ab S. 158 sowie *Requate* 2008: 168 ff.

160 Hinweis von *Robert van Ooyen*: *Carl Schmitt* setzt zwar Rechtsstaat und Demokratie als unvereinbar gegeneinander, um dann aber die Demokratie entgegen der Tradition der deutschen Staatslehre für höherwertiger zu positionieren – aber unter „Demokratie" verstand er eben nicht Pluralismus und Verfahren, sondern den homogenen Volkswillen einer plebiszitär legitimierten starken „Führerstaats": vgl. *Schmitt* 2010: 234 f.; insgesamt dazu *van Ooyen* 2003: 177 ff.

161 Regelmäßig als Gliederungspunkt C. I. ausgeführt: *Lepsius* 2015: 123.

162 Regelmäßig als Gliederungspunkt C. II. ausgeführt: *Lepsius* 2015: ebd.

163 *Lepsius* 2015: 125.

Demokratieverständnis“[164] des Brokdorf-Beschluss von 1985.[165] Demokratietheoretische Entscheidungen sind jedoch bis heute „unterkomplex“ geblieben.

Denn diesem im Brokdorf-Beschluss noch zukunftsweisenden, von Pluralismus getragenen Demokratieverständnis folgte später – bei den Entscheidungen zum Ausländerwahlrecht[166] – die „Verengung von Demokratie zur Herrschaft eines Staatsvolkes durch den 2. Senat“[167] in seinem wenig überzeugenden „Legitimationskettenmodell“, das vom seinerzeitigen Richter *Ernst-Wolfgang Böckenförde*, der sich explizit immer wieder auf *Carl Schmitt* bezieht, eingebracht worden ist.[168] Dieses „Legitimationskettenmodell“, in dem *Ernst-Wolfgang Böckenförde* auf der Grundlage seiner staatstheoretischen Schriften von einer „existentiellen Schicksalsgemeinschaft“ der Deutschen im Sinne einer homogenen politischen Einheit ausgeht, stellt einen erheblichen Rückschritt dar[169], indem hier unter Rückgriff auf das 19. Jahrhundert des *Charles de Montesquieu*[170] – die Vorstellung vom demokratischen Recht als Subsumtionsmaschine propagiert wird. Zu einem solchen Ergebnis kann man aber nur gelangen, wenn man vom Gegensatz von Rechtsstaat und Demokratie ausgeht.

Genau diesen Gegensatz überwindet *Häberle*, wenn er Demokratie als organisatorische Konsequenz der Menschenwürde versteht, was ebenso „revolutionär“ erscheint wie seinerzeit die demokratietheoretischen Entscheidungen im Brokdorf-Beschluss. Menschenwürde und Grundrechte haben also eine erhebliche Bedeutung für das politische Leben. Gleichberechtigt daneben steht nach *Häberle* aber außerdem ihre Bedeutung für das Privatleben:

> „Die Grundrechte schützen private Bereiche individuellen und sozialen Lebens um ihrer selbst willen, sie schützen diese zugleich als Voraussetzung politischen Lebens. Die Grundrechte sind demnach ‚nicht nur‘ um der individuellen Selbstbefriedigung des unpolitischen Bürgers willen garantiert. Ein Denken in Alternativen und Primaten würde die Gleichrangigkeit ihrer beiden Seiten verkennen.“[171]

Sind die Grundrechte also sowohl für das private als auch für das der Gemeinschaft dienende politische Leben gleichsam von Bedeutung, stellt sich die Frage, wie Grundrechtsbeschränkungen die öffentlichen und privaten Interessen verschränken.

---

164 *Bryde* 2015: 506.

165 BVerfGE 69, 315-372.

166 BVerfGE 83, 37 (Ausländerwalrecht I); 83, 60 (Ausländerwalrecht II). Vgl. ausführlich *van Ooyen* 2014: 27 ff.; *Menzel* 2000a: 443 ff.; *Isensee / Schmidt-Jortzig* 1993.

167 *Bryde* 2015: 506.

168 Zu den problematischen Implikationen der Demokratietheorie von Böckenförde und des BVerfG vgl. *van Ooyen* 2005: 106 ff.; *Köppe* 1997: 45 ff.; *Bryde* 1994: 305 ff.; *Dreier* 2006: Art. 20, Rn. 69 ff.

169 *Bryde* 2015: ebd.; vgl. *van Ooyen* 2005: 90 ff.

170 *Montesquieu* 1986.

171 *Häberle* 1983: 20.

3.3 Grenzen der Grundrechte aus Gründen öffentlicher und privater Interessen

Aus den vorherigen Ausführungen lässt sich folgern, dass Eingriffe in Freiheiten in Form von Gesetzesvorbehaltsschranken oder in Form von verfassungsimmanenten Grundrechtsschranken eben nicht ausschließlich vom öffentlichen und Gemeinschaftsinteresse her legitimiert sind. Vielmehr erfolgen sehr viele Grundrechtsbegrenzungen sowohl im öffentlichen Interesse als auch im privaten Interesse.[172] Das betrifft nicht nur zum Beispiel das Einschreiten der Polizei zum „Schutz privater Rechte" (z. B. § 1 Abs. 4 BPolG), etwa wenn jemand vertragswidrig mit einem gemieteten Fahrzeug ins Ausland fahren will und von der Bundespolizei aus öffentlichem Interesse – Schutz der öffentlichen Sicherheit und Ordnung – daran gehindert wird, diesen Vertragsbruch (pacta sunt servanda) zu begehen. Vielmehr ergibt sich aus dem Wesen aller Rechtsnormen, dass sie

> „zugleich den Schutz von öffentlichen und privaten Interessen bezwecken".[173]

Bei der Grundrechtsbegrenzung sind also nicht nur öffentliche, sondern auch private Individualinteressen mal mehr, mal weniger, aber immer mit im Spiel. Dies verdeutlicht u. a. auch Art. 2 Abs. 1 GG, der ausdrücklich von „Rechten Dritter" spricht und so erkennen lässt, dass die Rechtsordnung sowohl private als auch öffentliche Interessen schützen will.[174] Wenn sich die Grundrechte zu einem einheitlichen System ergänzen, sind sie „konstitutive Bestandteile des Verfassungsganzen".[175] Ihr Inhalt und ihre Grenzen ergeben sich dann durch die anderen Fundamentalwerte der Verfassung, mit denen sie „in einem Verhältnis gegenseitiger Bedingtheit"[176] stehen. Durch Rechtsgüterabwägung werden mögliche Konflikte gelöst, die durch das Aneinanderstoßen der Fundamentalwerte der Verfassung entstehen können. Insofern ist die Rechtsgüterabwägung, die sich am objektiven Wertsystem der Verfassung als absolute Sicherung der Grundrechte orientiert,[177] Maßstab für die Bestimmung von Inhalt und Grenzen der Grundrechte.

Es fragt sich dann, wie weit die Grundrechte durch eine Rechtsgüterabwägung begrenzt werden können und welcher „Wesensgehalt" ihnen immer noch bleibt.

172 *Häberle* 1983: 23. *Häberle* 1983: 27 f. weist auch nach, dass ebenfalls das Sittengesetz nicht nur im Interesse der Gemeinschaft, sondern auch im Interesse der Grundrechtsberechtigten selbst Grenzen der Grundrechte setzt.

173 *Häberle* 1983: ebd.; vgl. auch *Kaufmann* 2014: 702 f.

174 *Häberle* 1983: 24 mit Fn. 140.

175 *Häberle* 1983: 31.

176 *Häberle* 1983: ebd.

177 *Häberle* 1983: 39 ff.

3.4 Der Wesensgehalt der Grundrechte

Das Bundesverfassungsgericht bestimmt in ständiger Rechtsprechung den unantastbaren Wesensgehalt der Grundrechte durch jeweilige Ermittlung: „Worin der unantastbare Wesensgehalt eines Grundrechts besteht, muss für jedes Grundrecht aus seiner besonderen Bedeutung im Gesamtsystem der Grundrechte ermittelt werden".[178] Dagegen hat *Häberle* nicht nur das „Gesamtsystem der Grundrechte" im Blick, sondern alle Fundamentalwerte der Verfassung, da Grundrechte „konstitutive Bestandteile des Verfassungsganzen"[179] sind. So gehört es zum Wesensgehalt der Grundrechte,

> „daß sie gegen gleich- und höherwertige Rechtsgüter, nämlich durch die immanenten Grenzen, die den Wesensgehalt umhegen, nach dem Grundsatz der Güterabwägung abgegrenzt werden. Immanente Grenzen sind Grenzen, die dem Wesensgehalt entsprechen bzw. ihn umschließen".[180]

Dadurch bilden der Wesensgehalt eines Grundrechts und die zulässigen Grundrechtsgrenzen eine Einheit.[181] Das Menschenbild des Grundgesetzes kennt keine Freiheit der Beliebigkeit, die sich negativ von allem und allen anderen abgrenzt.[182] Das lässt sich schon aus Art. 1 Abs. 1 Satz 2 GG folgern, der bestimmt, dass alle staatliche Gewalt verpflichtet ist, die Menschenwürde ausnahmslos aller Menschen zu achten und schützen. Vielmehr verlangt das Grundgesetz eine positive Freiheit[183], für die es selbstverständlich sein muss, dass sie zugunsten höherer „Sinngehalte" begrenzt wird. Denn die Freiheit ist „ohne die tatsächlichen Voraussetzungen ihres Gebrauchs wertlos".[184] Werden also gleich- und höherwertige Rechtsgüter in das Grundrechtsverständnis einbezogen, werden die Grenzen der Grundrechte „von innen her" festgelegt. Im Wesensgehalt der Grundrechte sind dadurch zum Beispiel das Sozialstaatsprinzip und die Rechte anderer, also der Schutz gleich- und höherwertiger Rechtsgüter, eingeschlossen. Die legitimen Rechtsgüter sind somit im Wesensgehalt der Grundrechte selbst angelegt.[185]

Wenn die Grundrechte also sowohl für das private als auch für das der Gemeinschaft dienende politische Leben gleichsam von Bedeutung sind und die legitimen Rechtsgüter

---

178 BVerfG Beschluss vom 8. November 2006 - 2 BvR 578/02 -- 2 BvR 796/02 -; in: http://www.bverfg.de/SharedDocs/Entscheidungen/DE/2006/11/rs20061108_2bvr057802.html (Abruf: 15.9.2015). Vgl. auch schon BVerfGE 22, 180 (219); BVerfGE 30, 47 (53).

179 *Häberle* 1983: 31.

180 *Häberle* 1983: 58 m. w. N.

181 *Häberle* 1983: 58 f.

182 *Häberle* nennt dies „Freiheit von", *Häberle* 1983: 59.

183 „Freiheit zu", *Häberle* 1983: ebd.

184 *Häberle* 1972b: 140 [aus Leitsatz 43 = *Häberle* 1983: 460]. Mit Bezug auf den Leistungsstaat formuliert Häberle später (1980a: 206): „Grundrechte *im* Leistungsstaat heißt sowohl Leistungsstaat durch die und dank der Grundrechte als auch Grundrechte durch den und dank des Leistungsstaates."

185 *Häberle* 1983: 61 m. w. N.

ihrer Begrenzung sich im Wesensgehalt der Grundrechte selbst wiederfinden, ergibt sich daraus eine individualrechtliche und institutionelle Doppelfunktion der Grundrechte.

3.5 Die individualrechtliche und institutionelle Doppelfunktion der Grundrechte

Es ist unbestritten, dass die Grundrechte den Berechtigten ein subjektives öffentliches Recht gewähren, das einzelnen Individuen und auch Personenvereinigungen zusteht.[186] Das schlussfolgert sich zum einen aus der klassischen Funktion der Grundrechte als „Abwehrrechte des Bürgers gegen den Staat“[187], zum anderen auch daraus, dass Art. 1 Abs. 3 GG die Bindung aller staatlichen Gewalt an die Grundrechte anordnet, sodass jede Person die grundrechtlichen Gewährleistungen geltend machen und gegenüber der öffentlichen Gewalt einklagen kann.[188] Außerdem gewährleisten sie als institutionelle Seite verfassungsrechtlich freiheitlich geordnete und ausgestaltete Lebensverhältnisse.[189] Zum Beispiel gewährleistet in ständiger Rechtsprechung des Bundesverfassungsgerichts Art. 6 Abs. 1 GG „als Institutsgarantie den Bestand der privatrechtlichen Einrichtung der Ehe und Familie; sie hält den rechtlichen Rahmen einer Lebensordnung [...] bereit, in der Mann und Frau sich in der Lebensgemeinschaft der Ehe finden und die sie zur Familiengemeinschaft weiterentwickeln können.“[190] Diese Lebensbereiche lassen sich

> „ihrer objektiv-institutionellen Bedeutung wegen [...] nicht in das Schema individuelle Freiheit – Schranke der individuellen Freiheit einfangen [...], sich nicht auf die eindimensionale Relation Individuum – Staat zwingen oder allein auf das Individuum radizieren“.[191]

Diese Lebensbereiche sind zur Abrundung der Verfassung objektive Ordnungen und dadurch als „institutionelle Seite“ der Grundrechte zu kennzeichnen. Als solche objektive Ordnungen nennt *Peter Häberle* konkret „beispielsweise die freiheitliche Vertrags-,

---

186 *Herdegen* 2015: Rn. 13; *Sachs* 2014: Rn. 27; *Müller-Franken* 2014: Rn. 6; *Dreier* 2013a: Rn. 84; *von Münch / Kunig* 2012a: Rn. 15; vgl. schon *Häberle* 1962: 70; *Köttgen* 1959: 20. Vgl. für die Grundrechte in der Weimarer Verfassung *Anschütz* 1933: 513: „... die Grundrechte sind in ihrer Eigenschaft als subjektive öffentliche Rechte [...] individualistisch gedacht.“

187 BVerfGE 7, 198 (204); 20, 150 (154 ff.); 50, 290 (336 f.); 68, 193 (205); ständige Rechtsprechung, vgl. BVerfG, Urteil vom 19. Februar 2013 - 1 BvL 1/11 -, http://www.bundesverfassungsgericht.de/SharedDocs/Entscheidungen/DE/2013/02/ls20130219_1bvl000111.html, Rn. 45 (Abruf: 25.9.2015). Vgl. zur Idee der Grundrechte als Abwehrrechte *Poscher* 2003.

188 BVerfGE 6, 386 (387). Vgl. *Herdegen* 2015: Rn. 13.

189 *Kaufmann* 1928: 78; *Giere*: 1932: 84; *Hamel* 1957: 19; *Hesse* 1959: 32; *Möllers* 2015a: Rn. 27 ff., insbesondere Rn. 41; zum Begriff „Lebensverhältnis“ vgl. BVerfGE 53, 257 (299); BVerfG, Beschluss vom 06. Mai 2014 - 1 BvL 9/12 -, http://www.bundesverfassungsgericht.de/SharedDocs/Entscheidungen/DE/2014/05/ls20140506_1bvl000912.html, Rn. 50 (Abruf: 25.9.2015).

190 Urteil vom 17. Juli 2002 - 1 BvF 1/01 -, http://www.bundesverfassungsgericht.de/SharedDocs/Entscheidungen/DE/2002/07/fs20020717_1bvf000101.html, Rn. 133 (Abruf: 25.9.2015). Ständige Rechtsprechung seit BVerfGE 6, 55 (72).

191 *Häberle* 1983: 70.

Eigentums- und Erbordnung, die bestehende Ehe- und Familienordnung und die geltende Vereins-, Versammlungs- und Koalitionsfreiheit."[192] Die „institutionelle Seite" nach *Häberle* ist dabei aber nicht mit dem von *Carl Schmitt* gewählten Begriff der „Instituts- und institutionellen Garantien" identisch. Diese behandelt *Schmitt* wie Grundrechte als Abwehrmechanismen staatlicher Eingriffe, indem sie eine Beseitigung bestimmter Einrichtungen durch den einfachen Gesetzgeber verhindern.[193] *Häberle* sieht diese *Schmittschen* Instituts- und institutionellen Garantien aber „mit einer Fülle von Vereinseitigungen und Scheinalternativen vorbelastet"[194], weil im Gegensatz zur *Schmittschen* Auffassung die Grundrechte bei *Häberle* (mit Smend[195]) kein vereinseitigtes Verhältnis des Individualrechtlichen beinhalten, sondern sowohl eine personale als auch eine objektiv-institutionelle Ausprägung besitzen und daher beide Seiten (personale und sachliche) zu ihrem Recht kommen. Der beschriebene Institutscharakter der Grundrechte macht die grundrechtliche Freiheit nicht zum Privileg, weil dies „u. a. aus der Wechselbedingtheit zwischen grundrechtlicher Freiheit der einzelnen oder Gruppen und der institutionellen Seite der Grundrechte sowie aus dem Ineinander von Individual- und Gemeinschaftsinteresse"[196] folgt. Vielmehr stellt er *neben* die individualrechtliche Seite der Grundrechte die institutionelle Seite und bescheinigt den Grundrechten so den Doppelcharakter.

> „Die Grundrechte erscheinen vom Grundrechtsberechtigten her gesehen als subjektive öffentliche Rechte, von den Lebensverhältnissen aus als Institute."[197]

Die von *Smend* gegen *Schmitt*[198] herausgestellte personale Seite sowie die sachliche Seite der Grundrechte werden als Wechselbeziehungen zu einem Ganzen der Grundrechte zusammengefasst. Dabei betont *Häberle*, dass der institutionelle Gehalt der Grundrechte in dem individualrechtlichen Charakter der Grundrechte selbst angelegt ist und sich nicht als dessen Alternative, Umbau oder Komplementär versteht. Daraus folgt, dass die

> „...‚institutionelle Seite' der Grundrechte [..] der individualrechtlichen weder nachgeordnet, noch ihr isolierend gegenübergestellt werden [darf]; sie darf auch nicht in eine Mittel-Zweckrelation gebracht werden. Sie steht vielmehr mit dieser in einer Wechselbeziehung und einem Verhältnis der Gleichrangigkeit, wie sie Kaufmann voraussetzt und Hauriou bestimmt hat."[199]

---

192 *Häberle* 1983: 70 f.
193 *Schmitt* 1973b: 215. S. auch *Mager* 2003: 21 ff.
194 *Häberle* 1983: 71.
195 *Smend* 1955: 318 f. mit Fn. 15.
196 *Häberle* 1983: 237.
197 *Häberle* 1983: ebd. mit Fn. 7 und Hinweisen auf *Huber H.* 1971: 86; *Huber E. R.* 1958: 63 und *Lerche* 1961: 239.
198 *Smend* 2010b: 318 f. mit Fn. 15.
199 *Häberle* 1983: 71 f.

Im Text des Grundgesetzes und in den Landesverfassungen[200] sowie auch in den internationalen („universalen") Menschenrechtspakten wird allerdings überwiegend die individualrechtliche Seite in Form von „Jeder hat..., Alle Deutschen haben..., Niemand darf... etc." (Art. 2; 3 Abs. 3; 4 Abs. 3; 5; 8; 9; 11; 12; 16 Abs. 2; 19 Abs. 4; 20 Abs. 4; 33; 101; 103; 104 GG) betont. Die institutionelle Denkweise findet sich zum Beispiel in den Begriffen „Glauben", „Gewissen", „Presse", „Rundfunk", „Film", „Kunst", „Wissenschaft", „Forschung", „Lehre", „Ehe und Familie", „Schulwesen", „Eigentum". *Häberle* definiert seinen Institutionenbegriff so:

> „Die Institution besitzt eine normative (rechtliche) *und* tatsächliche Daseinsweise. Ihre Wirklichkeit ist durch einen spezifischen Brückenschlag vom Normativen zum ‚sozialen Substrat', dem ‚Stoff' gekennzeichnet. [...] Die Institutionen sind relativ stabile, relativ dynamische Gestalten der Zeit. [...] Institutionen sind geschichtlich gewordene und sich ständig erneuernde Wirklichkeiten. [...] Die einzelnen Institutionen [...] sind bald stärker vergegenständlicht, sind Zustand, bald liegt der Akzent mehr beim Vorgang."[201]

Die Gleichrangigkeit beider Seiten der Grundrechte führt nach *Häberle* dazu, dass sich das Grundrecht automatisch selbst begrenzt, wenn es in die objektiven Lebensverhältnisse eintritt[202], die von zahllosen Normen und Normenkomplexen durchzogen sind.[203]

> „Durch diese Rechtssätze [...] verwirklicht sich die Grundrechtsidee in der sozialen Wirklichkeit."[204]

Insofern kommt es auch bei der Doppelfunktion der Grundrechte auf die *Kontexte*[205] an, die sich nicht nur auf Normenkomplexe im rein rechtlichen Sinne allein beziehen. Das lässt sich schon daraus schließen, dass in einem pluralistischen politischen Gemeinwesen, das hochkomplex ist, nicht die Grundrechtstexte selbst die Bedeutung der Grundrechte bestimmen, sondern die Grundrechtsdogmatik und die verfassungs- und verwaltungsrechtliche Rechtsprechung. Die Texte selbst treten dabei in den Hintergrund, die Bedeutung der Kontexte steigt.[206] Da sich erst aus den Kontexten die Vielfalt der Mög-

---

200 *Häberles* Feststellung, in der 1953 aufgehobenen Verfassung für Württemberg-Hohenzollern käme der institutionelle Gedanke „relativ häufig" zum Ausdruck, ist aber wenig überzeugend, weil seine genannten Beispiele (Art. 9, 10, 14, 15, 16 Verf. W.-H.) in der Formulierung dem Text des Grundgesetzes sehr ähnlich sind.

201 *Häberle* 1965: 392 ff. Kritisch dazu *Mainzer* 2003: 51 sowie *Schwabe* 1997: 133.

202 *Häberle* 1983: 100.

203 *Häberle* 1983: 96.

204 *Häberle* 1983: ebd.

205 Zur Kontextthese vgl. *Häberle* 2011: 10 ff.

206 *Häberle* 1996: 587; vgl. zur Pionierarbeit *Peter Häberles* durch vielfältige Auseinandersetzungen mit Texten und Kontexten *Morlok* 2004: 93 ff. m. w. N.

lichkeiten ergibt[207], müssen auch andere Kulturwissenschaften einbezogen werden, mit denen man über den Kontext zum Gespräch kommt. Zu diesen Kulturwissenschaften zählt *Häberle* insbesondere „Philosophie und Ethik, Religion und Pädagogik", aber auch „Politikwissenschaften, Ökonomie und Ökologie."[208] Denn *Häberle* will Kultur in weitem Sinne verstanden wissen, indem er zu deren Orientierungspunkten „Tradition, Wandel und Pluralismus bzw. Offenheit" erklärt[209] und Freiheit erst aus Kultur entstehen lässt.

> „Die so im *weiten* Sinne verstandene ‚Kultur' bildet den Kontext aller Rechtstexte und aller rechtlich bedeutsamen Handlungen im Verfassungsstaat".[210]

Die Grundrechtstexte, dogmatische Grundrechtstheorien und die Rechtsprechung zu Grundrechtsproblematiken stehen daher nicht für sich, sondern können ihren Bedeutungsinhalt nur über den kulturellen Kontext erschließen („Auslegung durch Hinzudenken"[211])[212], weil Recht und soziales Substrat nicht trennbar sind[213] und „alle Freiheit [...] in der Tiefe *kulturelle* Freiheit [ist]".[214] Hier ist kritisch anzumerken, dass *Häberle* es offen lässt, wo die Grenzen zwischen Verfassung, Gesetzgeber und der kulturellen Freiheit liegen. Diese Grenzenlosigkeit birgt die Gefahr einer Loslösung vom normativen Text.

Um dieser Gefahr zu begegnen, hat – nach *Häberle* – der Gesetzgeber die Funktion und den grundrechtsausgestaltenden Auftrag[215], Normenkomplexe zu schaffen, welche die Grundrechte als verfassungsrechtliche Institute stützen. Die Normenkomplexe verhelfen erst den Grundrechten zur sozialen Wirklichkeit und gehören daher zur „Daseinsweise" der institutionellen Seite der Grundrechte.[216] Aber nicht nur die Verfassung und die erlassenen Normen und Normenkomplexe sind für die Grundrechtsausgestaltung von Bedeutung, sondern auch das Wirken unbestimmt vieler Grundrechtsberechtigter. Denn Grundrechte können nur dann als Institute erkannt und bestimmt werden, wenn sie in der sozialen Wirklichkeit von vielen in Vollzug gesetzt werden.[217] Daher bilden

---

207 *Häberle* 2011: 10

208 *Häberle* 2001: 18, der diesen Kontext auf die ganze Verfassung und nicht nur auf die Grundrechte bezieht (*Häberle* 2001: 17-33); s. auch *Häberle* 2004b: 327, Rn. 29. Vgl. zum Verfassungswandel im Kontext *Schuppert* 2011: 346 ff. Vgl. dazu auch die Kapitelüberschrift „VI. Religion und Kunst als Kontexte der Verfassung" und die einzelnen Beiträge dazu bei *Blankenagel / Pernice / Schulze-Fielitz* 2004.

209 *Häberle* 1982: 12.

210 *Häberle* 1982: 13.

211 *Häberle* 2008b: 153.

212 *Häberle* 2004b: 326, Rn. 28.

213 *Häberle* 1983: 124; *Häberle* 2013: 354 f.

214 *Häberle* 2008b: 153.

215 *Häberle* 1983: 122.

216 *Häberle* 1983: 165.

217 *Häberle* 1983: 106 ff., der auf *Hauriou* 1923: 75 und *Hauriou* 1965: 3 verweist.

Grundrechte nur dann Institute, wenn sie als objektive Ordnungen eine sowohl *rechtliche* als auch eine *tatsächliche Wirklichkeit* besitzen, wenn die gegenseitige Durchdringung von Recht und Realität, von Normativem und Faktischem untrennbar ist.[218] Nur dann sind die Grundrechte konstitutive Bestandteile des Verfassungsganzen.[219]

Die soziale Wirklichkeit im Grundrechtsinstitut wird also durch die Gesamtheit der Verhaltensweisen der das Grundrecht ausübenden Berechtigten gebildet. Weil aber die Verhaltensweisen nicht gleich bleiben – man denke allein an die rasanten Veränderungen der Informationstechnik, die letztlich das „Computergrundrecht" hervorgebracht hat[220], – sondern im steten Wandel sind, verändert auch das Grundrecht als Institut seinen Inhalt. Die Einbeziehung des „Faktischen" hat Konsequenzen: Der Gesetzgeber muss

> „auf die Entwicklungen des tatsächlichen Lebens bei seinen Normierungen Rücksicht nehmen."[221]

Dadurch wirken die Grundrechte als Rechtsinstitute rechtsverändernd und rechterzeugend. Als bestätigendes Beispiel könnte hier die rechtsverändernde Entwicklung des Instituts der Ehe aus Art. 6 Abs. 1 GG herangeführt werden, das über die Einbeziehung des „Tatsächlichen" nunmehr auch – in kleinen Schritten – homosexuelle Partnerschaften einbezieht.[222] Das Grundrecht als Institut besitzt somit bei *Häberle* dynamischen Charakter.[223]

3.6 Kritik an der Einbeziehung des „Faktischen"

Möglicherweise entwickelt *Häberle* die Dynamik zu weit reichend, wenn er sogar unterstellt, dass die inhaltliche Variabilität des Institutionellen nicht nur auf die Wandlungen des „sozialen Substrats" zurückzuführen ist, sondern auch „auf den Veränderungen, denen seine geistigen (Verpflichtungs-)Gehalte – idées directrices – ausgesetzt sind."[224] Darin wird von der Kritik vor allem die Gefahr gesehen, dass diese umfassende Wandlungsfähigkeit des Grundrechts in einer bestimmten politischen Situation zum Miss-

218 *Häberle* 1983: 124.
219 *Häberle* 1983: 123. Vgl. auch *Mainzer* 2003: 52.
220 Vgl. dazu *Möllers* 2015a: Rn. 280 ff. Vgl. zum Thema aktuell *Maisch* 2015.
221 *Häberle* 1983: 111.
222 Weitere Beispiele bei *Häberle* 1983: 171 ff.
223 Zum dynamischen Grundrechtsschutz vgl. *Denninger* 2011b: 644 f., Rn. 49.
224 *Häberle* 1983: 171.

brauch des Grundrechtsverständnisses führen könnte.[225] Dem hält *Häberle* allerdings entgegen, dass eine geistesgeschichtliche Grundrechtsauslegung Rezeptionen als selbstverständlich voraussetzt.[226] Denn:

> „Vielfach lassen sich Inhalt und Umfang von Grundrechten sowie Art und Ausmaß der zulässigen Grundrechtsgrenzen erst dann klar bestimmen, wenn man sich über stattgefundene Rezeptionen Klarheit verschafft hat."[227]

> „Es gibt nämlich nicht nur ‚Vorverständnisse', sondern auch begründbare ‚Nach'-Verständnisse; sie sind das zeitlich spätere, sachlich bedingte Gegenstück zum Vorverständnis. Sie sind dessen Fortentwicklung. Das Nachverständnis ist das Vorverständnis der Zukunft, die auch im Recht immer schon begonnen hat. Bewährung der Grundrechte kommt ohne solches – gewandeltes – Nachverständnis nicht aus. Das gilt gerade dann, wenn man die liberale Seite der Grundrechte auch im Leistungsstaat effektiv halten will".[228]

Die rezipierten Rechtsgehalte, die mit großer Sorgfalt ermittelt werden müssen, schränken den Gesetzgeber im Grundrechtsbereich ein, beliebige Normen zu setzen, sodass es keines Rückgriffs auf die Wesensgehaltgarantie des Art. 19 Abs. 2 GG bedarf und auf diese Weise dem Missbrauch des Grundrechtsverständnisses entgegengewirkt wird.[229]

Die Beschränkung des Gesetzgebers im Grundrechtsbereich schließt allerdings die Beschränkung der Judikative, insbesondere des Bundesverfassungsgerichts nicht mit ein. Insofern ist zu fragen, mit wie viel „Faktischem" die Grundrechtsinterpretation angereichert werden darf, wenn Richterinnen und Richter – und in deren Folge dann auch der Gesetzgeber – ein Grundrecht, ausgehend von der positiven Norm, bestimmen. Auch drängen sich die Fragen auf, wie die „Wirklichkeit", die ja in Abhängigkeit vom jeweiligen Interpreten unterschiedlich gesehen werden kann, verobjektiviert wird und wie weit *Häberles* Kontext-Kulturansatz reichen soll. Ist die aktuelle (nicht-)wissenschaftliche Literatur als Teil der Kontextinterpretation von Grundrechten heranzuziehen? Oder haben die jeweiligen Richter „die freie Auswahl", auf welche Kontexte sie im Einzelfall zurückgreifen wollen? Der EuGH stützte sich jahrelang auf eine „wertende Rechtsvergleichung", um Inhalt und Umfang eines europäischen Grundrechts zu bestimmen, bevor er seit 2006 die in der EU-Grundrechtecharta anerkannten Grundsätze beachtete, und hat in

---

225 Vgl. aktuell *Mainzer* 2003: 53 f., die Parallelen zu *Carl Schmitts* Grundrechtsverständnis (*Schmitt* 1934) aufzeigt, welches *Häberle* aber ausdrücklich als „nicht ergiebig" ablehnt (*Häberle* 1983: 95, Fn. 186); kritisch zur Entstehungszeit als Rezensionen zu *Häberles* Dissertation vgl. *Lerche* 1965: 212 ff. und *Schnur* 1965: 489 ff.; vgl. auch *Rüthers* 1970: 47 ff. und *Herzog* 1987: 1415 ff.

226 *Häberle* 1983: 176.

227 *Häberle* 1983: 177.

228 *Häberle* 1996: 580 (= *Häberle* 1974b: 344), anlässlich seiner Kritik an *Klein* 1972.

229 Vgl. zu den rezipierten Rechtsgehalten zum Beispiel die „Rechtsprechungsrezensionen als Faktoren des Rechtsbildungsprozesses" bei *Häberle* 1980b: 1 ff.

seiner frühen Rechtsprechung Grundrechte fast ganz ohne Text aus der „Verfassungskultur“ der Französischen Revolution kreiert.[230] Diese beachtliche Macht eines Gerichts, die politisch gewollt den europäischen Integrationsprozess beflügelte, würde sich durch schöpferisches Richterrecht im Sinne *Häberles* Kontext-Kulturansatz auch durch das Bundesverfassungsgericht erreichen lassen.

Hier lassen sich bei *Häberles* Thesen Parallelen zu *Karl Popper* ziehen, der ebenfalls eine „Offene Gesellschaft“ der Verfassungsinterpreten entwirft, indem er mit den Theorien von *Platon, Hegel* und *Marx* abrechnet.[231] *Poppers* Offene Gesellschaft ist nicht am Reißbrett geplant, sondern entwickelt sich pluralistisch evolutionär in einem fortwährenden Prozess von Verbesserungsversuchen und Irrtumskorrekturen.[232] Auch klingt bei *Häberle Georg Jellineks* sozialwissenschaftlicher Positivismus an.[233] Denn *Jellinek* öffnete das Staatsrecht ebenfalls gegenüber der Wirklichkeit, weil er glaubte, dass die „Normative Kraft des Faktischen“ (d. h. die Wirklichkeit) das Recht fortschrittlich prägen würde.[234] Denn noch im hegelianisch geprägten Fortschrittsglauben gefangen[235] schien es für *Jellinek* überhaupt kein Problem, dass der eigentliche Geltungsgrund von Recht die tatsächlichen gesellschaftlichen (Macht)verhältnisse sind, die durch dauerhafte Gewöhnung als rechtmäßig empfunden werden.[236]

Wenn *Häberles* Kontext-Kulturansatz ein machtvolles schöpferisches Richterrecht kreiert, könnte eine solche Machtfülle aber auch genau umgekehrt grenzenlos bis zur völligen Karikatur von Grundrechten hinführen. Denn auch „Hochkultur“ impliziert nicht einfach nur etwas permanent Vorteilhaftes, aus dem sich ausschließlich ein rationaler, positiver Fortschritt entwickeln kann. Schließlich könnte sich die Wirklichkeit tatsächlich „irren“ oder die „Kultur“ könnte „böse“ sein.

Erforderlich wäre also ein Gleichgewicht der Gewalten, um durch „checks and balances“ – vor allem zwischen Parlament und Bundesverfassungsgericht – ein Gegengewicht zu schaffen und missbräuchliche Entgrenzung durch „law fiction“ (Ridder[237]) vorzubeugen. Ein Ansatz dazu ist bei *Peter Häberle* zu finden, wenn er bereits 1971 feststellt:

> „Im Innenverhältnis hat sich der Staat ebenfalls gewandelt: die ‚Einheit der Staatsgewalt‘ ist angesichts der Vielzahl und Größe seiner Leistungsfunktionen pluralistischen, d. h. Kooperationsformen gewichen; die Gewaltenteilung beginnt sich in neuen Verbundformen zu differenzieren (z. B. zwischen Regierung und Parlament bei der Planung). Der Leistungsstaat öff-

230 *Borowsky* 2011: 631, Rn. 7.
231 *Popper* 2003a, *Popper* 2003b.
232 S. zu *Popper* in diesem Band *van Ooyen*, Ab S. 161.
233 Vgl. *van Ooyen* 2013b: 43.
234 Vgl. *Jellinek* 1914: 338 ff.; hier 342.
235 Vgl. auch *Herwig* 1972: 72 ff.
236 *van Ooyen* 2013b: 43; *Möllers / van Ooyen* 2006: 386.
237 *Ridder* 1979: 128.

net sich und beginnt, Teilbereiche der Gesellschaft zu integrieren. Er schafft freiheitliche, aber nicht staatsfreie, Leistungsverfahren, in welche die Betroffenen ‚einbezogen' werden — sei es auch nur über die allgemeine Publizität."[238]

Erforderlich wäre es aber, Häberles Grundrechtstheorie in eine differenzierte Theorie der Gewaltenbalancierung einzubetten, damit die Institutionalisierung der Grundrechte zur Stärkung der Freiheit führen kann.

3.7 Institutionalisierung zur Stärkung der Freiheit

Häberles Grundrechtstheorie schließt ausdrücklich ein, dass mit der Institutionalisierung der Grundrechte die individuelle Freiheit nicht gleichzeitig verblasst, sondern dass die Institutionalisierung gerade eine Stärkung der Freiheit bezweckt und bewirkt. Denn aus dem Verhältnis der Gleichrangigkeit und der Wechselbeziehung beider Grundrechtsseiten folgt letztlich für den Gesetzgeber zwingend die Unantastbarkeit der institutionellen Seite der Grundrechte. Denn nur so können Grundrechte als subjektive Individualrechte existieren und umgekehrt bedingen die Individualrechte die institutionelle Seite der Grundrechte.[239]

Alle Normen und Formen regeln damit die Verfahrensbeteiligung der rechtlich und tatsächlich betroffenen Grundrechtsberechtigten. Auf diese Weise bahnt sich der „status activus procesualis" seinen Weg als verfahrensrechtliche Seite der Freiheit[240], was zur neuen Rechtsschutzform der prozessualen Teilhabe führt, die *Häberle* als „*grundrechtlicher* due process" bezeichnet.[241] Da es im modernen Leistungsstaat kein eindimensionales Verhältnis zwischen Individuum und Staat gibt, ist von einem „mehrseitigen" Leistungsverhältnis auszugehen, das kollektive Wirkungen intendiert. In diesem Rahmen des „status activus processualis" sind als Garant des grundrechtlichen Wesensgehalts Grundrechtskollisionen zu lösen.[242]

3.8 Der „status activus processualis" als Wesensgehaltgarantie zur Lösung von Grundrechtskollisionen

Der „status activus processualis" bedeutet nichts anderes, als dass Organisation und Verfahren bezogen auf die Verfassung, die res publica und ihre öffentlichen Funktionen[243]

238 *Häberle* 1972: 59.
239 *Häberle* 1972a: 72.
240 *Häberle* 1972b: 137 (Leitsatz 28; = *Häberle* 1983: 458).
241 *Häberle* 1972b: 87.
242 *Häberle* 1972b: ebd. m. w. N.
243 *Häberle* 2006: 708 ff.

als „soziale Kontaktstelle" zwischen Grundrechten und Leistungsstaat übertragen werden.[244] Bevor es zum Konflikt kommt, kann das Verfahren einen Ausgleich der einander widerstreitenden Gesichtspunkte zwischen Grundrechte und Leistungsstaat schaffen.

> „‚Leistungsgesetze' (hier besonders Organisations- und Verfahrensgesetze) sowie prozessuale und pluralistische Gemeinwohltatbestände bestätigen die Konzeption eines solchen ‚grundrechtlichen due process'. Das Sozialstaatsprinzip zielt mit seinen Konkretisierungen im Kompetenzbereich[..] auf dasselbe: der Gesetzesvorbehalt wird zum Verfahrensvorbehalt! Was grundrechtliche Freiheit praktisch bedeutet, entscheidet sich nur noch zum Teil durch Normen mit ‚fertigen' Tatbestands- und Rechtsfolge-Konstruktionen: es konkretisiert sich oft über vielgliedrige Verfahren mit Direktiven oder Rahmenbestimmungen – kurz: in processu."[245]

Grundrechtsmöglichkeit und Grundrechtswirklichkeit speisen sich nämlich aus verschiedenen Quellen: Neben den Grundrechtstexten gehört vor allem die Grundrechts*kultur* dazu: das Bewusstsein für Grundrechtseffektivität, die Sensibilität der Öffentlichkeit für Grundrechtsverletzungen sowie Bürgersolidarität und andere Tugenden, politische Ethik und bestimmte staatliche Funktionen, allen voran die grundrechtsausgestaltende Gesetzgebung und die grundrechtsinterpretierende Rechtsprechung.[246]

> „Grundrechte sind nicht nur in den überkommenden Grundrechtstexten normiert, sie finden sich auch in Verfahrens- und Organisationsbestimmungen, in Kompetenznormen, im Rahmen von Staatsaufgabenbestimmungen bzw. sie werden aus ihnen gerade in jüngster Zeit entwickelt".[247]

Grundrechtskonkretisierungen werden also im Vorfeld prozessual erreicht, indem in Erfahrung gebracht wird, was dem materiellen Gehalt des Grundrechts nützt, und gewährleisten als Vorverfahren auf diese Weise mehr Grundrechtswirklichkeit als verwaltungsgerichtliche Nachverfahren.[248] Ist ein Mindestmaß an verfahrensmäßigem grundrechtlichem due process vorhanden, dürfen der Staat oder andere Träger öffentlicher Aufgaben in grundrechtsbezogenen Bereichen leisten.[249]

---

244 *Häberle* 1972b: 87.

245 *Häberle* 1972b: ebd.

246 *Häberle* 1996: 587. *Häberle* betont außerdem, dass diese grundrechtskulturellen Zusammenhänge anders als durch das BVerfG vom EuGH viel früher „erkannt" wurden, indem der EuGH gemeinrechtliche Grundrechts-Rechte über allgemeine Rechtsgrundsätze entfaltet: *Häberle* 1996: 588.

247 *Häberle* 1996: ebd.

248 *Häberle* 1972b: 88.

249 *Häberle* 1972b: ebd.

Für die Wesensgehaltgarantie des Art. 19 Abs. 2 GG bedeutet dies, dass diese Regelung tatsächlich nur deklaratorischen Charakter hat[250], weil der Wesensgehalt sich rechtlich und tatsächlich im Rahmen des sozialen Lebens bewegt. Sie kann aber – nach *Häberle* – im Falle einer „Pervertierung des Instituts des Gesetzesvorbehaltes" „zur spektakulären Waffe gegen den Gesetzgeber" werden, sodass Art. 19 Abs. 2 GG zur „unverzichtbaren Sicherung der Grundrechte gehört. Der deklaratorische Charakter bestätigt sich in Entscheidungen des Bundesverfassungsgerichts, das ohne Bezugnahme auf Art. 19 Abs. 2 GG den Wesensgehalt des Grundrechts aus der „Bedeutung im Rahmen des sozialen Lebens" ermittelt.[251] *Häberles* Grundrechtstheorie der Doppelfunktion der Grundrechte muss daher für das Eingriffs- und Schrankendenken und die Weiterentwicklung der Wesensgehalte eines jeden Grundrechts als Meilenstein gelten. Mittlerweile hat sich die Idee vom status activus prozessualis als Grundrechtsschutz durch Organisation und Verfahren nicht nur in der Wissenschaft durchgesetzt. Zu Recht hat sein grundrechtsdogmatischer Ansatz auch schon beim Bundesverfassungs- und beim Bundesverwaltungsgericht nachhaltig gewirkt.[252]

4 Zusammenfassung und Schlussbetrachtung

Die Anfangsjahre der Bundesrepublik Deutschland waren von der (rechts-)wissenschaftlichen Suche nach den Funktionen der Grundrechte im Sozialstaat geprägt.[253] In dieser Zeit hat *Peter Häberle* seine Grundrechtstheorie, die er als „Mittel zum Zweck" begreift[254], zunächst in seiner Dissertation, die – quasi im Zehnjahresrhythmus – noch

---

250 Dabei stellt *Häberle* aber die Vorbildfunktion einer solchen Regelung für Verfassungsgebung, Verfassungsrechtsprechung und Verfassungsrechtswissenschaft in Europa heraus: *Häberle* 1983: 257 ff., *Häberle* 2004b: 329 f., Rn. 39 und spricht sich auch für eine textliche Wesensgehaltgarantie in internationalen („universalen") Menschenrechtspakten aus: *Häberle* 1983: 431.

251 *Häberle* 1983: VII. (begrifflich von *Häberle* 1972b: 106, Fn. 271 und *Häberle* 1996: 1 als „Gemeinwohljudikatur" bezeichnet).

252 Vgl. zur Rezeption der Thesen *Häberles*: BVerfGE 33, 303 (330 f.) [dazu konkret *Häberle* 1979: 83 ff.]; BVerfGE 43, 291 (314) [dazu *Häberle* 1972c: 729 ff.]; BVerfG, Beschluss vom 27. Januar 2015 - 1 BvR 471/10 -, http://www.bundesverfassungsgericht.de/SharedDocs/Entscheidungen/DE/2015/01/rs20150127_1bvr047110.html, Rn. 130 (Abruf: 26.9.2015); BVerfG, Urteil vom 28. Januar 2014 - 2 BvR 1561/12 -, http://www.bundesverfassungsgericht.de/SharedDocs/Entscheidungen/DE/2014/01/rs20140128_2bvr156112.html, Rn. 105 (Abruf: 26.9.2015); BVerwGE 52, 339 (343); BVerwGE 58, 26 (34); BVerwG, Beschluss vom 8. November 1982 - 7 CB 98/81 -, https://www.jurion.de/Urteile/BVerwG/1982-11-08/7-CB-9881, Rn. 12 (Abruf: 26.9.2015); darüber hinaus wird Häberle bis zu den Instanzgerichten und auch bei ausländischen Gerichten rezipiert.

253 Ein Überblick findet sich bei *Scheuner* 1971: 505 ff.

254 *Häberle* 1979: 88.

zweimal neu aufgelegt wurde, und in späteren Arbeiten – allen voran sein Staatsrechtslehrerreferat zu den „Grundrechten im Leistungsstaat“[255] – entwickelt.

Die Suche nach den Funktionen der Grundrechte im Sozialstaat hat bis heute kein Ende gefunden[256], was *Häberle* selbst bereits prognostizierte:

> „Da sich die Gefährdungslagen für die personale Freiheit des Menschen geschichtlich verändern, werden ihrerseits zeitbedingte wechselnde Antworten notwendig.“[257]

Angesichts internationaler terroristischer Bedrohungen, die nicht nur weitreichende Migrationsbewegungen bedingen, sondern auch – wenn man zum Beispiel an die Abhörmaßnahmen der NSA[258] denkt – Eingriffe ausländischer Exekutivorgane hervorgerufen haben, wird gerade in Abwägung von „Freiheit“ und „Sicherheit“ auch derzeit die Suche nach den Funktionen der Grundrechte im Sozialstaat heftig diskutiert.[259] Die grundrechtsdogmatische Auseinandersetzung scheint heute allerdings verblasst[260], da überwiegend pragmatische Einzelfalllösungen im Mittelpunkt des Diskurses stehen, wie etwa die Folterdebatte[261] zur Jahrtausendwende, die ihren Höhepunkt 2004 erreichte.[262] Dennoch hat *Häberles* Grundrechtstheorie, die er auch später bei aller Kritik, die seine Thesen erfuhren (s. auch hier Kap. 3.6)[263], weiterhin vertrat[264], eine nachhaltige Relevanz.[265]

255 *Häberle* 1972b.

256 Vgl. dazu *Thurn* 2013: 22 ff., 119 ff.

257 *Häberle* 1998: 731. Ausdrücklich betont wird die Notwendigkeit eines der jeweiligen Zeit angepassten und gerechten Verfassungsverständnisses in *Häberle* 1974a.

258 Vgl. dazu *Taureck* 2014 mit Besprechung *Möllers* 2015b: 88-92.

259 Vgl. aktuell z. B. die Beiträge im Sammelband *Möllers / van Ooyen* 2015.

260 Vgl. aber *Alexy* 1986, der unter Berücksichtigung insbesondere der Rechtsprechung des Bundesverfassungsgerichts eine allgemeine Theorie der Grundrechte des Grundgesetzes zu entwickeln versucht. Hauptsäulen und Basis sind einerseits die *Prinzipientheorie*, die eine von unhaltbaren Annahmen gereinigte Werttheorie darstellt, und andererseits eine *Theorie der Struktur subjektiver Rechte*, welche die vielfältigen grundrechtlichen Verhältnisse exakt konstruierbar machen soll. Mit ihnen werden die wesentlichen Probleme der Grundrechtsdogmatik behandelt.

261 Die auch von einem pragmatischen Fall „Daschner“ ausgelöst wurde. Vgl. *Möllers* 2015a: Rn. 193 ff. mit Fn. 230.

262 Eingeleitet durch die Neukommentierung von Art. 1 GG durch Matthias Herdegen (vgl. auch heute noch *Herdegen* 2015: Rn. 43 ff.). Vgl. zur Folterdebatte *Brunkhorst* 2005: 21 ff.; *Schmidt* 2005: 29 ff.; *Rosenau* 2005: 37 ff.; *Möllers* 2005: 51 ff. jeweils m. w. N.

263 Vgl. z. B. *Denninger* 1963: 424, der „jene hölderlinische Freiheit des Menschen, ‚aufzubrechen, wohin er will‘“ und das „errare humanum est“ an *Häberles* Theorie vermisst; *Scholz* 1985: 132, der befürchtet, dass bei der Wechselbezüglichkeit von Staats- und Grundrechtsverständnis der „notwendige und (als solcher durchaus geforderte!) institutionelle Bezug zum Staat und seiner (demokratisch legitimierten) Konstitutionskompetenz im Ergebnis […] zu kurz kommen“ dürfte. Trotz dieser Kritik im Detail loben *Denninger* und *Scholz* das Gesamtwerk so wie durchweg *Kimminich* 1988: 526: Es ist keine Herabsetzung der ersten Auflage, „wenn gesagt wird, daß die Ergänzung – und damit die gesamte 3. Auflage – in Wissenschaft und Praxis eine noch größere Bedeutung erlangen wird als das Grundwerk selbst.“

Ihre Bedeutsamkeit besteht darin, dass *Häberle* die Frage nach der „sozialen Funktion von Grundrechten" offen gehalten hat[266] und zurecht zu dem Ergebnis kommt, dass die Freiheit

> „ohne die tatsächlichen Voraussetzungen ihres Gebrauchs wertlos"[267]

ist und daher immer den sozialen Kontext der Freiheits*ausübung* berücksichtigen muss. Daher haftet nach *Häberles* Ansicht folgerichtig den Grundrechten ein Doppelcharakter an, indem sie eine individualrechtliche und eine institutionelle Seite beinhalten.[268] So entfaltet sich bei *Häberle* die Freiheit nur „in rechtlich konstituierten Institutionen[269], die in der negativen Perspektive entsprechend schief nicht als Bedingungen der Möglichkeit gesellschaftlicher Freiheit, sondern als Anschläge auf die falsch verstandene Freiheit[270]" erscheinen. Daher kann die grundrechtliche Freiheit nicht die Negation des Staates und des Rechts bedeuten, sondern entwickelt sich „in rechtlich geprägten Lebensverhältnissen [...]. Folgerichtig ergibt sich aus der Menschenwürde ein Grundrecht auf Demokratie, die wohl revolutionärste von *Peter Häberle* 1987 entwickelte These[271], mit der die Überwindung des Gegensatzes von Rechtsstaat und Demokratie gelingt (s. Kap. 3.2) und die das Bundesverfassungsgericht übernommen hat.[272] Freiheit ist [für] Häberle nicht Freiheit vom, sondern immer Freiheit im Recht und im Staat."[273] Dabei betont *Häberle* aber, dass der Institutionalisierung der Grundrechte

> „kein Verblassen der individuellen Freiheit parallel [geht], im Gegenteil, sie bezweckt und bewirkt eine Stärkung der Freiheit. In dieser Sicht der Grundrechte wird dem ‚unvermeidlich Institutionellen" im Recht ebenso Rechnung getragen wie dem Personalen. Aus dem Verhältnis der Gleichrangigkeit und der Wechselbeziehung beider Grundrechtsseiten folgt für

---

264 Auf leichte Zugeständnisse an die Kritiker weist *Häberle* selbst anlässlich der zweiten Auflage der Dissertation hin: *Häberle* 1972a: VI ff. (s. auch den Hinweis in der dritten Auflage: *Häberle* 1983: VI ff., insbesondere VII und VIII).

265 „Schon die Dissertation und ihre Fortschreibung im Staatsrechtslehrerreferat und die nachfolgenden methodischen Reflektionen hatten die Einbettung von Grundrechten und Grundrechtsdogmatik, von Grundrechtsabwägung und Verfassungsinterpretation in sozio-kulturellen Institutionen und Traditionen verdeutlicht und auf bis heute nachwirkende Begriffe gebracht." *Schulze-Fielitz* 2004: 355.

266 *Häberle* 1972b: 71, 72 mit Fn. 109). Dass Grundrechte im Anschluss an *Hauriou* („La société est en partie subjective et en partie objective"; *Hauriou* 1923: 8) von ihrer „sozialen Funktion" her zu bestimmen sind, siehe schon *Häberle* 1962: 8 ff.

267 *Häberle* 1972b: 140 [aus Leitsatz 43].

268 *Häberle* 1983: 70 ff. Den Begriff des Institutionellen übernahmen in der zeitgenössischen Literatur z. B. *Kloepfer* 1970 und *Scholz* 1971: 223 ff.; kritisch dazu *Esser* 1970: 126 ff. und *Rüthers* 1970: 18 ff.

269 Zu *Häberles* Institutionenbegriff vgl. *Sommermann* 1997: 366 ff.; *Günther* 2004: 252 ff., 304 ff.

270 *Poscher* 2003: 54 f. mit Hinweis auf *Häberle* 1983: 70 ff., 150 ff.

271 *Häberle* 1987: 848 f.; *Häberle* 2004a: Rn. 67-69.

272 In BVerfGE 123, 267 (341).

273 *Poscher* 2003: ebd.

> den Gesetzgeber die Unantastbarkeit der institutionellen Seite der Grundrechte um der Grundrechte als subjektiver Individualrechte willen und umgekehrt."[274]

Globalisierung und internationaler Terrorismus haben Freiheitsgefährdungen erheblich weiter ausgefächert, sodass sich Freiheit nicht mehr einfach nur als „Freiheit vom Staat" erklären lässt. *Häberles* Grundrechtstheorie zeigt deutlich, dass es „der Freiheit *durch* den Staat, *vom* Staat und der Freiheit *zum* Staat"[275] bedarf. Dies begründet die Gleichrangigkeit von individueller Freiheit und institutioneller Ordnung und die Anbindung an die soziale Wirklichkeit.[276]

---

274 *Häberle* 1972a: 72.

275 *Häberle* 1972b: 76 unten; vgl. dazu bereits *Häberle* 1962: 93 anlässlich der Kritik an *Carl Schmitts* Grundrechtsverständnis.

276 Vgl. dazu *Mager* 2003: 78.

Literatur

Alexy, Robert, 1986: Theorie der Grundrechte, Frankfurt a. M.

Anschütz, Gerhard, 1933: Die Verfassung des Deutschen Reichs vom 11. August 1919, unveränderter fotomechanischer Nachdruck, Bad Homburg vor der Höhe 1960, der 14. Aufl., Berlin.

von Aquin, Thomas, 1273: Summa theologiae. Prooemium, Paris; in: http://www.unifr.ch/bkv/summa/kapitel1.htm (Abruf: 26.9.2015).

Augsberg, Ino, 2012: Georg Jellinek: Die Erklärung der Menschen- und Bürgerrechte; in: Augsberg / Unger (Hrsg.), Basistexte: Grundrechtstheorie, Baden-Baden, S. 95 ff.

Augsberg, Ino / *Unger*, Sebastian (Hrsg.), 2012: Basistexte: Grundrechtstheorie, Baden-Baden.

Blankenagel, Alexander / *Pernice*, Ingolf / *Schulze-Fielitz*, Helmuth (Hrsg.), 2004: Verfassung im Diskurs der Welt. Liber Amicorum für Peter Häberle zum siebzigsten Geburtstag, in Verbindung mit Markus Kotzur, Lothar Michael, Martin Morlok und Rupert Stettner, Tübingen.

Blankenagel, Alexander, 2014a: Effizienter Grundrechtsschutz: Über die Vereinbarkeit von hehren Grundrechten und schnödem Geld; in: Blankenagel (Hrsg.), Den Verfassungsstaat nachdenken, Berlin, S. 11 ff.

Blankenagel, Alexander (Hrsg.), 2014b: Den Verfassungsstaat nachdenken. Eine Geburtstagsgabe (für Peter Häberle), Wissenschaftliche Abhandlungen und Reden zur Philosophie, Politik und Geistesgeschichte, Bd. 79, Berlin.

Böckenförde, Ernst-Wolfgang, 2011: Wissenschaft – Politik – Verfassungsgericht. Aufsätze von Ernst-Wolfgang Böckenförde, Biographisches Interview von Dieter Gosewinkel, Frankfurt a. M.

Böckenförde, Stephan / *Gareis*, Sven Bernhard (Hrsg.), 2014: Deutsche Sicherheitspolitik, 2. Aufl., Opladen.

Borowsky, Martin, 2011: Vorbemerkungen zu Titel VII (Allgemeine Bestimmungen über die Auslegung und Anwendung) der Charta der Grundrechte der Europäischen Union; in: Meyer (Hrsg.), Charta der Grundrechte der Europäischen Union, 3. Aufl., Baden-Baden, S. 628 ff.

Bryde, Brun-Otto, 1994: Die bundesrepublikanische Volksdemokratie als Irrweg der Demokratietheorie; in: Staatswissenschaft und Staatspraxis (SuS), S. 305 ff.

Bryde, Brun-Otto, 2015: Der Beitrag des Bundesverfassungsgerichts zur Demokratisierung der Bundesrepublik; in: van Ooyen / Möllers (Hrsg.), Handbuch Bundesverfassungsgericht im politischen System, Wiesbaden, S. 497 ff.

Brunkhorst, Hauke, 2005: Die Folterdebatte des repressiven Liberalismus; in: Möllers / van Ooyen (Hrsg.), Jahrbuch Öffentliche Sicherheit 2004/05, Frankfurt a. M., S. 21 ff.

von Busse, Carl-David, 2015: Die Methoden der Rechtsvergleichung im öffentlichen Recht als richterliches Instrument der Interpretation von nationalem Recht, Baden-Baden.

Callies, Rolf-Peter, 1962: Eigentum als Institution. Eine Untersuchung zur theologisch-anthropologischen Begründung des Rechts, München.

Cicero, Marcus Tullius, 44 v.Chr.: De officiis ad Marcum filium libri tres, Roma, http://www. thelatinlibrary.com/cicero/off.shtml (Abruf 26.9.2015).

Denninger, Erhard, 1963: Häberle, Peter: Die Wesensgehaltgarantie des Art. 19 Abs. 2 Grundgesetz. Zugleich ein Beitrag zum institutionellen Verständnis der Grundrechte und zur Lehre vom Gesetzesvorbehalt, Karlsruhe: Müller 1962; in: Juristen Zeitung (JZ) 1963, S. 424.

Denninger, Erhard, 2011a: Der Menschenwürdesatz im Grundgesetz und seine Entwicklung in der Verfassungsrechtsprechung; in: Peine / Wolff (Hrsg.), Festschrift für Alexander von Brünneck, Baden-Baden, S. 397 ff.

Denninger, Erhard, 2011b: § 193 Staatliche Hilfe zur Grundrechtsausübung durch Verfahren, Organisation und Finanzierung; in: Isensee / Kirchhof (Hrsg.), Handbuch des Staatsrechts, Bd. IX, 3. Aufl., Heidelberg, S. 621-663, Rn. 1-88.

Dreier, Horst (Hrsg.), 2006: Grundgesetz Kommentar, Band II, Artikel 20-82, 2. Aufl., Tübingen.

Dreier, Horst, 2013a: Vorbemerkungen vor Art. 1 GG; in: Dreier (Hrsg.), Grundgesetz Kommentar, Band I, Präambel, Artikel 1-19, 3. Aufl., Tübingen.

Dreier, Horst (Hrsg.), 2013b: Grundgesetz Kommentar, Band I, Präambel, Artikel 1-19, 3. Aufl., Tübingen.

Drews, Claudia, 2005: Die Wesensgehaltsgarantie des Art. 19 Abs. 2 GG, Baden-Baden.

Epping, Volker / *Hillgruber*, Christian (Hrsg.), 2013: Grundgesetz, Kommentar, 2. Aufl., München.

Esser, Josef, 1970: Vorverständnis und Methodenwahl in der Rechtsfindung, Frankfurt a. M.

Fleischmann, Max (Hrsg.), 1914: Wörterbuch des deutschen Staats- und Verwaltungsrechts, 3. Band, begründet von Professor Dr. Karl Freiherr von Stengel, 2. Aufl., Tübingen.

Friedrich, Hansjürgen, 1963: Die Institutionenlehre Maurice Haurious, Mainz.

Fuchs-Heinritz, Werner / *Lautmann*, Rüdiger / *Rammstedt*, Otthein / *Wienold*, Hans, 2011: Lexikon zur Soziologie, 5. Aufl., Opladen.

Fürst, Walther / *Herzog*, Roman / *Umbach*, Dieter C. (Hrsg.), 1987: Festschrift für Wolfgang Zeidler, Band 2, Berlin.

Gehlen, Arnold, 1961: Anthropologische Forschung. Zur Selbstbegegnung und Selbstentdeckung des Menschen, Reinbek.

Gehlen, Arnold, 2004: Urmensch und Spätkultur, 6. Aufl., Frankfurt a. M.

Gehlen, Arnold, 2013: Der Mensch. Seine Natur und seine Stellung in der Welt, 16. Aufl., Wiebelsheim.

Giere, Gustav, 1932: Das Problem des Wertsystems der Weimarer Grundrechte. Abhandlungen der Rechts- und Staatswissenschaftlichen Fakultät der Universität Königsberg, Heft 3, Breslau-Neukirch.

Günther, Frieder, 2004: Denken vom Staat her. Die bundesdeutsche Staatsrechtslehre zwischen Dezision und Integration 1949-1970, Ordnungssysteme. Studien Zur Ideengeschichte der Neuzeit, Band 15, München.

Gurvitch, Georges, 1968: Die Hauptideen Maurice Haurious; in: Schnur (Hrsg.), Institution und Recht, Darmstadt, S. 23-72.

Gusy, Christoph (Hrsg.), 2000: Demokratisches Denken in der Weimarer Republik, Baden-Baden.

Gusy, Christoph, 2011: Grundrechte und Verfassungsschutz. Studien zur inneren Sicherheit, Band 13, Wiesbaden.

Häberle, Peter, 1962: Die Wesensgehaltgarantie des Art. 19 Abs. 2 Grundgesetz. Zugleich ein Beitrag zum institutionellen Verständnis der Grundrechte und zur Lehre vom Gesetzesvorbehalt, Karlsruhe.

Häberle, Peter, 1965: Allgemeine Staatslehre, Verfassungslehre oder Staatsrechtslehre. Bemerkungen aus Anlaß der 5. Auflage der Allgemeinen Staatslehre von G. u. E. Küchenhoff (1964), in: Zeitschrift für Politik (ZfP) 1965, S. 381 ff.

Häberle, Peter, 1972a: Die Wesensgehaltgarantie des Art. 19 Abs. 2 Grundgesetz. Zugleich ein Beitrag zum institutionellen Verständnis der Grundrechte und zur Lehre vom Gesetzesvorbehalt, 2. Aufl., Karlsruhe.

Häberle, Peter, 1972b: Grundrechte im Leistungsstaat. 2. Mitbericht von Professor Dr. Peter Häberle, Marburg/Lahn; in: Veröffentlichungen der Vereinigung der Deutschen Staatsrechtslehrer (VVDStRL) 30, S. 43 ff.

Häberle, Peter, 1972c: Das Bundesverfassungsgericht im Leistungsstaat, in: Die Öffentliche Verwaltung (DÖV), S. 729 ff.

Häberle, Peter, 1974a: Zeit und Verfassung, in: ZfP 21, S. 111 ff.

Häberle, Peter, 1974b: Besprechung von Hans H. Klein: Die Grundrechte im demokratischen Staat, in: DÖV 1974, S. 343 ff. mit Nachtrag 1978.

Häberle, Peter, 1979: Kommentierte Verfassungsrechtsprechung, Karlsruhe.

Häberle, Peter, 1980a: Die Verfassung des Pluralismus. Studien zur Verfassungstheorie der offenen Gesellschaft, Königstein/Ts.

Häberle, Peter, 1980b: Verfassungsgerichtsbarkeit zwischen Politik und Rechtswissenschaft. Recht aus Rezensionen – Verfassungsgerichtsbarkeit als politische Kraft, Zwei Studien, Königstein/Ts.

Häberle, Peter, 1982: Verfassungslehre als Kulturwissenschaft, Berlin.

Häberle, Peter, 1983: Die Wesensgehaltgarantie des Art. 19 Abs. 2 Grundgesetz. Zugleich ein Beitrag zum institutionellen Verständnis der Grundrechte und zur Lehre vom Gesetzesvorbehalt, Freiburger Rechts- und Staatswissenschaftliche Abhandlungen, Bd. 21, 3. Aufl., Heidelberg.

Häberle, Peter, 1987: Die Menschenwürde als Grundlage der staatlichen Gemeinschaft; in: Isensee / Kirchhof (Hrsg.), Handbuch des Staatsrechts, Bd. II, Heidelberg, S. 815 ff.

Häberle, Peter, 1989: Grundrechtsgeltung und Grundrechtsinterpretation im Verfassungsstaat. Zugleich zur Rechtsvergleichung als „fünfter“ Auslegungsmethode; in: JZ 44, Heft 20, S. 913 ff.

Häberle, Peter, 1992: Rechtsvergleichung im Kraftfeld des Verfassungsstaates, Berlin.

Häberle, Peter, 1996: Verfassung als öffentlicher Prozess. Materialien zu einer Verfassungstheorie der offenen Gesellschaft, 2. Aufl., Berlin.

Häberle, Peter, 1998: Verfassungslehre als Kulturwissenschaft, 2. Aufl., Berlin.

Häberle, Peter, 1999: Europäische Verfassungslehre in Einzelstudien, Baden-Baden.

Häberle, Peter, 2001: § 2 Die Verfassung «im Kontext»; in: Thürer, Daniel / Aubert, Jean-François / Müller, Jörg Paul (Hrsg.), 2001: Verfassungsrecht der Schweiz, Zürich, S. 17 ff.

Häberle, Peter, 2004a: Die Menschenwürde als Grundlage der staatlichen Gemeinschaft, in: Isensee / Kirchhof (Hrsg.), Handbuch des Staatsrechts, Bd. II, 3. Aufl., Heidelberg, § 22.

Häberle, Peter, 2004b: Wechselwirkungen zwischen deutschen und ausländischen Verfassungen, in: Merten / Papier (Hrsg.), Handbuch der Grundrechte in Deutschland und Europa, Bd. I, Heidelberg, § 7.

Häberle, Peter, 2006: Öffentliches Interesse als juristisches Problem, 2. Aufl., Berlin.

Häberle, Peter, 2008a: Das Menschenbild im Verfassungsstaat, 4. Aufl., Berlin.

Häberle, Peter, 2008b: Nationalflaggen. Bürgerdemokratische Identitätselemente und internationale Erkennungssymbole, Wissenschaftliche Abhandlungen und Reden zur Philosophie, Politik und Geistesgeschichte, Bd. 49, Berlin.

Häberle, Peter, 2011: Europäische Verfassungslehre, 7. Aufl., Baden-Baden.

Häberle, Peter, 2013: Der kooperative Verfassungsstaat – aus Kultur und als Kultur, Berlin.

Häberle, Peter, 2014: Verfassungsgerichtsbarkeit – Verfassungsprozessrecht. Ausgewählte Beiträge aus vier Jahrzehnten, Berlin.

Hamel, Walter, 1957: Die Bedeutung der Grundrechte im modernen Rechtsstaat, Berlin.

Hauriou, Maurice, 1916: Principes de Droit Public, 2. Aufl., Paris.

Hauriou, Maurice, 1923: Précis de Droit Constitutionel, Paris.

Hauriou, Maurice, 1965: Die Theorie der Institution und zwei andere Aufsätze. Mit Einleitung und Bibliographie, hrsgg. von Roman Schnur, übersetzt von Hans und Jutta Hecht, Berlin.

Hegel, Georg Wilhelm Friedrich, 1820: Grundlinien der Philosophie des Rechts, 1821 (vordatiert) Berlin, Nachdruck Berlin 2013.

Heller, Hermann, 1934: Staatslehre, Leiden (6., bearbeitete Auflage, Tübingen 1983).

Heller, Hermann, 1971: Gesammelte Schriften, Bd. 3: Staatslehre als politische Wissenschaft, Leiden.

Herdegen, Matthias, 2015: Kommentierung des Art. 1 GG; in: Maunz / Dürig u. a., Grundgesetz, Kommentar in 7 Leinenordnern, 74. Ergänzungslieferung, München.

Hermes, Georg, 2002: Bericht und Leitsätze des Berichterstatters zum Ersten Beratungsgegenstand der Jahrestagung 2001: Verfassungsrecht und einfaches Recht – Verfassungsgerichtsbarkeit und Fachgerichtsbarkeit; VVDStRL 61, S. 119-154.

Herwig, Hedda, 1972: Georg Jellinek; in: Sattler (Hrsg.), Staat und Recht, München 1972, S. 72 ff.

Herzog, Roman, 1987: Grundrechte aus der Hand des Gesetzgebers; in: Fürst / Herzog / Umbach (Hrsg.), Festschrift für Wolfgang Zeidler, Band 2, Berlin, S. 1415 ff.

Hesse, Konrad, 1959: Die verfassungsrechtliche Stellung der politischen Parteien im modernen Staat, in: VVDStRL 17, S. 11 ff.

Heuss, Theodor, 1969: Parlamentarischer Rat – Stenografische Berichte über die Plenarsitzungen Bonn 1948/49, Bonn.

Huber, Ernst Rudolf, 1958: Selbstverwaltung der Wirtschaft, Stuttgart.

Huber, Hans, 1971: Das Menschenbild des Rechts; in: Huber, Rechtstheorie - Verfassungsrecht - Völkerrecht – Ausgewählte Aufsätze 1950-1970, Bern, S. 76 ff.

Inoue, Noriyuki, 2004: Eine Seite der japanischen Verfassungskultur: Einfluss der deutschen Theorie auf das japanische Grundrechtsverständnis; in: Blankenagel / Pernice / Schulze-Fielitz (Hrsg.), FS für Peter Häberle zum siebzigsten Geburtstag, Tübingen, S. 501 ff.

Isensee, Josef, 1980: Wer definiert die Freiheitsrechte? Selbstverständnis der Grundrechtsträger und Grundrechtsauslegung des Staates, Heidelberg.

Isensee, Josef / *Kirchhof*, Paul (Hrsg.), 2003: Handbuch des Staatsrechts, Bd. II: Verfassungsstaat, 3. Aufl., Heidelberg.

Isensee, Josef / *Kirchhof*, Paul (Hrsg.), 2011: Handbuch des Staatsrechts, Bd. IX: Allgemeine Grundrechtslehren, 3. Aufl., Heidelberg.

Isensee, Josef / *Schmidt-Jortzig*, Edzart, 1993: Das Ausländerwahlrecht vor dem Bundesverfassungsgericht. Dokumentation der Verfahren, Heidelberg.

Jarass, Hans D., 2013: Charta der Grundrechte der Europäischen Union unter Einbeziehung der vom EuGH entwickelten Grundrechte und der Grundrechtsregelungen der Verträge, Kommentar, 2. Aufl., München.

Jarass, Hans D. / *Pieroth*, Bodo, 2012: Grundgesetz für die Bundesrepublik Deutschland, Kommentar, 12. Aufl., München.

Jellinek, Georg, 1914: Allgemeine Staatslehre, 3. Aufl., Berlin.

Jonas, Friedrich, 1966: Die Institutionenlehre Arnold Gehlens, Tübingen.

Kant, Immanuel, 1786: Grundlegung der Metaphysik der Sitten, 2. Aufl., Riga, Nachdruck Göttingen 2004.

Kaufmann, Erich, 1914: Verwaltung, Verwaltungsrecht; in: Fleischmann (Hrsg.), Wörterbuch des deutschen Staats- und Verwaltungsrechts, 3. Bd., 2. Aufl., Tübingen, S. 688 ff.

Kaufmann, Erich, 1927: Die Gleichheit vor dem Gesetz im Sinne des Art. 109 der Reichsverfassung; in: VVDStRL 3, S. 2 ff.

Kaufmann, Erich, 1928: Diskussionsbeitrag; in: VVDStRL 4, S. 77 ff.

Kaufmann, Erich, 1964: Das Wesen des Völkerrechts und die Clausula rebus sic stantibus, Eine rechtsphilosophische Studie zum Rechts-, Staats- und Vertragsbegriff, Tübingen 1911, Nachdruck Aalen.

Keller, Heidi, 2015: Pro und Contra: Mehr Sachleistungen statt Geld. In: SWRinfo vom 14.8.2015, http://www.swr.de/swrinfo/pro-und-contra-mehr-sachleistungen-statt-geld/-/id=7612/did=15999552/nid=7612/1jp5lnb/index.html (Abruf: 31.8.2015).

Kimminich, Otto, 1988: Peter Häberle: Die Wesensgehaltgarantie des Art. 19 Abs. 2 Grundgesetz. 3. Aufl., C. F. Müller, Juristischer Verlag Heidelberg 1983; in: DÖV, Heft 6, S. 525 f.

Klein, Hans H., 1972: Die Grundrechte im demokratischen Staat, Res publica, Band 26, Stuttgart.

Kloepfer, Michael, 1970: Grundrechte als Entstehungssicherung und Bestandsschutz, München.

Köppe, Olaf, 1997: Politische Einheit und pluralistische Gesellschaft; in: Kritische Justiz (KJ), S. 45 ff.

Köttgen, Arnold, 1959: Das Grundrecht der deutschen Universität. Gedanken über die Institutionelle Garantie wissenschaftlicher Hochschulen, Göttingen.

Kotzur, Markus, 2014: Glückwunsch: Peter Häberle zum 80. Geburtstag; in: Archiv des öffentlichen Rechts (AöR) 139, S. 287 ff.

Kubicki, Philipp, 2013: Bindung der Mitgliedstaaten an EU-Grundrechte und EuGH, Rs. C-617/10 (Åkerberg Fransson), Wissenschaftliche Dienste, Deutscher Bundestag, Berlin, Nr. 2/13.

Ladeur, Karl-Heinz, 2004: Kritik der Abwägung in der Grundrechtsdogmatik. Plädoyer für eine Erneuerung der liberalen Grundrechtstheorie, Beiträge zur Ordnungstheorie und Ordnungspolitik, Bd. 170, Tübingen.

Leontowitsch, Victor, 1935/36: Die Theorie der Institution bei Maurice Hauriou; in: Archiv für Rechts- und Sozialphilosophie (ARSP), Bd. XXIX (Fortsetzung und Schluss).

Leontowitsch, Victor, 1937/38: Die Theorie der Institution bei Maurice Hauriou (Fortsetzung und Schluss); in: ARSP, Bd. XXX.

Lerche, Peter, 1961: Übermaß und Verfassungsrecht. Zur Bindung des Gesetzgebers an die Grundsätze der Verhältnismäßigkeit und der Erforderlichkeit, Köln.

Lerche, Peter, 1965: Rezension von Häberle, Die Wesensgehaltgarantie des Art. 19 II GG; in: DÖV 18, S. 212 ff.

Lisken, Hans / *Denninger*, Erhard (Hrsg.), 2012: Handbuch des Polizeirechts. Gefahrenabwehr – Strafverfolgung – Rechtsschutz, 5. Aufl., München.

Mager, Ute, 2003: Einrichtungsgarantien (Jus Publicum), Tübingen.

Mainzer, Claudia, 2003: Die dogmatische Figur der Einrichtungsgarantie, Baden-Baden.

Maisch, Michael Marc, 2015: Informationelle Selbstbestimmung in Netzwerken. Rechtsrahmen, Gefährdungslagen und Schutzkonzepte am Beispiel von Cloud Computing und Facebook, Berlin.

Maunz, Theodor / *Dürig*, Günter u. a., 2015: Grundgesetz, Loseblatt-Kommentar, 74. Lieferung, München.

Menzel, Jörg, 2000a: BVerfGE 83, 37 / 60 – Ausländerwahlrecht; in: Menzel (Hrsg.), Verfassungsrechtsprechung, Tübingen, S. 443 ff.

Menzel, Jörg (Hrsg.), 2000b: Verfassungsrechtsprechung. Hundert Entscheidungen des Bundesverfassungsgerichts in Retrospektive, Tübingen.

Merten, Detlef / *Papier*, Hans-Jürgen (Hrsg.), 2004: Handbuch der Grundrechte in Deutschland und Europa, Bd. I: Entwicklungen und Grundlagen, Heidelberg.

Möllers, Martin H. W., 2005: Die Diskussion über die Menschenwürde und das Urteil des Bundesverfassungsgerichts zum „Großen Lauschangriff"; in: Möllers / van Ooyen (Hrsg.), Jahrbuch Öffentliche Sicherheit 2004/05, Frankfurt a. M., S. 51 ff.

Möllers, Martin H. W. (Hrsg.), 2010a: Wörterbuch der Polizei, 2. Aufl., München.

Möllers, Martin H. W. (Hrsg.), 2010b: Grundrechte; in: Möllers (Hrsg.), Wörterbuch der Polizei, 2. Aufl., München, S. 878-880.

Möllers, Martin H. W., 2014: Innenpolitische Dimensionen der Sicherheitspolitik in Deutschland; in: Böckenförde / Gareis (Hrsg.), Deutsche Sicherheitspolitik, 2. Aufl., Opladen, S. 131-172.

Möllers, Martin H. W., 2015a: Polizei und Grundrechte. Ein Lehrbuch zu den Menschenrechten in der polizeilichen Praxis, 3. Aufl., Frankfurt a. M.

Möllers, Martin H. W., 2015b: Besprechung: Bernhard H. F. Taureck, Überwachungsdemokratie: Die NSA als Religion, Paderborn (Wilhelm Fink) 2014; in: Journal der Juristischen Zeitgeschichte (JoJZG) 2015, Heft 2, S. 88 ff.

Möllers, Martin H. W. / *van Ooyen*, Robert Chr. (Hrsg.), 2005: Jahrbuch Öffentliche Sicherheit 2004/2005, Frankfurt a. M.

Möllers, Martin H. W. / *van Ooyen*, Robert Chr., 2006: Bürgerfreiheit, Menschenrechte und Staatsräson – ausgewählte Grundrecht-Rechtsprechung im Bereich „Innere Sicherheit"; in: van Ooyen / Möllers (Hrsg.), Das Bundesverfassungsgericht im politischen System, Wiesbaden, S. 367 ff.

Möllers, Martin H. W. / *van Ooyen*, Robert Chr., 2013a: Bundesverfassungsgericht und Öffentliche Sicherheit 1: Grundrechte, mit einem Gastbeitrag von Hans Peter Bull, 3. Aufl., Frankfurt a. M.

Möllers, Martin H. W. / *van Ooyen*, Robert Chr., 2013b: Bundesverfassungsgericht und Öffentliche Sicherheit 2: Sicherheit im transnationalen Kontext, 3. Aufl., Frankfurt a. M.

Möllers, Martin H. W. / *van Ooyen*, Robert Chr. (Hrsg.), 2015: Jahrbuch Öffentliche Sicherheit 2014/2015, Frankfurt a. M.

Montesquieu, Charles de, 1986: Vom Geist der Gesetze, Ditzingen.

Morlok, Martin, 2004: Der Text hinter dem Text. Intertextualität im Recht; in: Blankenagel / Pernice / Schulze-Fielitz (Hrsg.), FS für Peter Häberle zum siebzigsten Geburtstag, Tübingen, S. 93 ff.

Müller-Franken, Sebastian, 2015: Kommentierung der Vorbemerkung von Art. 1 Allgemeine Grundrechtslehren; in: Schmidt-Bleibtreu / Hofmann / Henneke (Hrsg.), GG Kommentar zum Grundgesetz, 13. Aufl., Köln.

von Münch, Ingo / *Kunig*, Philip, 2012a: Vorbemerkungen zu den Art. 1-19 GG; in: von Münch / Kunig (Hrsg.), Grundgesetz Kommentar, Band 1: Präambel bis Art. 69, 6. Aufl., München.

von Münch, Ingo (Begr.) / *Kunig*, Philip (Hrsg.), 2012b: Grundgesetz Kommentar, Band 1: Präambel bis Art. 69, 6. Aufl., München.

Natorp, Paul 2014: Platons Ideenlehre. Eine Einführung in den Idealismus, 3. Aufl., Berlin.

Ossenbühl, Fritz, 2004: Grundsätze der Grundrechtsinterpretation; in: Merten / Papier (Hrsg.), Handbuch der Grundrechte in Deutschland und Europa, Bd. I, Heidelberg, § 15.

van Ooyen, Robert Chr., 2003: Der Staat der Moderne. Hans Kelsens Pluralismustheorie, Berlin.

van Ooyen, Robert Chr., 2005: Der Begriff des Politischen des Bundesverfassungsgerichts, Berlin.

van Ooyen, Robert Chr., 2006: Politik und Verfassung. Beiträge zu einer politikwissenschaftlichen Verfassungslehre, Wiesbaden.

van Ooyen, Robert Chr., 2010: Rechtspositivismus; in: Möllers (Hrsg.), Wörterbuch der Polizei, 2. Aufl., München, S. 1586 f.

van Ooyen, Robert Chr., 2013a: (Kein Kopftuch für Polizistinnen? Die Entscheidung des Bundesverfassungsgerichts aus pluralismustheoretischer Sicht; in: Möllers / van Ooyen, Bundesverfassungsgericht und Öffentliche Sicherheit 1: Grundrechte, mit einem Gastbeitrag von Hans Peter Bull, 3. Aufl., Frankfurt a. M., S. 135 ff.

van Ooyen, Robert Chr., 2013b: Staatliche, quasi-staatliche und nichtstaatliche Verfolgung? Hegels und Hobbes' Begriff des Politischen in den Asyl-Entscheidungen des Bundesverfassungsgerichts; in: Möllers / van Ooyen, Bundesverfassungsgericht und Öffentliche Sicherheit 2: Sicherheit im transnationalen Kontext, 3. Aufl., Frankfurt a. M., S. 35 ff.

van Ooyen, Robert Chr., 2014: Die Staatstheorie des Bundesverfassungsgerichts und Europa. Von Solange über Maastricht zu Lissabon und Euro-Rettung, 5. Aufl., Baden-Baden.

van Ooyen, Robert Chr., 2015a: Der Streit um die Staatsgerichtsbarkeit in Weimar aus demokratietheoretischer Sicht; in: van Ooyen / Möllers (Hrsg.), Handbuch Bundesverfassungsgericht im politischen System, Wiesbaden, S. 169 ff.

van Ooyen, Robert Chr., 2015b: „Volksdemokratie" und nationalliberaler Etatismus: das Bundesverfassungsgericht aus Sicht der politischen Theorie am Beispiel von Richter-Vorverständnissen (Böckenförde und Kirchhof); in: van Ooyen / Möllers (Hrsg.), Handbuch Bundesverfassungsgericht im politischen System, Wiesbaden, S. 95 ff.

van Ooyen, Robert Chr. / *Möllers*, Martin H. W. (Hrsg.), 2015: Handbuch Bundesverfassungsgericht im politischen System, Wiesbaden.

Nuscheler, Franz / *Steffani,* Winfried (Hrsg.), 1976: Pluralismus, 3. Aufl., München.

Pecher, Christian Matthias, 2002: Verfassungsimmanente Schranken von Grundrechten, Münster.

Peine, Franz-Joseph / *Wolff*, Heinrich Amadeus (Hrsg.), 2011: Nachdenken über Eigentum. Festschrift für Alexander von Brünneck zur Vollendung seines siebzigsten Lebensjahres, Baden-Baden.

Popper, Karl R., 2003a: Gesammelte Werke. Bd. 5: Die offene Gesellschaft und ihre Feinde. Band I: Der Zauber Platons, hrsgg. v. Hubert Kiesewetter, 8. Auflage, Tübingen.

Popper, Karl R., 2003b: Gesammelte Werke. Bd. 6: Die offene Gesellschaft und ihre Feinde. Band II: Falsche Propheten: Hegel, Marx und die Folgen, hrsgg. v. Hubert Kiesewetter, 8. Auflage, Tübingen.

Poscher, Ralf, 2003: Grundrechte als Abwehrrechte, Tübingen.

von Pufendorf, Samuel Freiherr, 1672: De iure naturae et gentium libri octo, Frankfurt a. M. (Nachdruck Hildesheim 2001).

Pütter, Norbert, 2007: Prävention. Spielarten und Abgründe einer populären Überzeugung, in: Bürgerrechte & Polizei/CILIP 86, 1/2007, S. 3-15.

Requate, Jörg, 2008: Der Kampf um die Demokratisierung der Justiz. Richter, Politik und Öffentlichkeit in der Bundesrepublik, Frankfurt a.M. / New York 2008.

Ridder, Helmut, 1979: „Das Menschenbild des Grundgesetzes". Zur Staatsreligion der Bundesrepublik Deutschland; in: Demokratie und Recht (DuR), 1979, S. 123 ff.

Rosenau, Hartmut, 2005: Heiligt der Zweck die Mittel? Theologisch-ethische Bemerkungen zu Gewalt und Folter, Toleranz und Intoleranz; in: Möllers / van Ooyen (Hrsg.), Jahrbuch Öffentliche Sicherheit 2004/05, Frankfurt a. M., S. 37 ff.

Rüthers, Bernd, 1970: Institutionelles Rechtsdenken im Wandel der Verfassungsepochen, Köln.

Sachs, Michael, 2014a: Vorbemerkungen zu Abschnitt I; in: Sachs (Hrsg.), Grundgesetz Kommentar, 7. Aufl., München.

Sachs, Michael (Hrsg.), 2014b: Grundgesetz Kommentar, 7. Aufl., München.

Sattler, Martin J. (Hrsg.), 1972: Staat und Recht. Die deutsche Staatslehre im 19. und 20. Jahrhundert, München.

Schelsky, Helmut (Hrsg.), 1970: Zur Theorie der Institution, Düsseldorf.

Scheuner, Ulrich, 1970: Diskussionsbeitrag; in: VVDStRL 28, S. 232.

Scheuner, Ulrich, 1971: Funktion der Grundrechte im Sozialstaat, in: DÖV, S. 505 ff.

Schlothauer, Reinhold, 1979: Zur Krise der Verfassungsgerichtsbarkeit. Neuere Ansätze zur Methodik der Verfassungsinterpretation – Untersucht am Beispiel Horst Ehmke, Peter Häberle, Konrad Hesse, Martin Kriele und Friedrich Müller, Köln, Frankfurt a.M.

Schmidt, Rolf, 2005: Zur rechtlichen Zulässigkeit von Folter, um Menschenleben zu retten; in: Möllers / van Ooyen (Hrsg.), Jahrbuch Öffentliche Sicherheit 2004/05, Frankfurt a. M., S. 51 ff.

Schmidt, Rolf, 2015: Grundrechte sowie Grundzüge der Verfassungsbeschwerde, 15. Aufl., Grasberg.

Schmidt-Bleibtreu, Bruno (Begr.) / *Hofmann*, Hans / *Henneke*, Hans-Günter (Hrsg.), 2014: GG Kommentar zum Grundgesetz, 13. Aufl., Köln.

Schmitt, Carl, 1934: Über die drei Arten des rechtswissenschaftlichen Denkens, Hamburg.

Schmitt, Carl, 1973a: Freiheitsrechte und institutionelle Garantien, Berlin 1931, erneut abgedruckt in: Verfassungsrechtliche Aufsätze aus den Jahren 1924-1954, 2. Aufl., Berlin, S. 140 ff.

Schmitt, Carl, 1973b: Die Grundrechte und Grundpflichten des deutschen Volkes, in: Anschütz, Gerhard / Thoma, Richard, Handbuch des Deutschen Staatsrechts, Zweiter Band, Tübingen 1932, erneut abgedruckt in: Verfassungsrechtliche Aufsätze aus den Jahren 1924-1954, 2. Aufl., Berlin, S. 181 ff.

Schmitt, Carl, 2006: Über die drei Arten des rechtswissenschaftlichen Denkens, 3. Aufl., unveränderte Ausgabe der 1934 erschienenen 1. Auflage, Berlin.

Schmitt, Carl, 2010: Verfassungslehre, 10. Aufl., Neusatz auf Basis der 1928 erschienenen ersten Auflage, Berlin.

Schnur, Roman (Hrsg.), 1968: Institution und Recht, Darmstadt.

Schnur, Roman, 1965: Besprechung von Häberle, Peter, Die Wesensgehaltgarantie des Art. 19 II GG; in: Deutsches Verwaltungsblatt (DVBl.), S. 489 ff.

Scholz, Rupert, 1971: Koalitionsfreiheit als Verfassungsproblem, München.

Scholz, Rupert, 1985: Buchbesprechung: Peter Häberle: Die Wesensgehaltgarantie des Art. 19 Abs. 2 Grundgesetz. Zugleich ein Beitrag zum institutionellen Verständnis der Grundrechte und zur Lehre vom Gesetzesvorbehalt, Freiburger Rechts- und Staatswissenschaftliche Abhandlungen, Bd. 21, 3. Aufl., Heidelberg 1983; in: AöR 110, S. 127 ff.

Schulze-Fielitz, Helmuth, 2004: Verfassungsvergleichung als Einbahnstraße? Zum Beispiel der Menschenwürde in der biomedizinischen Forschung; in: Blankenagel / Pernice / Schulze-Fielitz (Hrsg.), FS für Peter Häberle zum siebzigsten Geburtstag, Tübingen, S. 355 ff.

Schuppert, Gunnar Folke, 2011: Verfassungswandel im Kontext. Aspekte einer Theorie des Verfassungswandels; in: Hönnige (Hrsg.), Verfassungswandel im Mehrebenensystem, Wiesbaden, S. 346 ff.

Schwabe, Jürgen, 1997: Probleme der Grundrechtsdogmatik, 2. Aufl., Darmstadt.

Smend, Rudolf, 1928: Verfassung und Verfassungsrecht, München.

Smend, Rudolf, 1955: Bürger und Bourgeois im deutschen Staatsrecht (1933); in: Staatsrechtliche Abhandlungen und andere Aufsätze, München, S. 309 ff.

Smend, Rudolf, 2010a: Verfassung und Verfassungsrecht; in: Staatsrechtliche Abhandlungen und andere Aufsätze, 4. Aufl., Berlin, S. 119 ff.

Smend, Rudolf, 2010b: Bürger und Bourgeois im deutschen Staatsrecht; in: Staatsrechtliche Abhandlungen und andere Aufsätze, 4. Aufl., Berlin, S. 309 ff.

Sommermann, Karl P., 1997: Staatsziele und Staatszielbestimmungen, Tübingen.

Sontheimer, Kurt, 1963: Politische Wissenschaft und Staatsrechtslehre, Freiburg im Breisgau.

Sontheimer, Kurt, 1968: Antidemokratisches Denken in der Weimarer Republik, München.

Stahl, Friedrich Julius, 1963: Die Philosophie des Rechts, Bd. 2: Rechts- und Staatslehre auf der Grundlage christlicher Weltanschauung, Erste Abteilung, Erstes bis Drittes Buch, Die Allgemeinen Lehren und das Privatrecht, Nachdruck der 5. Aufl, Tübingen 1878, Hildesheim.

Taureck, Bernhard H. F., 2014: Überwachungsdemokratie: Die NSA als Religion. Paderborn.

Thürer, Daniel / *Aubert*, Jean-François / *Müller*, Jörg Paul (Hrsg.), 2001: Verfassungsrecht der Schweiz, Zürich.

Thurn, John Philipp, 2013: Welcher Sozialstaat? Ideologie und Wissenschaftsverständnis in den Debatten der bundesdeutschen Staatsrechtslehre 1949-1990, Tübingen.

Unger, Sebastian, 2012: Rudolf Smend: Das Recht der freien Meinungsäußerung; in: Augsberg / Unger (Hrsg.), Basistexte: Grundrechtstheorie, Baden-Baden, S. 160 ff.

Willms, Bernhard, 1970: Institution und Interesse. Elemente einer reinen Theorie der Politik; in: Schelsky (Hrsg.), Zur Theorie der Institution, Düsseldorf, S. 43-57.

Zacher, Hans F., 1972: Diskussionsbeitrag; in: VVDStRL 30, S. 151 ff.

Zoll, Ralf (Hrsg.), 1999: Vom Obrigkeitsstaat zur entgrenzten Politik. Politische Einstellungen und politisches Verhalten in der Bundesrepublik seit den sechziger Jahren, Opladen 1999.

III.

Ausgewählte Rezeptionslinien

Robert Chr. van Ooyen

Der Brokdorf-Beschluss (1985) und die andere Demokratietheorie des Bundesverfassungsgerichts

Das Pluralismuskonzept des Ersten Senats (Kelsen und Popper / Hesse und Häberle) als Alternative zum Legitimationsketten-Modell (Schmitt und Böckenförde)*

1 Die doppelte rechtspolitische Bedeutung: Versammlungsrecht und Demokratieprinzip

Mit der Spruchpraxis des Bundesverfassungsgerichts hat sich eine Kultur von „Leading Cases" entwickelt, die dem vom „Case Law" geprägten amerikanischen Verfassungsrecht vom Ergebnis her betrachtet gar nicht mehr unähnlich ist. Zentrale Entscheidungen prägen auch bei uns über Jahre eine Rechtsprechungslinie und zugleich die politischen Entscheidungen von Regierung und Parlament: „Lüth" gehört dazu, ebenso etwa „Bundeswehreinsatz out of area", „Ausländerwahlrecht", „Maastricht" – und natürlich „Brokdorf".

Vor 30 Jahren formulierte der Erste Senat diesen bahnbrechenden Beschluss, mit dem er angesichts tiefgreifender Veränderungen in der Gesellschaft das Versammlungsrecht modernisierte, zur demokratischen Befriedung einer konfliktgeladenen Zeit beitrug und die zum Teil bis heute maßgeblichen Grundsätze verfassungsrechtlicher Interpretation des Art. 8 GG insb. hinsichtlich Genehmigung („Spontanversammlung"), Kooperationspflicht und Auflösung von Versammlungen bestimmte. Mit „Brokdorf" machte das Bundesverfassungsgericht am Ende seiner vielleicht „aktivistischsten Phase"[1] erneut eigenständige Rechtspolitik und schrieb mit einer neuen Grundordnung des Versammlungsrechts Rechtsgeschichte – angesichts eines hier untätigen Parlaments und eines veralteten Gesetzes von 1953, das auf ordentliche Umzüge mit einem klar identifizierbaren Veranstalter, nicht aber auf die Protestkultur seit den späten 1960er Jahren ausgerichtet gewesen war und zur Eskalation zwischen Regierenden bzw. Polizei und den Neuen Sozialen Bewegungen geführt hatte. Es „schuf die Grundlage dafür, dass... Pro-

* Zuerst erschienen in: Recht und Politik (RuP), 4/2015, S. 225-232 (leicht modifizierte Fassung).

1 *Lepsius* 2015: 151.

testbewegungen sich in die Verfassungsordnung integrieren konnten"[2]; die „Entscheidung half, die GRÜNEN zu Verfassungspatrioten zu machen".[3]

Da das Demonstrationsrecht aber wie die Meinungs- und Pressefreiheit des Art. 5 GG zu den Bedingungen zählt, ohne die eine liberale Demokratie schlechterdings nicht vorstellbar ist, wollte das Bundesverfassungsgericht durch seine erste Entscheidung zu Art. 8 überhaupt ein prinzipielles Verständnis von Demokratie zugrunde legen, von dem aus sich dann die Funktion der Versammlungsfreiheit – und damit auch ihre Grenzen hinsichtlich Genehmigung und Auflösung – definieren ließ. Die Bedeutung von „Brokdorf" für die „Deutungsmacht" Bundesverfassungsgericht[4] liegt daher nicht nur in seiner rechtspolitischen Weichenstellung für ein liberales, modernes Versammlungsrecht und der zugleich mit diesem mustergültigen Fall verbundenen Einsicht, wie Verfassungsgerichte Politik machen (müssen) – und zwar gerade das mächtige deutsche Bundesverfassungsgericht. Aus politikwissenschaftlicher Sicht ist das übrigens zunächst einmal gar kein Makel, sondern – wie schon die lange Geschichte des US-Supreme Courts und Kelsens Theorie der Verfassungsgerichtsbarkeit zeigen[5] – notwendig, weil nicht vermeidbarer Bestandteil einer solchen Institution.[6] Der Beschluss ist über Art. 8 hinaus fundamental für die Deutung des Demokratieprinzips des Grundgesetzes.[7] Zu Recht hat Oliver Lepsius gerade darauf aufmerksam gemacht, dass die Demokratietheorie des Ersten Senats aus der Brokdorf-Entscheidung in deutlichem Kontrast steht zu dem heute dominanten, vom Zweiten Senat formulierten sog. Legitimationsketten-Modell, das gerade nicht auf Partizipation, sondern auf ein (antipluralistisches), kollektiv verstandenes Legitimationssubjekt „Volk"[8] zielt.[9] Und diese, maßgeblich auf Ernst-Wolfgang Böckenförde zurückgehende Theorie steht auch in ihrer liberal eingehegten Form in der Tradition der problematischen Lehre von Carl Schmitt[10] – mit erheblichen Auswirkungen auf alle Bereiche der Rechtsprechung des Gerichts mit Bezug zur Demokratie, insb. aber bei seinen Entscheidungen „Maastricht/Lissabon" und „Ausländerwahlrecht".[11]

Nachfolgend sollen daher nicht noch einmal die Ereignishintergründe und die durch die Literatur hinlänglich aufgearbeitete Rezeption von „Brokdorf" einschließlich ihrer Folgewirkungen für polizeiliche Maßnahmen bei Großdemonstrationen bis „Castor" und

2 *Doering-Manteuffel / Greiner / Lepsius* 2015: 3.
3 *Lepsius* 2015: 124.
4 *Vorländer* 2006.
5 *Kelsen* 2008.
6 *van Ooyen* 2009; früh schon *Häberle*, jetzt: 2014.
7 Vgl. *Lepsius* 2015: 143.
8 Vgl. *Lepsius* 2015: 142 f.; auch *Bryde* 2015: 506.
9 Die Senate sind natürlich keine monolithischen Dogmenblöcke und diese Demokratietheorie ist hier auch selbst kritisiert worden; vgl. *Lübbe-Wolff* 2007.
10 Vgl. *van Ooyen* 2015a.
11 Vgl. *van Ooyen* 2014a.

„Heiligendamm" dargestellt werden; ebenso wenig, dass sich die spätere Problematik rechtsextremistischer Versammlungen hiermit kaum einfangen ließ, so dass der „Wunsiedel-Beschluss" (2009) wiederum zu einer rechtspolitischen „Zäsur" im Versammlungsrecht führte.[12] An Lepsius anschließend soll gezeigt werden, dass sich die demokratietheoretischen Passagen des Beschlusses via Smend-Hesse-Häberle in ihrer zentralen Aussage auf das pluralismustheorische Demokratiekonzept von Kelsen (und sozialphilosophisch auf Popper) zurückführen lassen. Im Diskurs der deutschsprachigen Staatsrechtslehre der Weimarer und Wiener Republiken ist er der große sozial-liberal-demokratische Staatstheoretiker und Gegenspieler des Vordenkers identitärer „Volksdemokratie" bzw. des „plebiszitären Führerstaats": Carl Schmitt.

2 „Brokdorf" als entgrenzte Demokratisierung „von oben"

Zunächst aber fällt auf, dass es streng genommen bei „Brokdorf" in der Sache nur um eine Zuständigkeit im einstweiligen Rechtsschutz ging. Das Bundesverfassungsgericht aber nahm 1985 „den Fall zum Anlass für eigentlich nicht mehr entscheidungsrelevante, grundsätzliche Ausführungen zur Versammlungsfreiheit", denn um „den Fall als Zuständigkeitskonflikt zu lösen, brauchte man keine vier Jahre".[13] (Die Verfassungsbeschwerde und die dann trotz Verbot durchgeführte Demonstration, die auch prompt aus dem friedlichen Ruder lief, datierten auf den Februar 1981).

Diese „zupackende Regelungsfreudigkeit des Senats kann als heilsame Modernisierung angesehen werden"; das war auch nicht „illegitim".[14] Oder, um eine Weimarer Diktion von Schmitt umzukehren: legitim, aber vielleicht doch „illegal", weil jenseits der verfassungsmäßig zulässigen Grenzen? Wobei zu berücksichtigen ist, dass das nicht so einfach juristisch festgestellt werden kann, da das Gericht über das, was „legal" ist – und damit über seine eigene Entgrenzung – ja selbst die rechtspolitische Deutungshoheit innehat. Eine „Entgrenzung" des Verfassungsgerichts wird inzwischen zu Recht auch von Staatsrechtlern beklagt, die der Schmittschen Jurisdiktionsstaats-Kritik völlig unverdächtig sind.[15] „Brokdorf" ist daher auch ein Meilenstein auf diesem Weg gewesen. Unabhängig davon, wie weit man nun die Grenzen zulässiger Rechtspolitik durch Verfassungsgerichte zieht – wie oben mit Verweis auf Kelsen festgestellt wohnt dieser ja immer ein politisches Moment inne – so bleibt bei „Brokdorf" noch ein weiteres „Geschmäckle": das einer Demokratisierung durch Richterspruch „von oben", auch wenn es aus edlen Motiven zum Zwecke von „mehr Demokratie wagen" erfolgte.

---

12 *Möllers*, Martin 2015: 570.

13 *Lepsius* 2015: 136.

14 *Lepsius* 2015: 148.

15 Vgl. *Jestaedt / Lepsius / Möllers / Schönberger* 2011.

Dann aber fällt zweitens noch etwas anderes an der Entscheidung auf:

Direkt am Anfang der Begründung, in dem zentralen Teil, in dem der Erste Senat die Funktion der Versammlungsfreiheit über die abwehrrechtliche Dimension eines Grundrechts hinaus als grundlegendes Funktions- und Strukturelement der Demokratie postuliert,[16] tauchen Schlüsselbegriffe auf, die auf bestimmte Rezeptionslinien deuten: „pluralistisch“ – „Minderheitenschutz“ – „trial and error“ – „Resultante im Kräfteparallelogramm“, „demokratische Offenheit“.[17] Das sind Begriffe, die sich zum Teil in dem damaligen Lehrbuch für Verfassungsrecht[18] von Richter Hesse finden lassen, das in der Entscheidung auch ausdrücklich zitiert wird;[19] oder aber in den Schriften der 1970er/1980er Jahren und noch vor „Brokdorf“ seines früheren Assistenten Peter Häberle,[20] der den berühmten Lehrer hinsichtlich der Bedeutung für die „Verfassungstheorie der offenen Gesellschaft“ im europäischen „Kontext“[21] wohl längst in den Schatten gestellt hat. Und es fällt gerade mit „pluralistisch“ ein Begriff, der gemessen an der bis heute (oder schon wieder?) wirkmächtigen etatistisch-nationalen Tradition der deutschen Staatsrechtslehre höchst ungewöhnlich ist.[22] Schon 1964 beschwerte sich auf dem 45. Deutschen Juristentag Ernst Fraenkel, der bundesdeutsche Vertreter des Neopluralismus, dass bei Juristen das Wort „pluralistisch“ immer nur in Anführungszeichen, also unter Vorbehalt gesetzt würde – ein böses Erbe der überwiegend antidemokratischen, parteienfeindlichen Traditionen der Weimarer Staatsrechtslehre, namentlich Carl Schmitts, aber auch Rudolf Smends.[23]

Die bundesdeutschen „Schüler“ des nach 1945 einflussreichen Smend und der „Freiburger Schule“ wie Horst Ehmke, Konrad Hesse oder Peter Häberle überwanden jedoch bald die problematischen Verbindungen der „Integrationslehre“, die Smend in Weimar, durchaus fasziniert von der Integrationsleistung des italienischen Faschismus,[24] noch gegen die parlamentarisch-demokratische (Parteien-)Republik positioniert hatte.[25] Dies, indem die Freiburger Schule die dynamische Gemeinschaftsbildung vom aktiven Bürger zum Staat des Smendschen Integrationsprozesses zwar übernahm, aber dann einfach pluralismustheoretisch wendete. Die – polemisch formuliert: inhaltsleere – Integrationslehre

16 Vgl. BVerfGE 69, 315 – Brokdorf, Rn. 62 (http://www.servat.unibe.ch/dfr/bv069315.html).
17 Ebd., Rn. 62-67.
18 Vgl. *Hesse* 1995: 58 ff. (§ 5 Demokratie).
19 Vgl. BVerfGE 69, 315 – Brokdorf, Rn. 67.
20 Vgl. *Häberle* 1980.
21 Vgl. *Häberle* 2011.
22 Vgl. m. w. N. *van Ooyen* 2005; *van Ooyen* 2015b; *Möllers, Christoph* 2008.
23 Vgl. schon *Nuscheler / Steffani* 1976; *Sontheimer* 1968; sowie „umgekehrt“ *Gusy* 2000.
24 Vgl. nur *Smend* 1955: 141.
25 Vgl. m. w. N. *Günther* 2004; van *Ooyen* 2014b.

war hierfür genauso offen wie für antidemokratische, ja faschistische Konzepte. Denn letztlich zielt sie bloß auf den dynamischen Prozess der Gemeinschaftsbildung als „politische Einheit“ unter Beteiligung der Bürger – was in den neuen Massengesellschaften des 20. Jahrhunderts sowohl für demokratische als auch faschistische Bewegungen typisch gewesen ist. Darin lag trotz des Konservativismus des protestantischen „Deutsch-Nationalen“ Smend gerade ihre zeitgemäße Modernität, etwa gegenüber ständestaatlichen Konzeptionen. Es verwundert so auch nicht, dass einer seiner Weimarer „Schüler“ noch zu dieser Zeit einerseits eine gegen die Parteienfeindlichkeit der deutschen Staatslehre gerichtete „Parteienstaatslehre“ vorlegen und zugleich ebenso von diesem „Italien“ angetan sein konnte: Gerhard Leibholz, der später zur großen Gründergestalt des Bundesverfassungsgerichts wurde.[26]

Die bundesdeutschen „Smend-Schüler“ jedoch hatten sich z. T. das am Pluralismus der Interessengruppen ausgerichtete, angloamerikanische Verfassungsdenken von „government“ and „political process“ der Federalist Papers oder auch eines Harold Laski positiv angeeignet, gegen das Schmitt noch mit seinem „Hüter“ des „Politischen“ als Zerstörung der souveränen Einheiten von „Staat“ und „homogenen Volk“ angekämpft hatte.[27] Im Brokdorf-Beschluss wird tatsächlich explizit hierauf verwiesen:

> „Im angloamerikanischen Rechtskreis war die im naturrechtlichen Gedankengut verwurzelte Versammlungsfreiheit schon früh als Ausdruck der Volkssouveränität und demgemäß als demokratisches Bürgerrecht zur aktiven Teilnahme am politischen Prozeß verstanden worden“.[28]

Das hob sich insgesamt ganz deutlich von der bundesdeutschen „Schmitt-Schule“ ab: Hier erschienen infolge des Generationenwechsel zwar die älteren „Schüler“ ohnehin bald als „Fossil“ (z. B. Ernst Forsthoff, Herbert Krüger), während sich die nachfolgende „Generation“, zu der auch Ernst-Wolfgang Böckenförde zählt, als flexibel erwies und auch gar nicht wie noch Carl Schmitt überhaupt an der Legitimität des Grundgesetzes als der neuen Verfassung (ver)zweifelte. Dennoch: „Erhebliche Zweifel an der Tragfähigkeit des Pluralismus in Ablösung der... Homogenitätsanforderung an das Volk der Demokratie“ blieben auch beim sozialliberalen, katholischen Böckenförde und das angloamerikanische Verfassungsverständnis mit seiner „Welt der freien Verbandsbildung als Teil des demokratischen Prozesses“ schien ihm jedenfalls noch Mitte der 1980er Jahre „außerirdisch“.[29]

---

26 Vgl. *Benöhr* 1999; m. w. N. van *Ooyen* 2006/07.
27 Vgl. *Schmitt* 1996a: 37 ff.; *Schmitt* 1996b: 71 ff.
28 BVerfGE 69, 315 – Brokdorf, Rn. 62.
29 So *Goerlich* 2014: 211.

Lepsius vertritt daher zu Recht die These, dass der Erste Senat mit „Brokdorf" eine an Partizipation und Pluralismus orientierte – protestantisch vorgeprägte – Demokratietheorie entwickelt habe, die bis heute als Alternative zum eher „katholischen Amtsverständnis"[30] des Böckenförde-Volks-Legitimationsketten-Modells des Zweiten Senats zur Verfügung stehe und in dem sich auch dieser Streit zwischen „Smend-" und „Schmitt-Schule" widerspiegele. Das „protestantische" Element zeige sich gerade bei den drei prägenden Richtern dieser Entscheidung, die (auch) als rechtspolitische Persönlichkeiten agierten: Helmut Simon, Roman Herzog und eben Konrad Hesse – jenseits ihrer parteipolitischen Orientierung entschiedene Repräsentanten des politischen Protestantismus, die nicht nur gesellschaftliches Konfliktpotenzial pragmatisch entschärfen, sondern endlich auch etatistische und antidemokratische Traditionslinien des deutschen Protestantismus durchbrechen wollten.[31] In diesem einen Punkt, so ließe sich ergänzen, treffen sie sich sogar mit Böckenförde,[32] der bei aller demokratie- und staatstheoretischen Schmitt-Rezeption als engagierter Katholik u. a. auch sein „Theorem" ursprünglich gegen die demokratie- und liberalismusskeptischen Traditionsbestände des katholischen Milieus gerichtet hatte.[33]

„Preußisch-protestantisch" ist der Beschluss auch insofern, als die Integrationslehre Smends natürlich selbst in dieser Tradition steht.[34] Hierbei wird das irrationale (religiöse) Gefühl durch unmittelbare Integration zum Staat (Gott) „veredelt". Begrifflich ganz passend kritisierte Kelsen diese Lehre daher schon 1930 als „Staatstheologie"[35]. Insofern ist Smends Lehre vor allem eine Verfassungstheorie des staatlich organisierten, politisch-kollektiven (quasi-religiösen) „Gemeinschaftsevents" – weshalb ihm neben der charismatischen „persönlichen Integration" (durch „'Führertum'")[36] die durch Symbole (Fahnen, Wappen, Zeremonien usw.) so wichtig war.[37] In verdünnter, freilich mit dem kulturwissenschaftlichen Ansatz Hermann Hellers amalgamierter Form, schwingt das sogar bei Häberle noch nach.[38] In der Entscheidung wird das auch daran deutlich, dass nach Meinung des Gerichts Demonstrationen „Integrationsdefizite sichtbar"[39] machten und dass dies selbst für unordentliche, wilde, also ganz irrationale Aktionsformen gelte, weil sie „'ein Stück ursprünglicher-ungebändigter unmittelbarer Demokratie (enthal-

---

30 *Lepsius* 2015: 143.

31 Vgl. *Lepsius / Doering-Manteuffel* 2015.

32 Vgl. *van Ooyen* 2015c.

33 Vgl. *Große Kracht* 2014.

34 Vgl. m. w. N. *Lhotta* 2005.

35 *Kelsen* 1930: 56.

36 *Smend* 1955: 142 ff.

37 Vgl. *Smend* 1955: 163, wiederum mit Bezügen zum italienischen Faschismus.

38 Vgl. *Häberle* 2008; *Häberle* 2013a.

39 BVerfGE 69, 315 – Brokdorf, Rn. 67.

ten)'".[40] Diese werden dann aber mittels der vom Gericht gefundenen Lösung einer strengen Pflicht zur „Kooperation"[41] durch den Staat vereinnahmt, sozusagen „verstaatlicht". Das gipfelt schließlich in der Ironie, dass man natürlich „dem Protest die Spitze nehmen kann, wenn man sich an seine Spitze stellt".[42] Denn, so Lepsius, wird „die Trennung von Staat und Gesellschaft bei der Durchführung von Versammlungen nivelliert, kann... nicht mehr vermittelt werden, warum und wie sich eine Demonstration gegen hoheitliche Gewalt richtet."[43]

4 Poppers „offene Gesellschaft" und Kelsens pluralistische Demokratietheorie

Sicherlich, das stimmt, verdeckt aber vielleicht etwas einen hierüber hinaus gehenden Rezeptionskontext, mit dem der Erste Senat einmal direkt und das andere Mal mit einem „Schlenker" über Häberle-Hesse-Smend bei Karl Popper und Hans Kelsen landete – die beiden großen Kritischen Rationalisten aus dem Umfeld des Wiener Neo-Positivismus. Deutlich wird das bei den oben zitierten Schlüsselbegriffen der Entscheidung zur grundlegenden Beschreibung der Demokratie:

Die Formulierung von der politischen Willensbildung als „trial and error" – sie taucht schon im KPD-Urteil auf[44] – in einem „nie endenden" Prozess „demokratischer Offenheit": das ist natürlich eine offensichtliche Anleihe bei Poppers Falsifikationstheorie, die er in seiner Schrift zur „Offenen Gesellschaft" als antitotalitäres Prinzip auf die Politik übertrug.[45] Häberle, der selbst in seiner Verfassungslehre ausdrücklich auf Popper rekurriert, hat hierauf schon 1981 hingewiesen.[46] Die „Offene Gesellschaft" ist erkenntnistheoretisch dem philosophischen Wahrheitsbegriff in der Tradition des Kritizismus von Sokrates und Kant verpflichtet und normativ-politisch dem Wert der individuellen Freiheit im Sinne des Sozial-Liberalismus – Popper war zu dieser Zeit auch der „Hausphilosoph" von Bundeskanzler Schmidt und des durch ihn repräsentierten nüchtern-realistisch-pragmatischen Teils der SPD. Die bei Popper zugrunde liegende zentrale Annahme, die sich in „Brokdorf" widerspiegelt, ist, dass sich Aussagen nie verifizieren ließen, (soziale) Theorien also niemals wahr, sondern allenfalls „bewährt" sein können, da sie an der Erfahrung scheitern können müssen („trial and error"). Mittels Falsifikation" sei daher (nur) eine Annäherung an die Wahrheit erreichbar. Popper stand damit bei all

40 Ebd.
41 Vgl. ebd. (als Zitat aus Hesses Lehrbuch).
42 *Lepsius* 2015: 139.
43 *Lepsius* 2015: 139.
44 Vgl. BVerfGE 5, 85 – KPD-Verbot (1956), Rn. 240 (www.servat.unibe.ch/dfr/bv005085.html).
45 Vgl. m. w. N. *van Ooyen* 2014c.
46 Obwohl im KPD-Urteil I. B. Talmon genannt wird; vgl. *Häberle* 1981: 29.

seiner Kritik am Neo-Positivismus des „Wiener Kreises“ dem naturwissenschaftlichen Methodenparadigma nahe. Sein Kritischer Rationalismus zeichnet sich dadurch aus, dass auch die wissenschaftliche Methode nur eine „bewährte“ Plausibilität beanspruchen und – ähnlich wie bei Kelsens „Wiener Schule“ und ihrer rechtstheoretischen „Grundnorm“ – als „Glaube an die Vernunft“ bloß axiomatisch vorausgesetzt werden kann. Sozialphilosophisch bedeutet das, dass die politischen Verhältnisse (nur) in einer „offenen Gesellschaft“ Stück für Stück reformierbar und verbesserungsfähig seien; und direkt bezogen auf „Brokdorf“, dass den staatlichen Institutionen der repräsentativen Demokratie (Parlament und Regierung) auch kein politisches „Wahrheitsmonopol“ gegenüber der Gesellschaft zukommen kann. Häberle nennt das in Anlehnung an Popper schon in den 1970er Jahren „Die offene Gesellschaft der Verfassungsinterpreten“.[47] Aus dieser Sicht erwächst im Brokdorf-Beschluss die Legitimität des (auch „wilden“) gesellschaftlichen Protests als eines der Lebenselemente der Demokratie.

Und Kelsen ist der andere „kritische Rationalist“, der in der Demokratiebeschreibung von „Brokdorf“ der Stichwortgeber ist. Er liefert schon in den 20er Jahren eine Demokratietheorie, die ausgehend von einer realistischen Überprüfung Rousseaus nichts mehr von dessen identitären „Volkswillen“, der für Carl Schmitt so wichtig ist, übrig lässt.48 In seiner Demokratietheorie der „Legitimation durch Verfahren“, die, so später Niklas Luhmann, hier „am weitesten und konsequentesten vorgedrungen“ ist,49 bedarf es keiner Souveränität des „Staats“ oder des „Volks“ (schon gar nicht des „homogenen“) im Sinne eines Herrschaftssubjekts von ontischer Qualität. Demokratie wird bei Kelsen – so akzentuiert es dann auch die Brokdorf-Entscheidung – vom offenen Wettbewerb um Mehrheiten geprägt und daher grundlegend vom Minderheitenschutz her konzipiert. Kelsen ordnet hier auch die Funktion der Verfassung und Verfassungsgerichtsbarkeit ein, als eine „Satzung“ des bürgerlichen Vereins „Staat“, deren Spielregeln durch Vorrang, erschwerte Änderbarkeit und besonderen gerichtlichen Schutz nicht so einfach gegen den Willen der Minderheiten abgeändert werden kann. Das Verfassungsgericht ist für ihn in der Kontroverse mit Schmitt auch nicht der, sondern im Prozess von „checks and balances“ – nur ein Hüter der Verfassung. Die Vorstellung vom politischen Prozess als Kräftespiel der Gruppen aber, die bei „Brokdorf“ im Begriff der „Resultante“ zugespitzt wird (ebenfalls schon aus dem KPD-Urteil übernommen),50 ist die zentrale Aussage der Pluralismustheorie. Sie wird heute in der Politikwissenschaft immer Ernst Fraenkel im Rahmen seiner Definition des Gemeinwohls „a posteriori“ zugeschrieben. Tatsächlich aber findet sich dieses pluralismustheoretische Axiom, das eine Urvorlage im

47 Jetzt in *Häberle* 1980: 79 ff.

48 Vgl. *Kelsen* 1929; insgesamt und m. w. N. *van Ooyen* 2003; *van Ooyen* 2010.

49 *Luhmann* 1997: 11.

50 Vgl. BVerfGE 69, 315 – Brokdorf, Rn. 65 bzw. 5,85 – KPD-Verbot, Rn. 240.

Verfassungsrealismus Ferdinand Lassalles hat, erstmals schon in der Habilitation Kelsens von 1911 und durchzieht dann später auch seine zentrale Schrift über die Demokratie.51 Smend greift diese Formulierung zwar früh auf, aber mit deutlich negativer Wertung – seine ganze Verfassungstheorie der Integration ist ja wie bei Schmitt als „Anti-Kelsen“ motiviert gewesen. Unabhängig von der Frage, ob man den Kontext dieser demokratietheoretischen Urheberschaft im 1. Senat kannte oder ob er wegen des regelrechten antipositivistischen „Kelsen-Hasses“, der problematischen (auch personellen) Kontinuitäten sowie der „Vermachtungsprozesse“52 in der deutschen Staatsrechtslehre längst verschüttet war,53 stand er beim Brokdorf-Beschluss via Rezeption durch Smend (und Fraenkel) Pate.

5 Mit „Brokdorf“, Kelsen und Häberle zurück in die Zukunft

So treffen mit den beiden Demokratieverständnissen der Senate die alten Antagonisten Kelsen und Schmitt erneut aufeinander, wenngleich seit den 1990ern trotz 30 Jahre „Brokdorf“ Schmitt ein weiteres Mal zu siegen scheint.54 Gegenüber dem „zukunftsweisenden pluralistischen und menschenrechtlichen Demokratieverständnis“, so der frühere Richter Brun-Otto Bryde in seiner Einschätzung zu „Brokdorf“, ist jedenfalls „die spätere Verengung von Demokratie zur Herrschaft eines Staatsvolkes durch den 2. Senat ein Rückschritt, der die Bewältigung heutiger Herausforderungen der Demokratie nicht erleichtert“.55

Kelsens modern-demokratische Konzeption einer Bürgerschaft als Rechtsgenossenschaft, seine postnationale „Staatslehre ohne Staat“ (Kelsen) und Demokratietheorie ohne „Volk“ sind aber noch heute eine zeitgemäße Verfassungstheorie für das Verständnis des Grundgesetzes als der Verfassung einer offenen Gesellschaft. Mit ihr lassen sich zudem die aktuellen Herausforderungen der europäischen Integration oder des Bürgerseins in der Zuwanderungsgesellschaft erfassen – anders als mit dem souveränitätsfixierten, national-etatistischen Legitimationsketten-Modell in der Nachfolge von Schmitt / Böckenförde. Denn nach der normativen Staatstheorie ist man Bürger eines Gemeinwesens, wenn man seiner Herrschaft unterworfen ist, also die Gesetze zu befolgen hat - sei es nun als „Deutscher“, „Ausländer“ oder „Bürger der EU“. Der „Staat“ - das „sind wir“56 und „wir“ sind kein unabhängiges Kollektivsubjekt eines homogenen Volkes, sondern

51 Ausführliche Nachweise hierzu bei *van Ooyen* 2003: 263 ff.

52 *Häberle* 2007.

53 Vgl. *van Ooyen* 2010: 80 ff.; jetzt auch insgesamt *Jestaedt* 2013.

54 Vgl. *Rasehorn* 1985.

55 *Bryde* 2015: 506.

56 *Kelsen* 1933: 23.

gesellschaftliche Interessengruppen, die auf der Basis selbst gegebener, demokratischer Verfahren und Gesetze immer wieder von Neuem Konflikte um Macht und unterschiedliche Vorstellungen von Gerechtigkeit halbwegs zivilisiert austragen.

Ob es sich bei der Rezeption des „Neukantianers“ Kelsen (und Popper) durch „Brokdorf“ daher nun eher gar um eine „jüdische“ als eine „protestantische“ Linie handelt, sei dahin gestellt – und vielleicht dann auch zu viel Ehre für Carl Schmitt, der das immer in seiner „krypto-katholischen“ politischen Theologie behauptet hatte und selbst Kant in seinen „Kampf gegen den jüdischen Geist“[57] in der deutschen Rechtswissenschaft hierin einschloss. Vielleicht ist es einfach nur eine kritisch-sozial-liberal-demokratische Linie. Schmitt immerhin hatte seinen „Feind“ ganz klar gesehen, da die von ihm verhasste normative Staatstheorie Kelsens tatsächlich „ohne Boden, ohne Staat, ohne Kirche“ auskommen und „nur im ‚Gesetz‘ existieren“ kann.[58] Bezogen auf die „Großen Vier“ von Weimar und Wien ist Kelsen der „letzte Überlebende“, weil noch heute anschlussfähig; und zwar gerade in puncto Demokratietheorie – nicht aber Schmitt oder Smend.[59]

Mit Blick auf die Pfade des demokratie- und staatstheoretischen Dualismus zwischen Erstem und Zweitem Senat jedenfalls kann ein Rückblick auf „Brokdorf“ dann nur bedeuten: Zurück zu Kelsen! Und mit Blick auf die Dominanz des „Legitimationsketten-Modells“ kann es zukünftig auch nur bedeuten: „weniger“ Böckenförde – „mehr“ Häberle! Demokratie kommt – besonders angesichts der Zuwanderungsgesellschaften in der EU – nicht „von oben“, schon gar nicht in einem staatlich-national homogen eingehegten Raum; und auch nicht als eine Entgegensetzung zum liberalen Rechtsstaat im Sinne der Schmittschen Tradition. Sie erwächst vielmehr gesellschaftlich „von unten“, im Begriff der Autonomie untrennbar verbunden mit dem Rechtsstaat, nämlich als „Grundrecht“; denn „Pluralistische Demokratie (ist eine) organisatorische Konsequenz der Menschenwürde“[60] – und als Form der Selbstbestimmung zugleich eine ihrer Voraussetzungen.

57 Vgl. *Schmitt* 1936: 14 ff. und 28 ff.
58 *Schmitt* 1993: S. 9.
59 *Lepsius* 2000: 394; vgl. *van Ooyen* 2003.
60 *Häberle* 2013b: 346 bzw. 339.

Literatur

Benöhr, Susanne, 1999: Das faschistische Verfassungsrecht Italiens aus der Sicht von Gerhard Leibholz, Baden-Baden.

Bryde, Brun-Otto, 2015: Der Beitrag des Bundesverfassungsgerichts zur Demokratisierung der Bundesrepublik; in: van Ooyen / Möllers, S. 497 ff.

Doering-Manteuffel, Anselm / *Greiner*, Bernd / *Lepsius*, Oliver, 2015: Der Brokdorf-Beschluss des Bundesverfassungsgerichts 1985, Tübingen.

Goerlich, Helmut, 2014: Die Legitimation von Verfassung, Recht und Staat bei Ernst-Wolfgang Böckenförde; in: Mehring / Otto, S. 194 ff.

Große Kracht, Hermann-Josef, 2014: Fünfzig Jahre Böckenförde-Theorem; in: Große Kracht, Hermann-Josef / Große Kracht, Klaus (Hrsg.): Religion – Recht – Republik, Paderborn, S. 155 ff.

Günther, Frieder, 2004: Denken vom Staat her, München.

Gusy, Christoph (Hrsg.), 2000: Demokratisches Denken in der Weimarer Republik, Baden-Baden.

Häberle, Peter, 1980: Die Verfassung des Pluralismus. Studien zur Verfassungstheorie der offenen Gesellschaft, Königstein/Ts.

Häberle, Peter, 1981: Klassikertexte im Verfassungsleben, Berlin-New York.

Häberle, Peter, 2007: Vermachtungsprozesse in nationalen Wissenschaftlergemeinschaften insbesondere in der deutschen Staatsrechtslehre; in: Schulze-Fielitz, Helmuth (Hrsg.): Staatsrechtslehre als Wissenschaft, Berlin, S. 159 ff.

Häberle, Peter, 2008: Nationalflaggen, Berlin.

Häberle, Peter, 2011: Europäische Verfassungslehre, 7. Aufl., Baden-Baden.

Häberle, Peter, 2013a: Nationalhymnen als kulturelle Identitätselemente des Verfassungsstaates, 2. Aufl., Berlin.

Häberle, Peter, 2013b: Der kooperative Verfassungsstaat – aus Kultur und als Kultur, Berlin.

Häberle, Peter, 2014: Verfassungsgerichtsbarkeit und Verfassungsprozessrecht, Berlin.

Hesse, Konrad, 1995: Grundzüge des Verfassungsrechts der Bundesrepublik Deutschland, 20. Aufl., Heidelberg.

Jestaedt, Matthias (Hrsg.), 2013: Hans Kelsen und die deutsche Staatsrechtslehre, Tübingen.

Jestaedt, Matthias / *Lepsius*, Oliver / *Möllers*, Christoph / *Schönberger,* Christoph, 2011: Das entgrenzte Gericht, Frankfurt a. M.

Kelsen, Hans, 1929: Vom Wesen und Wert der Demokratie, 2. Aufl., Tübingen.

Kelsen, Hans, 1930: Der Staat als Integration, Wien.

Kelsen, Hans, 1933: Staatsform und Weltanschauung, Tübingen.

Kelsen, Hans, 2008: Wer soll der Hüter der Verfassung sein?, Neuausgabe, Tübingen.

Lepsius, Oliver, 2003: Die Wiederentdeckung Weimars durch die bundesdeutsche Staatsrechtslehre; in: Gusy, Weimars lange Schatten – „Weimar“ als Argument nach 1945, Baden-Baden, S. 354 ff.

Lepsius, Oliver, 2015: Versammlungsrecht und gesellschaftliche Integration; in: Doering-Manteuffel / Greiner / Lepsius, S. 113 ff.

Lepsius, Oliver / *Doering-Manteuffel,* Anselm, 2015: Die Richterpersönlichkeiten und ihre protestantische Sozialisation; in: Doering-Manteuffel / Greiner / Lepsius, S. 167 ff.

Lhotta, Roland (Hrsg.), 2005: Die Integration des modernen Staates, Baden-Baden.

Lübbe-Wolff, Gertrude, 2007: Homogenes Volk – Über Homogenitätspostulate und Integration; in: ZAR, 4, S. 121 ff.

Luhmann, Niklas, 1997: Legitimation durch Verfahren, 4. Aufl., Frankfurt a. M.

Mehring, Reinhard / *Otto*, Martin (Hrsg.), 2014: Voraussetzungen und Garantien des Staates, Baden-Baden.

Möllers, Christoph, 2008: Der vermisste Leviathan, Frankfurt a. M.

Möllers, Martin H. W., 2014: Das Demonstrationsrecht des Bundesverfassungsgerichts in liberal-etatistischer Tradition zwischen Bürgerfreiheit und Staatsräson; in: van Ooyen / Möllers, S. 551 ff.

Nuscheler, Franz / *Steffani,* Winfried (Hg.), 1976: Pluralismus, 3. Aufl., München.

van Ooyen, Robert Chr., 2003: Der Staat der Moderne. Hans Kelsens Pluralismustheorie, Berlin.

van Ooyen, Robert Chr., 2005: Der Begriff des Politischen des Bundesverfassungsgerichts, Berlin.

van Ooyen, Robert Chr., 2006/07: Die Parteienstaatslehre von Gerhard Leibholz; in: JJZG, Bd. 8, S. 359 ff.

van Ooyen, Robert Chr., 2009: Die Unhintergehbarkeit des Politischen in der Verfassungsgerichtsbarkeit; in: ZfP, 1, S. 98 ff.

van Ooyen, Robert Chr., 2010: Hans Kelsen und die offene Gesellschaft, Wiesbaden (2. Aufl., i. V.).

van Ooyen Robert Chr., 2014a: Die Staatstheorie des Bundesverfassungsgerichts und Europa, 5. Aufl., Baden-Baden.

van *Ooyen*, Robert Chr., 2014b: Integration. Die antidemokratische Staatstheorie von Rudolf Smend im politischen System der Bundesrepublik, Wiesbaden.

van Ooyen, Robert Chr., 2014c: Karl R. Popper: The Open Society And Its Enemies; in: Salzborn, Samuel (Hg.): Klassiker der Sozialwissenschaften, Wiesbaden 2014, S. 147 ff.

van Ooyen, Robert Chr., 2015a: „Volksdemokratie" und nationalliberaler Etatismus. Das Bundesverfassungsgericht aus Sicht der politischen Theorie am Beispiel von Richter-Vorverständnissen (Böckenförde und Kirchhof); in: van Ooyen: Bundesverfassungsgericht und politische Theorie, Wiesbaden, S. 9 ff.

van Ooyen, Robert Chr., 2015b: Staatstheorie eines katholisch-sozial-liberalen Etatisten; in: E & D, Bd. 27 (i. V.).

van Ooyen, Robert Chr. / *Möllers*, Martin H. W. (Hrsg.), 2015: Handbuch Bundesverfassungsgericht im politischen System, 2. Aufl., Wiesbaden.

Rasehorn, Theo, 1985: Carl Schmitt siegt über Hans Kelsen. Das Ende der Weimarer Republik im Spiegel juristischer Publizistik; in: APuZ, 35, S. 1 ff.

Schmitt, Carl, 1936: Eröffnung und Schlusswort: in: Das Judentum in der Rechtswissenschaft, Tagung der Reichsgruppe Hochschullehrer des NSRB, Teil 1: Die deutsche Rechtswissenschaft im Kampf gegen den jüdischen Geist, Berlin.

Schmitt, Carl, 1993: Über die drei Arten des rechtswissenschaftlichen Denkens (1934), 2. Aufl., Berlin.

Schmitt, Carl, 1996a: Der Begriff des Politischen (1932), 6. Aufl., Berlin.

Schmitt, Carl, 1996b: Der Hüter der Verfassung (1931), 4. Aufl., Berlin.

Smend, Rudolf, 1955: Verfassung und Verfassungsrecht (1928); jetzt in: Staatsrechtliche Abhandlungen, Berlin, S. 119 ff.

Sontheimer, Kurt, 1968: Antidemokratisches Denken in der Weimarer Republik, München.

Vorländer, Hans (Hrsg.), 2006: Die Deutungsmacht der Verfassungsgerichtsbarkeit, Wiesbaden.

Marcos Augusto Maliska

Rezeption von Häberle in Brasilien.

Die brasilianische Verfassung im Kontext der internationalen Öffnung, Kooperation und Integration

1 Einführung

Peter Häberle hat einen Platz in der Galerie der großen deutschen Juristen. Als Mitglied einer Generation, die das deutsche Verfassungsrecht nach dem Zweiten Weltkrieg renoviert hat, ist die akademische Produktion von Häberle in vielen Ländern der Welt bekannt.

Die Übersetzung von Professor und STF-Richter Dr. *Gilmar Ferreira Mendes* der Monographie „Die offene Gesellschaft der Verfassungsinterpreten. Ein Beitrag zur pluralistischen und ‚prozessualen' Verfassungsinterpretation" markierte die Häberle-Rezeption in Brasilien.[1] Andere Monographien, Interviews und Aufsätze wurden ebenfalls ins Portugiesische übersetzt.[2] Die Verbreitung des Werkes Häberles in Brasilien ist auch aufgrund der Übersetzungen ins Spanische erfolgt.[3]

Die Bedeutung der wissenschaftlichen Arbeit *Häberles* wurde auch von der Universität Brasilia – UNB anerkannt, als sie 2005 *Peter Häberle* den Ehrendoktor verliehen hat. *Gilmar Ferreira Mendes* sagte bei seinen Grußworten: „Verteidiger der Toleranz und der Akzeptanz des Anderen als untrennbare kulturelle Elemente einer Verfassungslehre, die die Realität das neue Jahrtausend schützt, Professor Peter Häberle trug wesentlich zur Stärkung des Verfassungsstaats bei, insbesondere in den neuen demokratischen Ländern".[4]

Peter Häberle ist ein weithin bekannter Name in der brasilianischen Rechtswissenschaft, insbesondere im Rahmen des Verfassungsrechts. Der Einfluss seiner Ideen besteht sowohl im akademischen Bereich, wie man es durch die große bibliographische

---

1 *Häberle* 1997a.

2 Siehe: *Häberle* 2007a; *Häberle* 2008a; *Häberle* 2008b. Interviews: *Valadés* 2008; *Maliska* 2007a. Aufsätze: *Häberle* 2005a; *Häberle* 2007b.

3 Siehe: *Häberle* 1996; *Häberle* 1997b; *Häberle* 1998; *Häberle* 2000; *Häberle* 2001; *Häberle* 2002; *Häberle* 2003a; *Häberle / Kotzur* 2003; *Häberle* 2003b; *Häberle* 2004; *Häberle / Hesse* 2004; *Häberle* 2005b; *Häberle* 2005c; *Häberle* 2012.

4 *Mendes* 2005.

Produktion[5] oder die Lehrtätigkeit in den Rechtsfakultäten[6] bemerken kann, als auch im Staatsbereich in Form von legislativen und prozeduralen Maßnahmen.

Im Bereich des Gesetzgebungsverfahrens hat das Gesetz Nr. 9.868/1999 die Rolle des *amicus curiae* in der brasilianischen Verfassungsgerichtsbarkeit eingeführten. Laut *Mendes* und *do Vale* ist diese Gesetzesänderung „ein beredtes Beispiel für den starken Einfluss der Häberle-Lehre, die eine offene und pluralistische Auslegung der Verfassung plädiert".[7]

Der Einfluss *Häberles* besteht auch bei den brasilianischen Gerichten, vor allem beim Supremo Tribunal Federal (STF), wie laut *Mendes* und *do Vale* „der unschätzbare Beitrag Peter Häberles zur Entwicklung des Verfassungsrechts in Brasilien [...] in der letzten Zeit durch STF-Entscheidungen beweist".[8] Dieser Einfluss ist in den STF-Entscheidungen festgestellt, die die Teilnahme von Organisationen und Einrichtungen als *amici curiae* an dem Gerichtsverfahren ermöglichen. Laut *Mendes* und *do Vale* „setzt dieses Modell nicht nur die Möglichkeit das Gericht verfügbare technische Elemente für die Beurteilung der Rechtmäßigkeit der streitigen Handlung, sondern auch ein breites Recht auf Teilnahme durch interessierte Parteien voraus".[9] Der Einfluss *Häberles* findet auch bei den öffentlichen Anhörungen im Fall von komplexen Prozessen statt. Beispiele dafür sind die Entscheidungen im Fall von ADI 3510 (Wissenschaftliche Forschung an embryonalen Stammzellen) und im Fall von ADPF 54 (Abtreibung im Fall des Fehlens von fetalem Gehirn – Anencefalia).

Der von Häberle seit 1979 entwickelte kulturwissenschaftliche Ansatz hat auch einen Einfluss auf das brasilianische Verfassungsrecht, denn er hebt die Bedeutung der Autonomie des kulturellen Kontextes in den Konkretisierungsprozess der Verfassung hervor. In diesem Sinn betont man in Brasilien die notwendige Anpassung der in anderen Ländern entwickelten Theorien, denn die extrem komplexe Realität der brasilianischen Gesellschaft fordert eine besondere Auslegung, die den Empfang von Begriffen und Theorien aus anderen Ländern nicht ausschließt, aber fordert von einer solchen Rezeption die Aufmerksamkeit auf die Realität des Landes.

Den Einfluss von *Peter Häberle* in Brasilien bemerkt man auch beim Begriff „Kooperativer Verfassungsstaat". Unter der Perspektive dieses *häberlianischen* Begriffes wird die brasilianische Verfassung im Kontext der internationale Öffnung, Kooperation und Integration bearbeitet.

5 Eine einfache Untersuchung mit dem Schlüsselwort „*Peter Häberle*" in der Lattes Plattform des Nationalen Rates für wissenschaftliche Forschung – CNPq präsentiert 145 wissenschaftliche Lebensläufe (CV), die mit dem Namen Häberle verbunden sind.

6 *Häberle* ist in den meisten brasilianischen Handbüchern des Verfassungsrechts zitiert.

7 *Mendes / do Vale* 2009.

8 *Mendes / do Vale* 2009.

9 *Mendes / do Vale* 2009.

Eine der Herausforderungen des aktuellen Verfassungsrechts ist es, die Rolle der Verfassung im Kontext der wachsenden internationalen Kooperation und Integration zu identifizieren. Die Welt des 21. Jahrhunderts ist verbunden; die Menschen aus aller Welt kommunizieren miteinander *live*; die territorialen Grenzen, die früher eine der Säulen der souveränen Macht waren, verlieren heute deren Wichtigkeit angesichts des virtuellen Raums und die Verfassung soll sich dieser neuen Realität anpassen.

Öffnung, Kooperation und Integration sind wichtige Begriffe, um die Verfassung des 21. Jahrhunderts zu verstehen. Die Verfassungsstaaten öffnen sich zur normativen und materiellen Kooperation sowie zur politischen, wirtschaftlichen und soziokulturellen Integration. Unter der Perspektive des Verfassungsrechts muss man merken, dass die Öffnung, Kooperation und Integration unter dem Gesichtspunkt der Verfassung insbesondere in der Identifizierung der Grenzen dieser Öffnung gesehen werden sollen.

In diesem Sinn platziert dieser Text zuerst die Debatte über das Thema „Öffnung, Kooperation und Integration" im Bereich des Verfassungsrechts und des Völkerrechts unter den brasilianischen Autoren. Im Folgenden wird ein Fall über internationale normative Kooperation und die Beziehung zur Verfassung bearbeitet. Anschließend werden die brasilianischen Verfassungsnormen analysiert, die die Öffnung der Verfassungsordnung fördern.

2 Zwischen Verfassungsrecht und Völkerrecht. Überlegungen zu einer methodologischen Frage

Die internationale Integration ist ein Studienthema sowohl im Verfassungsrecht als auch im Völkerrecht. Für eine geeignete Unterscheidung des Umfassungsbereichs beider Fächer ist es zuerst notwendig, den Begriff von Integration zu definieren. Die Völkerrechtslehrer tendieren dazu, die Integration unter dem Gesichtspunkt des Begriffs im öffentlichen Völkerrecht zu sehen, d. h. wie „die Gesamtheit von Rechtsnormen, die die gegenseitige Beziehung zwischen Staaten und, subsidiär, den übrigen internationalen Personen, wie gewisse zwischenstaatliche Organisationen, und den Individuen reglementieren".[10] Für das Verfassungsrecht hat die Integration andererseits eine weitgehende Bedeutung, denn die stellt alle Möglichkeiten dar, die die internationale Öffnung und Kooperation sowohl auf regionaler als auch auf globaler Ebene mit sich bringen können. Für das Verfassungsrecht hat die Integration keine Bedeutung als Rechtszweig, der gewisse Rechtsbeziehung reguliert, sondern sie ist ein grundlegendes Merkmal des offenen

10 *Accioly / do Nascimento e Silva* 1996: 1.

Verfassungsstaats, d. h. die Integration ist ein Grundbegriff für das Verständnis der Verfassung.[11]

Die brasilianische Verfassungsrechtslehre definiert das Verfassungsrecht im Allgemeinen als „Zweig des Öffentlichen Rechts, der die Prinzipien und Grundnormen des Staats ausstellt, auslegt und systematisiert".[12] Laut *Bonavides* sind „die Festlegung der obersten Gewalten, die Kompetenzverteilung, die Übertragung und Ausübung des Hoheitsrechts, die Formulierung von individualen und sozialen Rechten und Garantien Gegenstand des aktuellen Verfassungsrechts".[13] Die Kommentare der Verfassung von 1988, also das sogenannte positive Verfassungsrecht[14], beschränkten sich auf den herkömmlichen Begriff des Umfassungsbereichs des Verfassungsrechts.[15]

Die Verfassungslehre in Brasilien erneuert indessen den Verfassungsdiskurs in Bezug auf die Definition des Verfassungskerns. Die Entscheidung der Verfassung für einen demokratischen, sozialen und umweltfreundlichen Rechtsstaat auf interner Ebene und für einen offenen, freundlichen und kooperativen Staat auf internationaler Ebene bringt neue Elemente für die Verfassungslehre.[16]

Die Anfangsaufgabe der brasilianischen Verfassungslehre war die Bekämpfung des Staatsautoritarismus und die Wiederherstellung der demokratischen Verfassungsordnung. Wie *Barroso* uns erinnert, bewegt sich die Verfassung von der Stellung eines minderwertigen Dokuments zu einem Grundstatut der politischen und juristischen Nationalordnung.[17] Da es sich um eine Priorität handelt, war die Betonung auf die Konsolidierung des Respekts zur Verfassung die erste Aufgabe der Verfassungslehre nach 1988.

Diese Betonung des Verfassungsrechts auf den Aufbau der nationalen Verfassungsordnung, d. h. auf die Verstärkung eines nationalen Verfassungsstaats, verwies Themen wie die Internationale Integration letztendlich in den Hintergrund. In diesem Kontext monopolisiert das Völkerrecht im methodologischen Bereich den juristischen Diskurs über das Thema „Internationale Integration".[18]

Es gibt aber schon die Wahrnehmung, dass die Begriffe von Öffnung, Kooperation und Integration eigene Themen des Verfassungsrechts sind. Nachdem die brasilianische Verfassungslehre und Verfassungsjurisprudenz die Dogmatik der Grundrechte und die

---

11 *Maliska* 2007b: 107.

12 *da Silva* 1997: 38.

13 *Bonavides* 1997: 22.

14 *da Silva* 1997: 39.

15 In diesem Sinn z. B. *Araujo / Serrano* 2011; *Dantas* 2003; *Ceneviva* 2003; *Chimenti / Capez / Rosa / Santos* 2005; *de Moraes* 2014 und *Dantas* 2013.

16 Ein beachtlicher Teil der Lehre behauptet zum Beispiel die Gleichstellung der Menschenrechte aus den internationalen Normen und die Grundrechte der Verfassung. Siehe u. a. *Sarlet* 2009: 123-124; *Piovesan* 2011: 103 ff.

17 *Barroso* 2015.

18 Siehe u. a. Ventura 1996; *D'angelis* 2000; *Del'omo* 2001; *Gomes* 2004 und *Gomes* 2010; *de Freitas Jr.* 2006; *Ocampo*, 2009.

Verfassungsauslegung im Sinne der neuen Auslegungsmethoden neu formuliert haben, befinden sie sich in diesem Moment vor der Herausforderung, das Prinzip des Vorrangs der Verfassung im Kontext der Öffnung, Kooperation und Integration zu behaupten.

Die Pionierstudie von *Häberle* über den sogenannten Kooperativen Verfassungsstaat[19] brachte Licht über die Stelle der Verfassung und des Nationalstaates im Kontext der internationalen Kooperation und Integration.[20] *Bonavides* versteht das Verfassungsrechtsobjekt als „Übertragung und Ausübung von Macht", lässt aber das Thema Übertragung von Hoheitsrechten offen. Der Rechtsgelehrte aus Ceará spricht auch über die Internationalisierung des Verfassungsrechts und die Konstitutionalisierung des Völkerrechts.[21] Obwohl *Ferreira Filho* in seinen „Kommentaren zur brasilianischen Verfassung aus 1988"[22] nur zwei Zeilen dem einzelnen Paragraphen des Art. 4 der Verfassung widmete, schrieb er in einer anderen Arbeit ein ganzes Kapitel über Integration.[23]

Obwohl *Cleve* die Idee verteidigt, dass die Verfassung von 1988 „keine Toleranz zur eigenen Veränderung im Zentrum von einer reinen partiellen Rechtsordnung" duldet, denn sie „fordert die zentrale Stellung einer totalen Rechtsordnung", kümmert er sich um die hier dargestellten Fragen. Im 5. Nationalsymposium von Verfassungsrecht in Curitiba sagte der Verfassungsgelehrte aus Paraná: „Die Übertragung der souveränen Kompetenzausübung an eine supranationale Organisation scheint aus einer ersten Lektüre der Bundesverfassung trotz der Argumente von angesehenen brasilianischen Juristen nicht so klar vertretbar. Auf jeden Fall, wenn es aus normativen Gesichtspunkten möglich ist, soll das Supremo Tribunal Federal sein Verständnis darüber ändern, da es selbst für Normen von Mercosur[24] einen Mechanismus von Internalisierung des Völkerrechts verlangt. Die Frage ruft zur Debatte und kann eventuell Verfassungsänderung verlangen. Man hofft in diesem Fall, dass die Vertiefung von Mercosur eine Antwort zum noch nicht in der Europäischen Union gelösten Problem im Sinne des kritikfähigen demokratischen Defizits des Gemeinschaftsrechts anbietet".[25]

---

19 *Häberle* 1978: 412. Ins Portugiesisch übersetzt: *Häberle* 2007a.

20 Dieses Thema wurde in der STF-Entscheidung über die Zivilhaft vom Schuldner im Vertrag von treuhänderischen Veräußerung (RE Nr. 466343) analysiert. Die *Häberle*-Lehre über den Kooperativen Verfassungsstaat wurde in dieser Entscheidung zitiert: „wir leben heute in einem Kooperativen Verfassungsstaat, der sich nicht mehr als ein zu sich bezogener Verfassungsstaat darstellt, sondern gilt den anderen Verfassungsstaaten als Referenz, und in dem die Rolle der Menschenrechte und Grundrechte an Bedeutung gewinnt". Ein kritischer Kommentar über diese Entscheidung findet man bei *Maliska* 2011.

21 *Bonavides* 1997: 22-32.

22 *Ferreira Filho* 1997: 21.

23 *Ferreira Filho* 2003: 18-28.

24 Mercosur = Mercado Común del Sur (Gemeinsamer Markt des Südens), ein Binnenmarkt Südamerikas mit ca. 260 Mio. Menschen.

25 *Clève* 2004: 236-237.

In diesem Sinn ist die internationale Integration sowohl ein Thema des Völkerrechts als auch des Verfassungsrechts. Das Integrationsphänomen verlangt eine Lektüre aus der Verfassung, denn die Elemente, die den Integrationsprozess zurechtweisen, befinden sich im Grunddokument der politischen und juristischen Ordnung der politischen Gemeinschaft.

3 Öffnung, Kooperation und Integration als wesentliche Elemente des Verfassungsstaats

Öffnung, Kooperation und Integration sind zentrale Begriffe des sogenannten Kooperativen Verfassungsstaats. Im Gegensatz zu dem geschlossenen Nationalen Verfassungsstaat ist der Kooperative Verfassungsstaat im ständigen Dialog mit der internationalen Gemeinschaft, um die Kooperation und Formen der rechtlichen Regulierung zunehmend verbindlich zu machen. Laut *Häberle* charakterisiert sich der Kooperative Verfassungsstaat durch „(i) die Offenheit für internationale Bindungen mit Durchgriffswirkung in den innerstaatlichen Bereich (Permeabilität), auch im Zeichen der (nicht mehr in den *domaine réservé* eingeschlossenen) weltöffentlichen Menschenrechte und ihrer ‚kooperativen' Verwirklichung; (ii) aktives, zielgerichtetes Verfassungspotential (und gestufte Einzelelemente) für ‚gemeinsame' internationale Aufgabenbewältigung als Gemeinschaftsaufgaben der Staaten, prozessual und materiell und (iii) leistungsstaatliche Solidarität, Kooperationsbereitschaft über die Staatsgrenze hinaus; Entwicklungshilfe, Umweltschutz, Terroristenbekämpfung, Förderung internationaler Kooperation auch auf privatrechtlicher Ebene (Rotes Kreuz, Amnesty International)".[26]

Das Äquivalent des Nationalen Verfassungsstaats im Völkerrecht ist das sogenannte Völkerrecht der Koexistenz, d. h. ein die Beziehung zwischen souveränen Staaten reglementierendes Völkerrecht. Die historische Bedeutung der Anerkennung der nationalen Souveränität, ein wichtiger Moment in der Behauptung der Nationalstaaten und der Friedenssicherung durch die Anerkennung der Souveränität zwischen Staaten, kann nicht außer Acht gelassen werden. Heute fragt man sich tief, ob dieses Modell der internationalen Beziehungen angesichts der Erfahrungen des 20. Jahrhunderts noch am geeignetsten wäre. Der Kooperative Verfassungsstaat ersetzt also den Nationalen Verfassungsstaat und findet sein Äquivalent im Kooperativen Völkerrecht, das nicht mehr auf die Koexistenz von souveränen Staaten beschränkt wird, sondern es etabliert sich als zwingende Rechtsordnung. Die Eigenschaften dieses neuen Völkerrechts sind in der

---

26 *Häberle* 1978: 441.

heutigen Welt anwesend, wenn man die wachsende Bedeutung und Autonomie der internationalen und supranationalen Instanzen vor Augen hat.[27]

Die Idee des souveränen Staates war nie als maximale Realmacht bestätigt, denn Staaten hatten im Vergleich zu Weltmächten nie wirkliche Macht. Die Souveränität wurde als Rechtsbegriff, d. h. als letztliche Instanz des Rechtssystems behauptet.[28] In diesem Kontext offenbarte sich der Begriff „Nationaler Verfassungsstaat" nicht nur als eine souveräne Entscheidung (im materiellen Sinn), sondern als ein entscheidender Faktor des Gleichgewichts der internationalen Beziehungen des Völkerrechts der Koexistenz. Als Souverän heute zu bleiben hat jedoch eine andere Bedeutung. Die internationale Ordnung der Staaten erfordert offene, kooperative und zur Integration bereite Staaten.

Die Verfassung ist das zentrale Dokument im Aufbau der kooperativen Ordnung. Aus der Verfassung öffnen sich die Staaten zur Kooperation und Integration und etablieren die notwendige demokratische Kontrolle. Der Vorrang der Verfassung unterstreicht das Thema der Volkssouveränität und die Verfassungsgerichtsbarkeit als zentrale Elemente der internationalen Ordnung.[29]

Die internationale Integration ist ein Phänomen des Völkerrechts (Verträge zwischen souveränen Staaten), das verfassungsrechtliche Bedeutung hat, wenn die kooperative Normproduktion auf externe Ebene sich vom Verfassungsinhalt entfernt. Der Vorrang der Verfassung ist in der Beziehung zwischen Nationalstaat und den internationalen Institutionen unbestritten.[30] Für diese Diskussion ist es jedoch nötig zu unterscheiden, was das Prinzip des Vorrangs der Verfassung in Bezug auf internationale Institutionen oder auf interne normative Staatsakte bedeutet. Die Unterscheidung ist wichtig, denn während der Staat auf interne Ebene das Monopol der Normproduktion hat, d. h. er handelt absolut in der Normsetzung, teilt er in der internationalen Normproduktion diese Zuständigkeit mit anderen Staaten, sodass sein Wille im Text oft nicht überwiegt. Hier stellt sich die Frage, wie man im solchen Fall die internationale Norm mit der Verfassung vereinbart.

Diese Überlegung ist beim Romvertrag anzuwenden, der den internationalen Strafgerichtshof gegründet und die Lebenslangstrafe ermöglicht hat. Art. 5 Absatz XLVII Buchstabe „b" der brasilianischen Verfassung verbietet die Lebenslangstrafe. Art. 77 des Vertrags sieht aber die Möglichkeit der Anwendung der Lebenslangstrafe vor, wenn die

27 *Maliska* 2007b: 113.

28 *Kelsen* 2000: 334-335.

29 *Maliska* 2007b: 113.

30 Laut *Barroso* über das Prinzip des Vorranges der Verfassung: „Die Voraussetzung des Rechtsvorrangs der Verfassung über alle anderen normativen Staatsakten liegt aller Verfassungsauslegung zugrunde. Aufgrund des Verfassungsvorrangs haben keine Staatsakte und keine Willensäußerung Gültigkeit, wenn sie verfassungswidrig sind." *Barroso* 2003: 161.

Widerrechtlichkeit der Straftat und die persönlichen Verhältnisse des Angeklagten es rechtfertigen.

Das Argument, dass die Normen der brasilianischen Verfassung nur die brasilianische Rechtsprechung bindet oder nur im brasilianischen Territorium anwendbar ist[31], ist nicht verhältnismäßig, denn es handelt nicht von der Bindung des Rechtsanwenders zur Verfassung oder des Bereiches der Normengeltung, sondern des richtungsweisenden Charakters der Verfassung auf interner oder internationaler Ebene. Dieses Argument widersteht nicht dem Prinzip des Verfassungsvorrangs, das einen bindenden Charakter unabhängig von der internationalen Natur der Rechtsprechung oder der Strafanwendung außerhalb des nationalen Territoriums hat. Außerdem handelt es sich hier um die normative Kontrolle der Verfassung.

Die Lösung dieser Frage soll anderweitig gefunden werden. Bei der Analyse des Art. 4 der brasilianischen Verfassung kann man beobachten, dass Absatz II die internationale Beziehung der Föderativen Republik Brasilien anhand der Überlegenheit der Menschenrechte reguliert. Zwei Fragen stellen sich hier: (i) Was ist die Natur der Grundprinzipien des ersten Titels der Verfassung? (ii) Was bedeutet das Prinzip der Überlegenheit der Menschenrechte?[32]

In Bezug auf die erste Frage ist der Begriff von *da Silva* genau, wenn er schreibt, dass die Grundprinzipien politische Grundentscheidung der Verfassung sind, denn „sie zielen grundsätzlich darauf ab, die politische Gemeinschaft und den Staat zu definieren und zu charakterisieren, sowie die verfassungspolitischen Hauptentscheidungen aufzulisten. (...) Die Grundprinzipien zeigen ihre Hauptbedeutung in der Verfassung und sind die Synthese und das Vorbild aller anderen Verfassungsnormen".[33]

Bezüglich der zweiten Frage ist das Prinzip der Überlegenheit der Menschenrechte ein richtungsweisendes Element der internationalen Beziehungen der Föderativen Republik Brasilien, denn es erlaubt der brasilianischen Regierung, bei der Bildung von internationalen gerichtlichen oder nichtgerichtlichen Institutionen zum Schutz und zur Garantie der Menschenrechte zu kooperieren.[34]

Selbst wenn man anhand des Prinzips der Verfassungseinheit argumentiert, dass es keine Hierarchie zwischen Verfassungsnormen gibt, stellt sich in der hier angedeuteten

31 Siehe *Delgado / Tiujo* 2002: 171-191 und *Kloeckner* 2002: 93-116. Beide Texte beschäftigen sich mit der Jurisprudenz von Supremo Tribunal Federal.

32 *Maliska* 2007b: 115.

33 *da Silva* 1997: 95-96.

34 Laut *Piovesan* im Kommentar zum Art. 4 Abs. II der Verfassung: Ab dem Moment, in dem Brasilien ihrer Beziehungen die Überlegenheit der Menschenrechte zugrunde legen will, erkennt es gleichzeitig an, dass die Staatssouveränität den Menschenrechten unterworfen ist. Man bricht mit dem traditionellen Konzept der absoluten Staatssouveränität und bekräftigt dabei ihre Flexibilisierung und Relativierung zugunsten des Menschenrechtsschutzes. *Piovesan* 2011: 92.

Hypothese ein Konflikt zwischen der Verfassungsnorm im Art. 4 Abs. II und der Norm im Art. 5 Abs. XLVII, „b“ fest.[35]

Der Romvertrag ist das Ergebnis von verschiedenen souveränen Willen. Während der Vertrag die Todesstrafe nicht akzeptiert, ist dasselbe mit der lebenslänglichen Strafe nicht passiert. Als Brasilien an der Schaffung des Gerichtshofes teilnahm, konnte das Land nicht seinen internen Gesichtspunkt aufzwingen. Das Ergebnis zeigte, dass die lebenslängliche Strafe, insbesondere aufgrund der Straftaten, die vom Gericht verurteilt werden, verhältnismäßig ist. Also wenn man verteidigen könnte, dass die Lebenslängliche Strafe mit der Menschenrechtsidee unvereinbar ist, stellt sich außerdem die Frage, dass der Internationale Strafgerichtshof sich als ein wichtiges Garantieinstrument der Menschenrechte auf internationaler Ebene darstellt, wozu Brasilien kooperieren muss. So ergibt sich ein Dilemma, denn Brasilien muss an einer so wichtigen internationalen Institution teilnehmen und gleichzeitig eine internationale Norm als verfassungswidrig akzeptieren.[36]

Die Antwort des Verfassungsrechts für dieses Dilemma soll sich durch die Unterscheidung zwischen exklusiver gesetzgebender Kompetenz, die auf interner Ebene gegeben wird, und kooperativer gesetzgebender Kompetenz, die auf externer (internationaler) Ebene gegeben wird, ergeben. Der Romvertrag ist das Ergebnis von verschiedenen souveränen Willen und muss also anders analysiert werden. Die Unvereinbarkeit mit Art. 5 Absatz XLVII „b“ CF soll aufgrund des Art. 4 Absatz II CF, der die Überlegenheit der Menschenrechte regelt, abgewogen werden. Die zur Ratifizierung tendierte Verhältnismäßigkeit ergibt sich aus folgenden Rechtfertigungen: (i) der Vertrag ist das Ergebnis von verschiedenen souveränen Willen und Brasilien kann nicht seinen internen Gesichtspunkt aufzwingen und auch nicht mit solchem Internationalen Gerichtshof kooperieren; (ii) die Natur der Straftaten (Völkermord, Kriegsverbrechen usw.), die vom Gericht verurteilt werden, zeigt die Voraussicht der lebenslänglichen Strafe als verhältnismäßig; (iii) der Gerichtshof ist subsidiär in Bezug auf die nationalen Gerichtsbarkeit; (iv) die Brasilianische Verfassung entscheidet sich für den Begriff „Kooperativer Verfassungsstaat“ und die internationalen Normen müssen durch eine verhältnismäßige Urteilskraft, die die Prinzipien zur Öffnung des Landes zur internationalen Kooperation und Integration in Rechnung stellen, analysiert werden.[37]

35 *Maliska* 2007b: 116.
36 *Maliska* 2008: 39.
37 *Maliska* 2008: 39.

4 Die brasilianische Verfassung von 1988 im Kontext der internationalen Öffnung, Kooperation und Integration

Die brasilianische Verfassung von 1988 rezipiert in seinem Text den Begriff „Kooperativer Verfassungsstaat". Eine systematische Lektüre des Art. 4 der Verfassung im Zusammenhang mit Art. 1 insbesondre mit dessen Abs. I über nationale Souveränität zeigt einen neuen Begriff von Souveränität auf, der im Zusammenhang mit anderen Grundprinzipien der Verfassung verstanden werden soll. Es handelt sich also nicht um die Unvereinbarkeit zwischen den Begriffen Souveränität und Integration, denn der brasilianische Verfassungsgeber wählte die Idee des offenen Staates oder permeable Souveränität, wie Häberle schreibt, indem er den Kooperativen Verfassungsstaat auffasst.[38] Die Verfassung regelt, dass die Föderative Republik Brasilien in deren internationalen Beziehungen ihre Souveränität dem Prinzip der Überlegenheit der Menschenrechte und dem Prinzip der friedlichen Beilegung von Konflikten unterwirft.[39]

Die Öffnung der Verfassungsordnung ist mit zwei Dimensionen verbunden: einer aus dem Schutz der Menschenrechte bestehenden positiven Dimension und einer anderen negativen Dimension, die mit friedlicher Beilegung der Konflikten, d. h. mit der Entfernung von Gewaltmitteln verknüpft ist. Die Öffnung der Verfassungsordnung nach außen rechtfertigt sich grundsätzlich durch die Notwendigkeit, einen Schutzstandard der Menschenrechte in den Nationen zu schaffen sowie die Konflikte durch friedliche Maßnahmen zu bewältigen.[40]

Im Kontext der zentralen Rolle der Menschenrechte in der Verfassungsordnung muss man den humanistischen Charakter des Konstitutionalismus hervorheben, der die Grundrechte als strukturierendes Element hat. Der Konstitutionalismus war seit seinem Ursprung mit einer humanistischen Vision der politischen Organisation verknüpft: Der Staat soll das Recht der Bürger respektieren; der Zweck des Staats ist die Garantie der Bürgerrechte. Dieses rationale Verständnis des politischen Lebens, das von traditionalen und transzendentalen Elementen entfernt ist, stellt der Mensch im Zentrum als Zweck in sich selbst.[41] Die Verfassungslehre versteht die Grundrechte als Bestandteil des Kerns der Verfassung: „Die Grundrechte integrieren (…) neben der Staatsform, Regierungssystem und Machtorganisation den Kern des Verfassungsstaats und sind also nicht nur Bestandteil der formalen Verfassung sondern auch das Wesen der materiellen Verfassung".[42]

38 *Häberle* 1978: 441.
39 *Maliska* 2006a: 111.
40 *Maliska* 2013: 22.
41 Über den Begriff Menschenbild im Verfassungsstaat siehe *Häberle* 2005.
42 *Sarlet* 2009: 58.

Im Bereich der Öffnung der Verfassungsordnung setzt die friedliche Beilegung von Konflikten die Anerkennung voraus, dass die anderen souveränen Verfassungsordnungen auch dieselben Rechte in einer internationalen Ordnung von Verfassungsstaaten haben und der Interessenkonflikt durch Beilegungsformen mit Annahme von gerichtlichen oder nichtgerichtlichen externen Entscheidungen vermittelt werden soll. Die institutionelle Anerkennung der Öffnung der Verfassungsordnung nach außen impliziert eine Öffnung der innerstaatlichen Rechtsordnung zur internationalen Rechtsordnung, d. h. das Rechtssystem eines Verfassungsstaates hat in der Anerkennung der externen Entscheidungen eine wichtige Legitimationsquelle. Es bedeutet, dass die Verfassungsordnung eines Staates nicht unabhängig von anderen die internationale Gemeinschaft bildenden Verfassungsordnungen existiert.[43]

In Bezug auf die Integration Südamerikas durch Mercosur ist die Frage über die hermeneutischen Möglichkeiten und Grenzen des einzigen Paragraphen des Art. 4 sehr spannend. Die Diskussion befindet sich in der möglichen verfassungsrechtlichen Erlaubnis zur supranationalen Integration. *Bastos* und *Martins* behaupten, dass die Verfassungsnorm dem Land erlaubt, die Integration Brasiliens in einer lateinamerikanischen Gemeinschaft von Nationen zu suchen.[44] In Bezug auf die Integrationsform schreiben die Autoren, dass der Verfassungstext nicht ausdrücklich erklärt, ob die Integrationsform die klassischen Souveränitätsprinzipien respektieren soll oder ob sie die Integration in supranationalen Organisationen ermöglicht: Auf jeden Fall setzt diese Verfassungsnorm eine Option der letztgenannten Form voraus. Im Gegensatz wäre diese Norm unnötig, denn es gibt schon Organisationen ohne supranationalen Charakter in Lateinamerika. Andererseits umfasst der Ausdruck „Integration" die Teilnahme an Körperschaften, die nicht rein vereinsrechtlich sind.[45] Laut *Borja* ist der einzige Paragraph eine prospektive Norm mit allgemeinem Inhalt, die für die Zukunft vorsieht, was aus dem politischen Begriff Integration zu entnehmen ist, d. h. den Aufbau eines integrierenden Modells mit supranationalen Organen.[46]

Die im einzigen Paragraphen des Art. 4 vorgesehene Integration bezieht sich auf supranationale Verfahren mit Übertragung von Hoheitsrechten. Wenn man die normative Kraft der Vorschrift auf eine rein internationale Vereinigung begrenzt, sucht man nicht mehr den Zweck der Norm selbst, die in der Verfassung ist, um nicht nur die internationalen Verträge zwischen lateinamerikanischen Staaten im Sinne des traditionellen Mo-

43 Diese Idee ist im Grunde nicht neu. Laut *Giddens* existieren die Nationalstaaten nur in systemischen Beziehungen mit anderen Nationalstaaten. Die interne Verwaltungskoordination der Nationalstaaten hängt von Anfang an von reflexiv und international beaufsichtigten Bedingungen. Die internationalen Beziehungen kommen aus der Zeit der Ursprünge der Nationalstaaten. *Giddens* 2008: 30.

44 *Bastos / Martins* 2000: 464.

45 *Bastos / Martins* 2000: 466.

46 *Borja* 1997: 334.

dells vorzusehen, sondern dem Integrationsprozess Lateinamerikas den Charakter der Supranationalität zu geben.[47]

Bezüglich des Themas „Änderung der brasilianischen Verfassung für die Annahme des Instituts der Supranationalität" ist es notwendig, zwei Grundfragen zu unterscheiden. Die Erste bezieht sich auf das Verfassungserlaubnis zur Übertragung von Hoheitsrechten, die schon im einzigen Paragraph des Art. 4 festgesetzt ist. Die Tatsache, dass die Verfassung die Integration Lateinamerikas spezifisch behandelt und auf die Bildung einer lateinamerikanischen Gemeinschaft von Nationen Bezug nimmt, ist ein klares Zeichen für den Zweck des Verfassungsgebers, eine supranationale Ordnung mit der Übertragung von Hoheitsrechten zu gründen. Unter diesem Aspekt ist eine Änderung der Verfassung für die supranationale Integration nicht notwendig.[48]

Eine andere Frage bezieht sich auf die Anpassung der rechtlichen und politischen Ordnung Brasiliens an den supranationalen Institutionen. Wie es in Deutschland mit der Änderung der Art. 23 und 24 Grundgesetz geschah, so ist auch eine Änderung der brasilianischen Verfassung notwendig, insbesondere in folgenden Punkten: (i) die Teilnahme der Länder am Willen des Bundes; (ii) die Vertretung der Länder in den supranationalen Institutionen; (iii) die Teilnahme des Nationalkongresses an den Entscheidungen der supranationalen Institutionen; (iv) die Garantie des Respekts zur demokratischen Ordnung.[49] Brasilien hat eine Verfassungserlaubnis, aber braucht eine besondere Reglementierung in der Verfassung über die Teilnahme des Landes an der supranationalen Gemeinschaft. Diese Unterscheidung hat gewisse Implikationen, denn wenn man von der Voraussetzung ausgeht, dass der Verfassungsgeber die supranationale Integration erlaubt hat, ist es nicht möglich, die Verfassungswidrigkeit der die Teilnahme Brasiliens an der supranationalen Organisation reglementierenden Verfassungsreform in Frage zu stellen. Andererseits kann man die Verfassungswidrigkeit der Verfassungsreform aufgrund der Verletzung des Souveränitätsprinzips folgern.[50]

47 *Maliska* 2006b: 197.
48 *Maliska* 2006b: 197-198.
49 *Maliska* 2006b: 198-199.
50 *Maliska* 2006a: 112.

Literatur

Accioly, Hildebrando / *do Nascimento e Silva*, Geraldo Eulálio, 1996: Manual de Direito Internacional Público, São Paulo.

Araujo, Luiz Alberto David / *Serrano*, Vidal, 2011: Curso de Direito Constitucional, São Paulo.

Barroso, Louis Roberto, 2003: Interpretação e aplicação da Constituição, São Paulo.

Barroso, Louis Roberto, 2015: Curso de Direito Constitucional contemporâneo, 5ª edição, São Paulo.

Bastos, Celso Ribeiro / *Martins*, I. G., 2000: Comentários à Constituição do Brasil, Band I, 2ª edição, São Paulo.

Bonavides, Paulo, 1997: Curso de Direito Constitucional, São Paulo.

Borja, Sérgio, 1997: O Mercosul pela ótica do Direito Constitucional: tratados, convênios e acordos celebrados. In: Faculdade de Direito da PUC-RS: O ensino jurídico no limiar do novo Século, Rio Grande do Sul.

Ceneviva, Walter, 2003: Direito Constitucional Brasileiro, São Paulo.

Chimenti, Ricardo Cunha / *Capez*, Fernando / *Rosa*, Márcio Fernando Elias / *Santos*, Marisa F., 2005: Curso de Direito Constitucional, São Paulo.

Clève, Clèmerson Merlin, 2004: Direito Constitucional, Novos Paradigmas, Constituição Global e Processos de Integração. In: Revista da Academia Brasileira de Direito Constitucional. (Jahrbücher von V Simpósio Nacional de Direito Constitucional), Nr. 5, Paraná.

D'angelis, Wagner Rocha, 2000: Mercosul. Da Intergovernabilidade à Supranacionalidade? Curitiba.

Dantas, Ivo, 2003: Instituições de Direito Constitucional Brasileiro, Curitiba.

Dantas, Paulo R. F., 2013: Curso de Direito Constitucional, 3ª edição, São Paulo.

Delgado, J. M. A. de P. / *Tiujo*, L. K., 2002: O Direito Internacional na aurora do terceiro milênio: história, balanço e possíveis rumos. In. Direito em Revista, Nr. 3, São José, S. 171-191.

Del'omo, Florisval de Souza, 2001: O Mercosul e a Nacionalidade. Estudo à Luiz do Direito Internacional, Florianópolis.

Ferreira Filho, Manoel Gonçalves, 1997: Comentários à Constituição Brasileira de 1988, São Paulo.

Ferreira Filho, Manoel Gonçalves, 2003: Aspectos do Direito Constitucional Contemporâneo, São Paulo.

de Freitas Jr., Antonio, 2006: Manual do Mercosul. Globalização e Integração Regional, Valencia.

Giddens, Anthony, 2008: O Estado-Nação e a Violência, São Paulo.

Gomes, Eduardo Biacchi, 2004: A Globalização Econômica e a Integração no Continente Americano. Desafios para o Estado Brasileiro, São Paulo.

Gomes, Eduardo Biacchi, 2010: Blocos Econômicos. Solução de Controvérsias. Uma análise comparativa a partir da União Europeia e Mercosul, 3ª edição, Curitiba.

Häberle, Peter, 1978: Der Kooperative Verfassungsstaat. In: Verfassung als öffentlicher Prozess. Materialien zu einer Verfassungstheorie der offenen Gesellschaft, Berlin.

Häberle, Peter, 1996: Retos actuales del Estado constitucional.

Häberle, Peter, 1997a: Hermenêutica Constitucional. A Sociedade Aberta dos Intérpretes da Constituição: Contribuição para a interpretação pluralista e "procedimental" da Constituição. Übersetzung von *Gilmar Ferreira Mendes*.

Häberle, Peter, 1997b: La libertad fundamental en el Estado constitucional, 1997.

Häberle, Peter, 1998: Libertad, igualdad y fraternidad: 1789 como historia, actualidad y futuro del Estado constitucional.

Häberle, Peter, 2000: Teoría de la Constitución como Ciencia de la Cultura.

Häberle, Peter, 2001: La imagen del ser humano dentro del Estado constitucional.

Häberle, Peter, 2002: Pluralismo y Constitución. Estudios de Teoría Constitucional de la Sociedad Abierta.

Häberle, Peter, 2003a: El estado constitucional.

Häberle, Peter, 2003b: De la soberanía al Derecho constitucional común: palabras clave para un diálogo europeo-latinoamericano.

Häberle, Peter, 2004: "Representación" en la Unión Europea. Una contribución a una teoría constitucional europea. In. Fundamentos. Cuadernos Monográficos de Teoría del Estado, Derecho Publico e Historia Constitucional.

Häberle, Peter, 2005a: A dignidade da pessoa humana como fundamento da comunidade estatal. Übersetzung von *Ingo Wolfgang Sarlet* und *Pedro Scherer de Mello Aleixo*. In: Sarlet, Ingo Wolfgang (Hrsg.), Dimensões da dignidade. Ensaios de Filosofia do Direito e Direito Constitucional.

Häberle, Peter, 2005b: Estudios sobre la Jurisdicción Constitucional (con especial referencia al Tribunal Constitucional Alemán).

Häberle, Peter, 2005c: Aspectos de Una Teoría Constitucional para Europa. In. Revista de Derecho Político, Nr. 64.

Häberle, Peter, 2005d: Das Menschenbild im Verfassungsstaat, Berlin.

Häberle, Peter, 2007a: Estado Constitucional Cooperativo. Übersetzung von *Marcos Augusto Maliska* e *Elisete Antoniuk*.

Häberle, Peter, 2007b: A Universidade alemã não deve morrer. Übersetzung von *Marcos Augusto Maliska* e *Elisete Antoniuk*.

Häberle, Peter, 2008a: Constituição e Cultura. O Direito ao Feriado como Elemento de Identidade Cultural do Estado Constitucional. Übersetzung von *Marcos Augusto Maliska* e *Elisete Antoniuk*.

Häberle, Peter, 2008b: O Problema da Verdade no Estado Constitucional. Übersetzung von *Urbano Carvelli*.

Häberle, Peter, 2012: El himno Nacional como elemento de identidad cultural del Estado Constitucional.

Häberle, Peter / *Hesse*, Konrad, 2004: Nueve Ensayos Constitucionales y una Lección Jubilar.

Häberle, Peter / *Kotzur*, Markus, 2003: La garantía del contenido esencial de los Derechos Fundamentales em la Ley Fundamental de Bonn. Una Contribución a la concepción institucional de los Derechos Fundamentales y a la Teoría de la reserva de la Ley.

Kelsen, Hans, 2000: Reine Rechtslehre, Wien.

Kloeckner, Victor C., 2002: O Estatuto do Tribunal Penal Internacional e a Constituição Federal Brasileira. In: Direito em Revista, Nr. 2, São José, S. 93-116.

Maliska, Marcos Augusto, 2006a: O Estado Constitucional em face da cooperação regional e global. In: Cadernos da Escola de Direito e Relações Internacionais da UniBrasil, Nr. 6, Curitiba.

Maliska, Marcos Augusto, 2006b: Estado e Século XXI. A integração supranacional sob a ótica do Direito Constitucional, Curitiba.

Maliska, Marcos Augusto (Hrsg.), 2007a: Estado Constitucional Cooperativo, Democracia e Parlamento em Instituições Supranacionais e Intergovernamentais. Entrevista com Peter Häberle, Curitiba.

Maliska, Marcos Augusto, 2007b: A integração de Estados: entre o direito constitucional e o direito internacional. In: Desafios do Direito Internacional no Século XXI.

Maliska, Marcos Augusto, 2008: Die internationale Kooperation für Menschenrechte zwischen Verfassungsrecht und Völkerrecht. Herausforderung zum kooperativen Verfassungsstaat. In: The International law and development of the national law system: The materials of International scientific-practical Conference.

Maliska, Marcos Augusto, 2011: Verfassung und Normative Kooperation: Zum übergesetzlichen Status Internationaler Menschenrechtsverträge in Brasilien, VRÜ 2011.

Maliska, Marcos Augusto, 2013: Fundamentos da Constituição. Abertura. Cooperação. Integração, Curitiba.

Mendes, Gilmar Ferreira, 2005: Saudação ao Professor Peter Häberle por ocasião da entrega, pela Universidade de Brasília, no dia 16 de setembro de 2005, do Título de Doutor Honoris Causa daquela Instituição Superior de Ensino.

Mendes, Gilmar Ferreira / do Vale, André Rufino, 2009: A influência do pensamento de Peter Häberle no STF.

de Moraes, Alexandre, 2014: Direito Constitucional, 30ª edição, São Paulo.

Ocampo, Raúl Granillo, 2009: Direito Internacional Público da Integração, Rio de Janeiro.

Piovesan, Flávia Cristina, 2011: Direitos Humanos e o Direito Constitucional Internacional, São Paulo.

Sarlet, Ingo Wolfgang, 2009: A eficácia dos Direitos Fundamentais, 8ª edição, Porto Alegre.

da Silva, José Afonso, 1997: Curso de Direito Constitucional Positivo, São Paulo.

Valadés, Diego (Hrsg.), 2008: Interviews: Conversas Acadêmicas com Peter Häberle. Übersetzung aus der spanischen Sprache von *Carlos dos Santos Almeida*, México.

Ventura, Deisy de Freitas Lima, 1996: A Ordem Jurídica Comunitária do Mercosul – Possibilidades de Constituição e Eficácia, Aprovada com Distinção, Ano de Obtenção, Santa Maria.

IV.
Interview mit Peter Häberle

Von der Staatsrechtslehre zur offenen Gesellschaft der vergleichenden und europäischen Verfassungslehre: ein Interview im Sommer 2014

RvO: Lieber Professor *Häberle* – ob „öffentliches Interesse" und „offene Gesellschaft der Verfassungsinterpreten", „Verfassungslehre als Kulturwissenschaft", die „Verfassung des Pluralismus", „Rechtsvergleichung als fünfte Auslegungsmethode", „Kultur als 4. Staatselement", schließlich die „Europäische Verfassungslehre" – im Laufe Ihrer Arbeit haben Sie gleich eine ganze Reihe von Begriffen und Forschungsansätzen geprägt. Im Folgenden möchte ich gar nicht so sehr auf hinlänglich bekannte biographische Aspekte eingehen; für die Reihe „Staatsverständnisse" ist vielmehr ihr originärer verfassungstheoretischer Ansatz von Interesse, der natürlich durch den vorliegenden Band kritisch diskutiert und dessen eigener „Kontext" auch anhand von Fragen zu Werk, Einflüssen und Einstellungen deutlich werden soll.

1 Kontinuitäten in der deutschen Staatsrechtslehre und „Freiburger Schule"

RvO: Wie „deutsch" war in Ihrer Wahrnehmung die „deutsche Staatsrechtslehre" in den 50er/60er Jahren? Hat jenseits der Schule um den marxistischen Außenseiter *Wolfgang Abendroth* hierüber seinerzeit überhaupt eine Diskussion stattgefunden?

P.H.: In der Tat habe ich mich immer wieder um einige prägnante Begriffsbildungen bemüht. Erwähnen darf ich etwa die Metapher „Verfassungskultur" (1982), die Begriffe „Religionsverfassungsrecht" (1976) und „Parlamentsvorbehalt" (1972). Manches hat sich durch Rezeptionen zum allgemeinen Sprachgebrauch verallgemeinert, so etwa die Kennzeichnung des BVerfG als „Bürgergericht".

Nun zu Ihrer ersten Frage. Auch nach meiner eigenen damaligen Wahrnehmung in den 50er und 60er Jahren in Freiburg war die deutsche Staatsrechtslehre „sehr deutsch", insofern keinerlei Rechtsvergleichung praktiziert und die EMRK von 1950 nicht behandelt wurde. Man war ganz und gar auf das Grundgesetz, seine Etablierung und Entfaltung konzentriert, das war schon genug Arbeit. Allenfalls kam die „Paulskirche" von 1849 und die Weimarer Reichsverfassung von 1919 ins Blickfeld, etwa in den guten Vorlesungen von *E. R. Huber*. Natürlich stand *R. Smend* im Vordergrund, freilich hat uns *K. Hesse* in seinem berühmten Freiburger Seminar seit 1956 früh auf *H. Heller* hingewiesen. Dasselbe verdanke ich auch *H. Ehmke*. „Außenseiter" wurden nicht behandelt. Auf die durch die NS-Zeit kompromittierten Autoren ging man nicht ein. Auch nicht auf

„marxistische Außenseiter“ wie *W. Abendroth*. Dieser kam allenfalls über sein – ohne Resonanz bleibendes – Staatsrechtslehrervotum zum Sozialstaat auf der Bonner Tagung ins Blickfeld.[1] Die 68er Revolution, die ich besonders intensiv in meinem letzten Jahr in Freiburg miterlebt habe, danach in Tübingen (Sommersemester 1969) und in Marburg (1969 f.), hat dann mit einem Schlag alles überrollt, zum Teil mit enormen humanen Kosten, aber auch manchen wissenschaftlichen Gewinnen.

RvO: Galt das auch für die durch *Rudolf Smend* geprägte „Freiburger Schule“ um Konrad Hesse? Was war hier besonders / anders, war doch die Integrationslehre des „Deutschnationalen“ *Smend* keine besondere Stütze Weimars und ursprünglich von *Carl Schmitts* Ansatz in vielen Punkten gar nicht so verschieden? Wieso galt *Smend* – in den Worten von *Wilhelm Hennis* – nach 1945 auf einmal als „modern“?

P.H.: Die von *R. Herzog* früh (1971) so genannte „Freiburger Schule“ war für mich durch das „Denken von der *Verfassung* her“ geprägt (statt vom Staat her). Die große Strukturierungskunst meines akademischen Lehrers *K. Hesse*, die sowohl im Seminar, als auch in seinem schon klassischem Lehrbuch „Grundzüge“ erkennbar war bzw. bis heute ist, hat uns alle tief beeindruckt. Das *grundsätzliche* Denken und der tolerante offene Blick auf Vieles war ein auszeichnendes Merkmal. Dabei blieb man ganz auf das Grundgesetz fixiert – gemäß dem Postulat von der normativen Kraft des Normativen hic et nunc. Es ist dann das Verdienst von *H. Ehmke*, in Freiburg die Rechtsvergleichung mit Blick auf die USA eingebracht zu haben (seit 1961). Für mich persönlich war als haltgebende Macht das Wertsystemdenken von *G. Dürig*, das das BVerfG nicht nur für die Grundrechte übernommen hat, hilfreich; hinzu kam die allmähliche Entdeckung der Rechtsvergleichung im Zivilrecht und die damit verbundene Öffnung dank der Schriften von *J. Esser*, den ich seit 1966 persönlich kannte (auch seinen großen Wurf „Grundsatz und Norm“, 1956). Ob die Äußerung von *W. Hennis* zutrifft, weiß ich nicht. Er hatte sich ja von *R. Smend* auch wissenschaftlich etwas entfernt. Zuletzt öffnete mir in Freiburg *W. von Simson* unvergesslich den Blick für das Europarecht und das Völkerrecht (seit 1966).

2 Insbesondere Weimarer, Wiener und sonstige Klassiker

RvO: Bitte kommentieren Sie, pointiert jeweils in ein paar Sätzen, die „Stärke“ und „Schwäche“ der Staats- und Verfassungstheorien der „Großen Vier“. Was hat der jeweilige Verfassungs-Denker „gesehen“ – was „übersehen“?

---

1 VVDStRL 12 (1954).

P.H.: Ehe ich Ihre Fragen beantworte, möchte ich auf das Bild von den „Riesen“ zurückgreifen, auf deren Schultern wir stehen. Mögen wir auch gerade deshalb ein wenig weitersehen als diese Riesen, so bleiben wir doch Zwerge. Die Weimarer Klassik ist im Verfassungsrecht aus meiner Sicht bis heute unerreicht, wobei ich gerne noch *E. Kaufmann* als fünften Riesen zu den „großen Vier“ hinzufügen möchte (vgl. seine leider heute viel zu wenig beachteten Gesammelten Schriften in drei Bänden, 1960).

Rudolf Smend – Stärke und Schwäche

P.H.: Seine Stärke bleibt bis heute der geisteswissenschaftliche und kulturelle Ansatz. Ich hätte meine kleine „Tetralogie: Nationale Feiertage, Nationalhymnen, Nationalflaggen und Erinnerungskultur“ (1987 – 2011) nicht ohne ihn entwickeln können. Hinzu kommt die für das GG entwickelte Erkenntnis *R. Smends* frühe Einsicht, dass es nur soviel Staat gibt, wie die Verfassung konstituiert. Der große SPD-Kronjurist *A. Arndt* formulierte später Ähnliches. Das Staats- und Verfassungsverständnis von *R. Smend* ist bis heute überzeugend: Insbesondere wegen des Hinweises auf das Prozesshafte und die stetig notwendige Erneuerung, sie war für das junge Grundgesetz und den Zusammenhalt der Bürgergesellschaft besonders fruchtbar. Dadurch dass *K. Hesse* so intensiv das Normative akzentuierte, wurden auch die denkbaren Schwächen des Ansatzes von *R. Smend* korrigiert.

Carl Schmitt – Stärke und Schwäche

P.H.: *Schmitt* bleibt bis heute in seiner Verfassungslehre von 1928 unerreicht: in Form und Inhalt, Struktur und Transparenz, Innovation und Begriffsschärfe. Sein Dezisionismus („normativ aus dem Nichts“) und seine Verirrungen in der NS-Zeit freilich können mit einem älteren Satz von mir in Frage gestellt werden: „Mit *C. Schmitt* kann man weder die Schweiz erklären noch Europa bauen!“ In der Schweiz schüttelt man den Kopf über die Faszination, die *Schmitt* bis heute in Deutschland ausübt. Zu Recht wird das Freund-Feind-Denken in der blühenden halbdirekten Demokratie dort ebenso kritisch gesehen.

Hermann Heller – Stärke und Schwäche

P.H.: *Hermann Heller* bleibt für mich prägend durch sein Wort von der „Staatslehre als Kulturwissenschaft“. Er war aus meiner Sicht freilich zu stark auf den Staat als solchen fixiert. Sein methodologischer, sich dem Sozialen öffnenden Ansatz hat uns seinen zentralen Begriff des „Sozialstaats“ geschenkt. Seine Kritik an *H. Kelsen* überzeugt bis heute. Seine Persönlichkeit hätte mich wohl sehr beeindruckt.

Hans Kelsen – Stärke und Schwäche

P.H.: Als Mensch und von seiner demokratischen Gesinnung her ist *H. Kelsen*, der in Deutschland in den 60er Jahren nicht präsent war, vorbildlich. Seine Leistungen für die Verfassungsgerichtsbarkeit (auf den Spuren von *G. Jellinek*) können gar nicht überschätzt werden. Die Kritik von *R. Smend* und *E. Kaufmann* an *H. Kelsen* bleibt ihrerseits klassisch. Sein Formalismus und Positivismus („Jeder Staat ein Rechtsstaat") gehört zu seinen Schwächen, so sehr der „Stufenbau der Rechtsordnung" (*A. Merkl*) erkenntniserhellend ist, ohne dass man sich in einseitige Hierarchievorstellungen verstricken darf. *Kelsen* bleibt wichtig als Mahnung, im Sinne von *J. Esser* „Vorverständnis und Methodenwahl" zu rationalisieren.

Erlauben Sie ein Wort zu dem von Ihnen nicht genannten *E. Kaufmann*. An ihn habe ich in meiner Dissertation über den Wesensgehalt der Grundrechte wegen seiner institutionellen Sicht der Grundrechte anknüpfen können.[2] Seine Einbeziehung des Völkerrechts und seine klassische Bildung faszinierten mich auch in Gesprächen im Jahre 1963, zu denen er mich als Echo auf meine Dissertation mehrfach privat eingeladen hatte.

RvO: Staats- und rechtstheoretische Zugänge mit stark soziologischen Einschlägen haben die deutsche Staatsrechtslehre erheblich beeinflusst – oder zu heftigen Kontroversen / Richtungsstreiten geführt: man denke an *Georg Jellineks* „Zwei-Seiten-Lehre" des Staats; selbst *Kelsen*, für den *Eugen Ehrlichs* Begriff der „Rechtssoziologie" eine erkenntnistheoretische Provokation war, war immerhin harter „Machtrealist" im Weberianischen Sinne. *Carl Schmitt* ist durch *Max Weber* ebenso beeinflusst wie durch die Institutionentheorie von *Maurice Hauriou*. Ein paar Sätze daher vielleicht noch zu *Hauriou* – etwa im Zusammenhang mit Ihrer Grundrechtskonzeption – und zu *Weber*?

P.H.: Den Zugang zu *Maurice Hauriou* verdanke ich meinem Studienaufenthalt in Montpellier 1956/57. Der dortige Dekan *G. Péquignot* verwies mich nachdrücklich auf ihn. Aus jugendlicher Begeisterung kaufte ich fast alle Editionen seiner Bücher. Nur seine Institutionentheorie, die damals im Deutschland des Grundgesetzes vergessen war, erlaubte mir 1961 die Lehre vom Doppelcharakter der Grundrechte, ihre „soziale Funktion" und wohl auch von der Ausgestaltungsbedürftigkeit aller Grundrechte, wie sie heute fast selbstverständlich ist. *Max Weber* habe ich zwar schon als Student (1955) gelesen: sein Buch „Wirtschaft und Gesellschaft" sowie die Studie über den Protestantismus, auch die „Musiksoziologie" (wegen meiner musikalischen Interessen); indessen kann ich nicht behaupten, von ihm direkt wissenschaftlich beeinflusst zu sein.

---

2 VVDStRL 3 (1927), S. 2-43.

RvO: Bei Ihrem Konzept der „offenen Gesellschaft der Verfassungsinterpreten" habe ich jenseits von *Karl Popper* gleich zwei weitere Assoziationen, nämlich zu *Habermas* und *Kelsen*.

Vorab zunächst eine „religiöse" Frage: Glauben Sie mit *Popper* und *Kelsen* letztendlich an den „Fortschritt durch Vernunft und Zivilisierung"? Und ist das „Recht" hierfür die zentrale soziale Technik?

P.H.: Das Konzept von der „offenen Gesellschaft der Verfassungsinterpreten" – heute auf kultureller Grundierung zu lesen – habe ich 1975 gewagt, nachdem die These von der Offenheit der Verfassungsinterpretation 1971 vorausgegangen war. Bekannt war mir nur der Kritische Rationalismus von *K. Popper*, dessen Ansatz mich bis heute auch in anderen Teilen überzeugt. *Habermas* hat mich durch seine Marburger Habilitationsschrift über die Öffentlichkeit beeindruckt, seine späteren Theorien waren damals noch nicht bekannt. Doch dank ihm bin ich 1969 zu der Formulierung „Verfassung als öffentlicher Prozess" gelangt. In der Wissenschaftsgeschichte ist ja oft die Alternative „post" oder „propter" nicht aufzuklären. *Habermas'* herrschaftsfreier Diskurs ist eine wichtige konkrete Utopie, um die wir im Verfassungsstaat ringen müssen, auch wenn es irgendwann die Rechtskraft und den Gerichtsvollzieher geben muss. „Mit letzten Worten" i.S. des BVerfG (Lissabon-Urteil) sollten wir freilich nicht arbeiten.

Jetzt zu Ihrer „religiösen Frage": Ich folge bis heute der Geisteshaltung des wissenschaftlichen Optimismus, im Gegensatz zu dem Pessimismus eines *H. Schelsky* in den 70er Jahren. Auf *lange* Sicht gibt es Fortschritt durch Vernunft und Zivilisierung, auch dank der Klassikertexte von *Platon* bis *H. Jonas*. Man denke positivrechtlich an die schrittweise Durchsetzung des Folterverbots, der universalen Menschenrechte, des Minderheitenschutzes, von Föderalismus oder Regionalismus und der Verfassungsgerichtsbarkeit. „Fortschritt" ist freilich ein *interdisziplinär* (Möglichkeitsdenken!) zu gewinnender Begriff: in den Koordinaten der Menschenwürde, der Demokratie, des Rechtsstaats, der Gewaltenteilung, der Gerechtigkeit und des Gemeinwohls. Freilich beobachten wir Ähnliches wie bei der „Echternacher–Springprozession" zwei Schritte vor und einer zurück. Auch *Poppers* „Stückwerkreform" bleibt für mich maßgebend. Der Verfassungsjurist braucht in „Raum und Zeit" einen sehr langen Atem. Heute stehen wir im Internet als staats- und rechtsfreiem Raum (status naturalis) fast vor Aufgaben, die in der Wissenschaft auf dem Weg von *Hobbes* zu *Locke* gelungen sind (Stichwort: Privatheitsschutz, Urheberrecht, Netzneutralität als Elemente eines status culturalis). Bei der Bestimmung des Verhältnisses von Freiheit und Sicherheit sehen wir uns plötzlich wieder auf die klassischen Fragestellungen zurückverwiesen.

RvO: *Hans Kelsens* bzw. *Adolf Merkls* Stufenbaulehre hatte zum einen die Funktion, die klassische Dreiteilung der Gewalten aufzulösen, da sie der Wiener Schule aufgrund ihrer

Prägung durch den Konstitutionalismus des 19. Jahrhunderts autoritär, obrigkeitsstaatlich und antidemokratisch fixiert schien. Nach dem hierarchischen Stufenbau von Verfassung – Gesetz – Verordnung – Richterspruch und Verwaltungsakt sollte vielmehr jede staatliche Tätigkeit als rechtsvollziehend (gegenüber der höherrangigen Normstufe) zugleich aber auch immer als rechtsschöpferisch (gegenüber der niedrigeren Stufe) zu begreifen sein. *Kelsen* konnte hiermit den Vorrang der „demokratischen" Gewalt (= Gesetzgebung) als höchster Normstufe vor den anderen Gewalten absichern, die (verfassungs-)richterliche Tätigkeit wie jede staatliche auch als eine genuin politische begreifen und damit zugleich ein machtpolitisches, ja regelrecht „dezisionistisches" Moment in seine normative Staatslehre einbauen.

Das vorausgeschickt – verstehe ich nun Ihren Ansatz richtig, dass die „offene Gesellschaft der Verfassungsinterpreten" insoweit eine radikale Erweiterung der Wiener Lehre ist, nämlich vom rein staatlichen Tätigkeitsbereich der „drei Gewalten" in den der Gesellschaft hinein? Und zwar genau mit der Absicht, die in diesem Punkte vielleicht selbst noch „etatistische" Schlagseite der *Kelsenschen* Lehre, der Verfassungsinterpretation primär als Richter-/Juristensache verstand und demokratietheoretisch sich eher auf die parlamentarischen und parteipolitischen Repräsentationsinstutionen beschränkte, weiter zu demokratisieren – Stichwort: Zivilgesellschaft und Verfassungsinterpretation als demokratischer *gesellschaftlicher* Prozess?

P.H.: Das Konzept von der „offenen Gesellschaft der Verfassungsinterpreten", das heute vor allem in Lateinamerika und dort besonders in Brasilien für das Verfassungsprozessrecht fruchtbar gemacht wird (öffentliche Hearings, amicus curiae), ist von einem doppelten Ansatz her begründet. Der erste *demokratietheoretische* Grund erweitert den staatlichen Tätigkeitsbereich in die – pluralistische – Gesellschaft hin. Darum ist auch der Begriff „Zivilgesellschaft", der sich jetzt sogar in jüngeren Verfassungen findet, so glücklich. Verfassungsinterpretation wird zum gesamtgesellschaftlichen Prozess. Ohne dass mir dies vor 40 Jahren bewusst war: Vermutlich gibt es, kulturwissenschaftlich gedacht, eine Parallele zum Protestantismus bzw. zur Lehre *Luthers* „Vom Priestertum aller Gläubigen". Damit erkennen wir den zweiten, *grundrechtstheoretischen* Grund des Paradigmas von 1975: Jeder (Bürger) der die Verfassungsnorm lebt, interpretiert sie (mit). Besonders deutlich wird dies bei der juristischen bzw. grundrechtstheoretischen Relevanz des „Selbstverständnisses" von Wissenschaftlern und Künstlern. Deshalb habe ich mich auch schon 1969 literarisch auf das „Selbstverständnis" als juristische Kategorie konzentriert. Heute stehen wir vor der Aufgabe, die „offene Gesellschaft der Verfassungsinterpreten" als Paradigma auf das Europäische Verfassungsrecht und das Völkerrecht weltweit zu erstrecken. Sichtbar werden nationale und völkerrechtliche Teilverfassungen.

RvO: Aktuell ist im vierten Band der Geschichte des öffentlichen Rechts von *Michael Stolleis* zu lesen, dass das Konzept der „offenen Gesellschaft der Verfassungsinterpreten“ auf das Aufbrechen des „Juristenmonopols“ zielte und von „dort... erwartungsgemäß auch kritisiert (wurde)“.[3] Ist das aus Ihrer Sicht nur ein verständlicher „Pawlowscher Reflex“ der Juristenzunft auf drohenden Macht- bzw. Pfründenverlust oder hat ein Teil der Staatsrechtler ein tiefergehendes Demokratietheorie-Defizit?

P.H.: Ich bin vorsichtig, anderen Wissenschaftlern „Defizite“ zu unterstellen. Doch lässt sich wohl sagen, dass der Ansatz von 1975 ein Umdenken der Juristenzunft in Gang setzte bzw. forderte. Verfassungsinterpretation ist thematisch und personell „nicht mehr geschlossen“. Die Rechtswissenschaft öffnet sich. Vielleicht wird auf lange Sicht als Teil einer universalen Verfassungslehre tendenziell eine universale Jurisprudenz möglich.

RvO: Welche Leistungen aber auch Defizite sehen Sie im Verlauf der Rechtsprechung des Bundesverfassungsgerichts zum Thema „Demokratie“?

P.H.: Die großen Leistungen des BVerfG wurden auch von berufener Seite immer wieder gewürdigt. Ich selbst erwähne heute nur mein altes Wort vom „Bürgergericht“, um seine nachhaltige Verankerung in der deutschen Zivilgesellschaft zu unterstreichen. Ich vermag in Sachen Demokratie kein Defizit des „Badischen Weltgerichts in Karlsruhe“ zu erkennen. Auf vier Feldern kann ich spontan die Demokratierechtsprechung des BVerfG positiv würdigen: Erstens in Bezug auf die verfassungstheoretische Vertiefung der Prozesse der Demokratie im KPD-Urteil (Band 5), einer frühen Pionierentscheidung; zweitens im Blick auf die starke Betonung der Meinungs- und Pressefreiheit als demokratischen Urgrundrechts (gelegentlich auf Kosten des Schutzes der persönlichen Ehre) sowie auch im Blick auf die Akzentuierung der Versammlungsfreiheit (Brokdorf-Entscheidung); drittens die Judikate zur Öffentlichkeitsarbeit der Regierung und ihre Grenzen und viertens die „nachholende“ Erarbeitung des Zusammenhangs von Menschenwürde und Demokratie, d. h. von Artikel 1 und 20 GG. Die Wissenschaft war hier in meinem Handbuchartikel von 1987 vorausgegangen (These: aus der Menschenwürde folgt ein Maßgabegrundrecht auf Demokratie).

RvO: Auf den von Ihnen gerade hervorgehobenen Zusammenhang von Menschenwürde und Demokratie möchte ich gerne noch weiter unten separat zu sprechen kommen. Zum Bundesverfassungsgericht an dieser Stelle zwei spezielle Nachfragen:

In der öffentlichen Diskussion ist der Streit um das vielleicht „zu starke“ Bundesverfassungsgericht, das seit seiner partiellen „Selbstautorisierung“ im Lüth-Urteil inzwischen zu allen Lebensfragen „detailverliebte“ Entscheidungen produziert, erneut und auf breiter Basis aufgebrochen. Matthias Jestaedt / Oliver Lepsius / Christoph Möllers / Christoph Schönberger etwa sprechen in ihrer Bilanz zu „sechzig Jahren Bundesverfas-

3 S. 352.

sungsgericht" vom „entgrenzten Gericht", von „maßstabssetzender Gewalt" und in Anlehnung an Bernd Rüthers berühmte Arbeit von 1968 von „unbegrenzter Auslegung"; in der Presse ist vom „Schiedsrichterstaat" (Christian Rath) die Rede und in Regierung und Parlament wird offen über gesetzliche oder gar verfassungsrechtliche Änderungen räsoniert, nicht zuletzt auch als Reaktion auf die neuere Europa-Rechtsprechung.

Teilen Sie dieses Unbehagen, hat also – ohne die Schmittsche Dramatisierung vom „Jurisdiktionsstaat" heraufbeschwören zu wollen – „Karlsruhe" zu viel Macht?

Und wäre die zugleich aktuell im politischen Raum angedachte Änderung des Richterwahlverfahrens ein geeignetes Mittel, um diese wenigstens durch eine höhere demokratische Legitimation zu flankieren?

P.H.: Das Bundesverfassungsgericht ist im Verlauf vieler Jahrzehnte in der Tat sehr „stark", vielleicht „dominant" geworden. Von „Selbstautorisierung" im Lüth-Urteil möchte ich nicht sprechen, denn diese an die Grundrechte als Werte gebundene Judikatur kommt allen Gerichten und überdies auch der öffentlichen Gemeinwohlverwaltung zu Gute. Überdies stecken in den Generalklauseln des Bürgerlichen Rechts bleibend viele rechtskulturelle Weisheiten, die bis auf das Römische Recht zurückführen. Der besondere Wert der einfachen Rechtsordnung und die Selbstständigkeit der Gerichte in ihren „propria" bleibt erhalten. Vom BVerfG als „entgrenztem" Gericht sollte man nicht sprechen. Allzu leicht kommt die Erinnerung an die „unbegrenzte Auslegung" i. S. von B. Rüthers ins Blickfeld. Sie sollte nicht assoziiert werden, das wäre ganz falsch, denn die Formel von Rüthers war auf den totalitären Staat der NS-Zeit gemünzt, und hier mit der juristischen Beliebigkeit vom „Führerbefehl" angefangen einschlägig. Man könnte allenfalls im Blick auf einen frühen Begriff aus Österreich (R. Marcic) von „richterstaatlichen" Tendenzen sprechen. Der Begriff „Schiedsrichterstaat" ist verfehlt. Denn das BVerfG betont bei seinen feinsinnigen Abwägungen immer wieder die Gestaltungsfreiheit des demokratischen Gesetzgebers. Dabei entfaltet es viel integrierende Kraft, wie dies einer Verfassungsgerichtsbarkeit in einem kooperativen Verfassungsstaat von heute angemessen ist.

In Berlin werden in der Tat gelegentlich gesetzliche oder verfassungsrechtliche Änderungen erwogen – ein Glück, dass i. S. kultureller (räumlicher) Gewaltenteilung das BVerfG in Karlsruhe residiert, so wie das Schweizer Bundesgericht in Lausanne, also in räumlicher Distanz zur Hauptstadt. Verfassungsrechtliche Änderungen sollten nicht in Frage kommen. Sie erschütterten die in vielen Jahrzehnten im Ganzen bewährte gewaltteilige Architektur des GG. Man könnte allenfalls daran denken, die abstrakte Normenkontrolle abzuschaffen. Doch auch sie hat sich im Grund bewährt. Als gesetzliche Änderung käme etwa die Einführung eines „freien Annahmeverfahren" bei der Verfassungsbeschwerde in Frage; doch ist auch diese Reform abzulehnen, da der freie Zugang zum BVerfG dieses zum „Bürgergericht" macht. Diskutiert wird auch eine Änderung der Kompetenz des BVerfG in Sachen Wahlrechtsstreitigkeiten. Für die Beibehaltung der bisherigen Zuständigkeit spricht jedoch, dass das BVerfG hier deshalb eine verstärkte Kontrolle haben muss, da der Wahlrechtsgesetzgeber ja in eigener Sache entscheidet. Freilich geht meines Erachtens das Urteil vom Juli 2012 zu weit, weil man auch beim besten Willen nicht eine bestimmte Zahl bei Überhangmandaten (nämlich 15) aus dem GG herauslesen kann: „Judex non calculat".

Für eine Änderung des Richterwahlverfahrens bin ich im Anschluss an E. Friesenhahn auf dessen Bonner Kolloquium schon 1972 eingetreten. Gefordert haben wir eine öffentliche Anhörung nach dem Vorbild des US-amerikanischen Senats. Als Gegenargument wird wohl zu Recht eingewandt, die Richterkandidaten würden dabei in der deutschen Öffentlichkeit beschädigt. Diese Gefahr besteht angesichts der heutigen oft gnadenlosen Medienmacht in unserer Republik in der Tat. So wäre eher daran zu denken, eine höhere demokratische Legitimation der Richterkandidaten dadurch zu erreichen, dass man statt des Ausschusses des Bundestages das *Plenum* des Bundestags zur Wahl der Bundesverfassungsrichter bestellt. Das Beispiel zeigt übrigens, wie unterschiedlich im Typus Verfassungsstaat die einzelnen Rechtskulturen und die in ihnen gespeicherte nationalen Identität sein können. In den USA gelingt ganz offenkundig die öffentliche Anhörung von Richterkandidaten. In unserer Republik von heute könnte dies – wohl noch – nicht gelingen. Vielleicht kommt es in der Zukunft zu einem Reifeprozess unserer demokratischen Kultur einschließlich der Medien.

4 Verfassungs-Kultur und vergleichende (europäische) Verfassungslehre

RvO: Neben dem Konzept der „offenen Gesellschaft der Verfassungsinterpreten" haben zwei weitere Ausrichtungen grundlegende Bedeutung für Ihre Verfassungslehre: der Vergleich und der kulturwissenschaftliche Ansatz. Rechtsvergleichend wurde immer schon gearbeitet – gerade auch in den großen Staats- und Verfassungslehren des 20. Jahrhunderts, sei es bei Georg Jellinek und Hans Kelsen oder mit Blick auf die zweite Hälfte etwa bei Karl Loewenstein. Selbst Schmitts „Demokratielehre" und seine Entgegensetzung von Demokratie und Parlamentarismus wäre kaum denkbar ohne seinen frankophilen Blick. Gleichwohl scheint der Vergleich hier zumeist auf Aspekte der sog. Staatsformenlehre beschränkt. Was ist demgegenüber die Besonderheit der von Ihnen so benannten „fünften Auslegungsmethode" und inwiefern erhält diese eine besondere Akzentuierung und Bedeutung als „kulturwissenschaftlich-vergleichend" in der europäischen Perspektive?

P.H.: Ich habe versucht, auf der ganzen Breite der Themen und Funktionen des *Typus* „Verfassungsstaat" zu arbeiten, vom Grundrechtsteil bis zum organisatorischen Teil. Dies beginnt mit den Präambeln (Bayreuther Antrittsvorlesung 1981) und endet mit den oft außerordentlich ergiebigen Schluss- und Übergangsvorschriften in konkreten Verfassungen. Gelernt habe ich vor allem aus den rechtsvergleichenden Arbeiten im Zivilrecht, d. h. von M. Rheinstein, E. Rabl und J. Esser. Überdies haben die Franzosen im Zivilrecht und im Verfassungsrecht früh viel Rechtsvergleichendes geleistet. Man denke neben G. Burdeau nur an M. Hauriou. Die großen Namen G. Jellinek und H. Kelsen haben Sie schon genannt. Die Präambeln von Verfassungen verstehen sich aus ihrer Funktion: Sie sollen die Bürger buchstäblich „gewinnen" und alle auf die nachfolgenden Inhalte „einstimmen". Gute Präambeln sind oft ein „Textereignis". Sie verarbeiten die Zeit (Geschichte, Gegenwart und Zukunft) und stellen die wesentlichen Inhalte des folgenden Verfassungstextes dar. Eindrucksvolle Präambeln aus der neueren Zeit finden sich z. B. in der Verfassung von Tunesien (2014) oder in den älteren Verfassungen von Südafrika (1996), Polen (1997) und Albanien (1998). Der oft als nur technisch und beliebig angesehene Schlussteil von Verfassungen lässt sich im Vergleich inhaltlich gut strukturieren und typologisch erfassen. Ich darf auf meine einschlägige Arbeit in der Festschrift für den Schweizer Lendi verweisen (1998). Kulturwissenschaftlich rechtsvergleichend entsprechen die Präambeln den Präludien und Ouvertüren in der Musik und dem Prolog in Theaterstücken. All diese rechtsvergleichenden Bemühungen aus meiner Feder haben einen großen Schub erfahren, angesichts des „annus mirabilis" des Verfassungsstaates: 1989. Aber auch innerdeutsche Rechtsvergleichung im Blick auf die östlichen Bundesländer und die dortigen aktiven Rezeptionsprozesse konnten leichter gelingen. In Italien und Spanien mit ihrem offenen Regionalismus ist der Vergleich für die Regionalstatute als „kleine Verfassungen" ebenfalls fruchtbar.

Die Rechtsvergleichung als „fünfte Auslegungsmethode" zu inthronisieren, wagte ich erstmals 1989, bemerkenswerterweise in einem Kolloquium im spanischen Senat in Madrid. Die Idee der Grundrechtsvergleichung als Kulturvergleichung war 1979 vorausgegangen, die Idee der kulturellen Verfassungsvergleichung stammt von 1982. Die Nummerierung der Auslegungsmethode als „fünfter" hatte einen plakativ-pädagogischen Zweck. Sie sollte besonders einprägsam sein. Dabei ist zu beachten, dass das Zusammenspiel der vier bzw. fünf Auslegungsmethoden nicht numerisch erfolgt. Bis heute weiß kein Jurist genau, wann wie die jeweiligen Auslegungsmethoden als Elemente einschlägig bzw. zu bündeln sind. Zu vermuten ist, dass erfahrene Richter aus einer Gerechtigkeitskontrolle ex post die Methoden anwenden. Er mag mit den Text und der Geschichte beginnen, von dort zur Systematik gelangen und schließlich übergreifend nach Sinn und Zweck fragen. Es ist bemerkenswert, dass K. Hesse auf der Innsbrucker Staatsrechtslehrertagung (1980) sagte, dass im BVerfG bei der Entscheidungsfindung keine abstrakte Methodendiskussion geführt werde.[4] Frau Richterin Renate Jaeger soll im persönlichen Gespräch kürzlich ähnliches für den EGMR in Straßburg berichtet haben. Entscheidend ist, dass zum kulturwissenschaftlich inspirierten Vergleich die Kontextthese

4 VVDStRL 39 (1981).

aus dem Jahr 1979 hinzukommt: Kein Text ohne Kontext! Zugespitzt: Es gibt keine Rechtsnormen, sondern nur kontextsensibel „*interpretierte* Rechtsnormen". Hier hat die Rezeptionsforschung ihren Platz. Speziell in Europa lebt kontextsensible Rechtsvergleichung aus der Vielfalt und Gesamtheit der Kultur. Die Verfassungstexte zeichnen sich durch erstaunliche Wachstumsprozesse aus. Ich erinnere gerne an das Diktum des Papstes Gregor d. Großen: „Scriptura cum legentibus crescit". Ich darf es ergänzen: Constitutio cum legentibus et viventibus crescit.

RvO: Rückblickend vielleicht in diesem Kontext noch eine – gerne auch biographisch angereicherte – Bemerkung zu Gerhard Leibholz und das international / vergleichend ausgerichtete Jahrbuch des öffentlichen Rechts?

P.H.: Gerhard Leibholz war für mich ein großes Vorbild, auch in der Herausgeberschaft des Jahrbuchs. Ich durfte ihm zweimal begegnen: einmal in meiner Freiburger Studentenzeit bei einem Vortrag im Amerikahaus (etwa 1967, mit der kecken Frage: ob das Parlament in Bonn das Verfassungsgericht mit einer von diesem zuvor ausdrücklich abgelehnten Regelung überraschen dürfe?) und ein zweites Mal zu seinem 80. Geburtstag bei einem Göttinger Kolloquium (dokumentiert in dem Band von C. Link 1982). Leibholz ist meine Fortführung der regelmäßigen Darstellung der deutschen Länderverfassungen im JöR zu verdanken; auch habe ich in seinen Spuren das Jahrbuch in fremde Länder bis nach Übersee ausgreifen lassen. Seine Persönlichkeit faszinierte mich wegen seiner glanzvollen Rhetorik und seiner breiten und tiefen Bildung. Mit seiner Frau (einer geborenen Bonhoeffer) hielt ich noch einige Jahr aus Dankbarkeit Kontakt.

RvO: Der „Staat" und seine drei Elemente – und schon gar nicht das Element „Volk" – sind für Sie nichts natürlich Vorgegebenes i. S. der konservativ-organischen Lehre, wie man sie etwa noch beim früheren Verfassungsrichter Paul Kirchhof finden kann. Sie begreifen „Staat" vielmehr in der Tradition von Cicero, Kant und auch Kelsen normativ – als Rechtsgemeinschaft, die sich durch das Recht bzw. die Verfassung konstituiert. Hierin liegt wohl auch einer Gründe, warum Sie die Integration im Rahmen der EU mit Ihrer „Europäischen Verfassungslehre" juristisch viel eleganter erfassen und beschreiben können, als es die Formulierung des „Staatenverbunds" seit der Maastricht-Entscheidung vermag, die eher hilflos zwischen dem klassischen Dualismus von völkerrechtlichem Staatenbund und nationalstaatlichem Bundesstaat oszilliert. Im Unterschied zum neopositivistischen Normativismus sind jedoch für Sie mit Heller Recht und Verfassung nicht rein „positiv-gesetzlich", sondern vor allem „kulturwissenschaftlich" zu begreifen. Sie sprachen daher einmal – wohl in Rückgriff auf Günter Dürig – von der „Kultur" als dem „vierten Staatselement". Muss ich mir das einfach als eher „heuristisch" gedachte Spitze gegen die traditionelle „Drei-Elementen-Lehre" vorstellen oder vielmehr – altmodisch gesprochen – im Sinne von „Kulturstaat" als verpflichtendes „Staatsziel" oder gäbe es – etwas spöttisch formuliert – am Ende doch tatsächlich eine ganze Reihe von

Staaten, denen wegen „Kulturmangels“ die Staatsqualität und damit auch der Sitz in der UNO abgesprochen werden müsste?

P.H.: Die Idee von der Kultur als viertem Staatselement verdanke ich dem großen G. Dürig. Er hat sie leider nicht weiter entfaltet. Vielleicht hat ihn die große Kommentierung im „Maunz/Dürig“ buchstäblich zu sehr gefesselt. Aus meiner Sicht ist die Kultur das wohl erste Staatselement, wenn man denn bei einer Nummerierung bleiben soll. Darum das Wort von der „Verfassung als Kultur“ und „aus Kultur“ (zuletzt wieder 2013). Mit der Europäischen Verfassungslehre versuchte ich in der Tat speziell in Europa die verschiedenen Verbundslehren hinter mir zu lassen. Ich spreche lieber von der EU als „Verfassungsgemeinschaft“.

Das Verständnis von Kultur ist von vornherein *pluralistisch* zu konzipieren. Ich spreche seit 1979 vom „offenen Kulturkonzept“. Auch afrikanische Baumgeister sind ernst zu nehmen, ebenso die Nymphen in Griechenland, Stichwort Naturschutz als Kulturschutz. Es gibt eine Hochkultur, eine Volkskultur und Alternativkulturen. Neue Verfassungen in Lateinamerika und Afrika respektieren oft auf neue Weise die Eingeborenenkulturen. Darum ist Ihr spöttisch gemeinter Vorschlag, einem Gemeinwesen mangels Kultur die Staatsqualität abzusprechen, abzulehnen. Der Hochmut der europäischen Kolonialmächte gegenüber den unterworfenen Völkern war unverantwortlich. Die Formel von den „Kulturvölkern anerkannten allgemeinen Rechtsgrundsätzen“ (Art. 38 Abs. 1 lit. c Statut des IGH von 1945) ist ebenfalls noch hochmütig.

RvO: Seit ein paar Jahren flackert immer wieder einmal die Diskussion auf, „Kultur“ als Verfassungsprinzip bzw. Politikauftrag in das Grundgesetz aufzunehmen, vielleicht auch als Reaktion auf die „Ökonomisierung“ der Welt im Rahmen der sog. „neoliberalen Wende“, die schlagwortartig formuliert in den Lehren der „Chicago School“, dann in „Reagonomics“ und „Thatcherismus“ ihren Ausgangspunkt nahm. So wünschenswert eine Verpflichtung der Politik wäre, etwa bei Haushaltsengpässen nicht immer als erstes die Kultur- und Bildungsetats zu beschneiden – birgt eine verfassungsrechtliche Verankerung nicht mit der dann einsetzenden Tendenz zur „Verstaatlichung“ der Kultur die Gefahr einer „Staatskultur“?

Auch erwähnten Sie eingangs die Bedeutung Horst Ehmkes, der – wohl durch seine Studien in Princeton – die amerikanische Perspektive in die „Freiburger Schule“ einbrachte. Angesichts der viel geschmähten „Ökonomisierung“ die gerade aus deutscher Sicht ketzerische Frage: Wäre im Gegenteil, angelehnt an das große Motto der amerikanischen Demokratie – „life, liberty and pursuit of happiness“ – nicht eher eine Verfassungsreform mit dem Ziel „weniger Staat“ statt „Kulturstaat“ angezeigt?

Und, mit Blick auf die oben problematisierte Rolle des Bundesverfassungsgerichts: Würde ein solches allein schon durch den Begriff „Kultur“ unscharfes Verfassungsprinzip dann nicht zu einem weiteren rechtspolitischen Einfallstor, das Karlsruhe erlaubte, auch noch Kulturpolitik i. e. S. zu machen?

P.H.: Ausgerechnet nach dem Erfolg der westlichen Demokratien über den wissenschaftlichen Materialismus des Ostblocks im Jahre 1989 beginnt in der freien Welt eine beispiellose Ökonomisierung. Sie ergreift fast alle Lebensbereiche, man denke nur an das unglückliche Wort „Humankapital". Vielleicht trifft hier wirklich einmal Hegels Dialektik zu: Der Materialismus wandert in den Westen. Dem Verfassungsstaat kongenial kann nur die soziale Marktwirtschaft sein. Auch wenn sie sich als Text nur in manchen Verfassungen findet, etwa in Osteuropa (Art. 20 Verf. Polen). Die Wirtschaft ist nur instrumental zu verstehen. Die neoliberale Wende und Thatcherismus, von dem Sie sprechen, sind meines Erachtens eine große Gefahr. Seit 1980 setze ich mich literarisch für eine Kulturstaatsklausel im GG ein, schriftlich auch vor der seinerzeitigen Kommission des Deutschen Bundestages. Vorbild auf einfachgesetzlicher Ebene waren und sind die Kulturförderungsgesetze in Österreich. Geht man von einem offenen, pluralistischen Kulturkonzept aus, so besteht die von Ihnen befürchtete Gefahr einer „Staatskultur" nicht, zumal es ja den kulturellen Trägerpluralismus gibt.

Die auch von T. Mann wahrgenommene US-amerikanische Formel „pursuit of happiness" könnte, richtig verstanden, ein guter Verfassungstext sein. Vielleicht auch in Europa. Doch sollte sie nicht in das Entweder-Oder von weniger Staat bzw. Kulturstaat gepresst werden.

Der Begriff Kultur ist keinesfalls unscharf, sofern man ihn auf die einzelnen Lebensbereiche projiziert: auf Bildung und Ausbildung, auf Erziehungsziele und Kulturgüterschutz, auf kulturelle Freiheiten wie die Freiheit von Wissenschaft und Kunst. Das BVerfG hat jüngst (2014) in seiner Entscheidung zur Filmförderungsabgabe auf denkbar glückliche Weise diesen Weg eingeschlagen und meine einschlägigen Bemühungen um die Kulturverfassungslehre seit 1982 durch ein Zitat geadelt. Karlsruhe wird sicher keine Kulturpolitik treiben, es wird nur die Kultur von den Kompetenzen von Bund, Ländern und Kommunen her kontrollieren. Der demokratische Gesetzgeber und der Kulturinstanzen bleiben weiter in der Vorhand.

RvO: In diesem vierten Teil schließlich noch eine ganz andere Frage, nämlich zum „Sprachenproblem" in Europa: Ohne Zweifel ist sprachliche Vielfalt Ausdruck von „Multi-Kulti" in einem höchst positiven Sinne. Die von Ihnen in mancher Hinsicht geschätzte Schweiz lebt uns seit langer Zeit vor, wie in einem solch transnationalen politischen Raum die Res publica hergestellt wird. Trotzdem bleibt die „Sprachverwirrung" in Europa eine der Achillesversen der Integration, denn sie ist im Unterschied zu den drei bis vier Sprachen in der Eidgenossenschaft fast „babylonisch". Wenn mit Aristoteles und Cicero die Polis bzw. die Res publica durch die gemeinsame Teilhabe an den öffentlichen (= politischen) Angelegenheiten (= Verfassung) konstituiert wird, setzt das einen europäischen politischen Prozess voraus, der ganz praktisch gesehen ohne gemeinsame sprachliche Verständigung auf Dauer nur schwer funktioniert. Das ist vielleicht das Argument der Verfechter des souveränen Nationalstaats, das die Integrationisten bis ins

Mark trifft; dies nicht zuletzt, weil so Europa allenfalls ein Projekt polyglotter und hochmobiler Eliten bleibt, wenn man nicht einfach auf den raschen Fortschritt von Übersetzungscomputern hoffen will. Gibt es aus Ihrer Sicht einen Vorschlag zur (raschen) „Lösung“?

P.H.: Die Schweiz ist in vielerlei Hinsicht mein Vorbild: an erster Stelle die halbdirekte Demokratie, die Langsamkeit im Gegensatz zum schon von Goethe gerügten „Veloziferischen“, die föderale Struktur, in der die Vielfalt der Kultur die „Seele“ des Föderalismus ist, und der Werkstattcharakter der immer wieder total- und teilrevidierten Kantonsverfassungen, die die Schweiz seit Jahrzehnten zu einem verfassungspolitischen Laboratorium ersten Ranges macht. Nicht zuletzt die Sprachenfreiheit ist, textlich, wissenschaftlich und rechtssprechungsrechtlich erarbeitet, vorbildlich. In Europa ist die Vielfalt der Sprachen in der Tat ein Problem. Doch gibt es noch andere Ausdrucksformen gemeinsamer Teilhabe an den öffentlichen Angelegenheiten. Ich denke an die Nationalhymnen (Europahymne von Beethoven). Ich denke an die Nationalflagge (Europaflagge). Ich denke an viele Themen und Gestalt gewordenen Formen der Erinnerungskultur (z. B. Museen und Soldatenfriedhöfe). All dies habe ich in meiner kleinen Tetralogie der vier letzten Bücher aufgearbeitet. Man sollte sich nicht von oberflächlicher Mobilität und technischen Fortschrittsideologien treiben lassen. Europa braucht in der Tat vor allem die Bürger i. S. einer Bürgerdemokratie, wie ich sie seit 1977 fordere. Übrigens können Übersetzungscomputer begrenzt Hilfe sein. Ein bekannter französischer Staatsrechtslehrer verständigt sich seit dem Kolloquium in Montpellier (2013) in diesem Sinne schon mit mir. Ich verstehe sein feines Französisch und er lässt sich mein schwäbisches Deutsch durch seinen Computer übersetzen.

5 Menschenrechte, Freiheit und Demokratie

RvO: Sie unterscheiden zwischen „öffentlicher“, republikanischer Freiheit und „privater“ im Sinne der liberalen „Freiheit vom Staat“. Auch letztere aber sei nicht „naturgegeben“, sondern kulturell vermittelt bzw. bedingt, weil erst durch die Verfassung im Gemeinwesen konstituiert. Damit erteilen Sie den Naturrechtslehren, die durch das Berufen auf eine „wahre“, unveränderliche“ Natur des Menschen schnell ideologieverdächtig sind, einerseits eine klare Absage. Zugleich aber betonen Sie ausdrücklich die Bedeutung der Menschenwürde und zwar sogar im unmittelbaren Zusammenhang von Menschenrechten und Demokratie. Sie sprechen von der Menschenwürde als „(Maßgabe-) Grundrecht auf Demokratie“ (s. o.), als „kulturanthropologische Voraussetzung“ gerade auch für die Demokratie und begreifen die „pluralistische Demokratie als organisatorische Konsequenz der Menschenwürde“.

Für die deutschsprachige Theorie, erst recht für die Staatslehre ist das äußerst ungewöhnlich, wird doch hier – zum Teil bis heute in den Lehrbüchern – Demokratie und Rechtsstaat (auch Demokratie und Liberalismus), wenn nicht sogar als Gegensatz, so doch dann als etwas völlig Verschiedenes thematisiert. Aus dem Kopf fallen mir außer Habermas nur zwei weitere, neuere Denker ein, die diesen Zusammenhang ähnlich gesehen haben: Hannah Arendt, die in ihrer Formulierung vom „Recht, Rechte zu haben", Menschenrechte als Bürgerrechte identisch setzt, weil damit an den politischen Status des Bürgers gekoppelt, und wiederum Kelsen. Bei Kelsen konstituiert sich „Staat" und „Bürgerschaft" durch die Gesetze („Normunterworfenheit"), die man in einer freien Republik natürlich mitbestimmen können muss. Für beide ist überdies typisch, dass sie Demokratie nicht wie im deutschsprachigen Raum sonst üblich von der „nationalen Gleichheit", sondern von der „gleichen Freiheit" her denken. In Verbindung mit Ihrer Theorie der „offenen Gesellschaft der Verfassungsinterpreten" würde das letztendlich bedeuten, dass jenseits dieser Minimalbedingung von „gleicher Würde" und „Autonomie" des Menschen über Freiheit, Gleichheit im und als demokratischer Gesetzgebungsprozess immer wieder neu verhandelt werden muss. Und selbstverständlich ist dieser Aushandlungs- und Interpretationsprozess kulturell über Raum und Zeit variabel, Demokratie eben vom Ergebnis her „offen".

Verstehe ich Sie so richtig und ist vor diesem Hintergrund die u. a. durch Ernst-Wolfgang Böckenförde ausgelöste Kritik an der relativierenden Neukommentierung von Art. 1 Abs. 1 GG durch Matthias Herdegen im „Maunz/Dürig" eine „vordemokratische" Debatte von „gestern"?

P.H.: Meine republikanische Bereichstrias ist durchgängig kulturell vermittelt: durch die Verfassung. Ein Blick auf die „wahre" Natur des Menschen ist uns kaum möglich, nicht einmal interdisziplinär, so sehr sich verfassungsrechtlich über das Menschenbild im Verfassungsstaat sagen lässt: im Sinne des gedämpft optimistischen Menschenbildes eines Montesquieu (Gewaltenteilung als ein Stück Misstrauen), aber Unschuldsvermutung als Stück Vertrauen.

Die Menschenwürde ist mir seit 1987 die kulturanthropolgische Prämisse für ein (Maßgabe-)Grundrecht auf Demokratie. Die Idee von H. Arendt, Recht, Rechte zu haben, überzeugte früh. Mit Kelsen kann ich auch hier nichts anfangen. Gesetze meinen nicht „Normunterworfene". In der Tat muss jenseits der Minimalbedingungen von gleicher Würde und Autonomie, auch kultureller Teilhabe (so das BVerfG) im demokratischen Gesetzgebungsprozess immer neu verhandelt werden, auch durch Arbeit am Grundkonsens. Diese Vorgänge sind in Raum und Zeit variabel, auch je nach nationaler Identität unterschiedlich. All dies auf dem Hintergrund des Typus „kooperativer" Verfassungsstaat von heute.

Die Menschenwürdeklausel muss bei allen kulturellen Kontexten „absolut" verstanden werden (ich bejahe ein absolutes Folterverbot). Der Ansatz von Böckenförde hier wie sonst ist mir in vielerlei Hinsicht fragwürdig. Die These, die repräsentative Demokratie sei die „eigentliche", ist vom vergleichenden Befund her und von der Schweiz aus schlicht falsch. Ich meide den sehr deutschen „Jargon" der Eigentlichkeit i. S. von Adorno. Im Übrigen ist Böckenfördes beliebte These, der Staat lebe von Voraussetzungen, die er nicht selbst geschaffen habe, banal bzw. falsch. Alles Irdische lebt von Voraussetzungen, die wir nicht selbst geschaffen haben, und der Verfassungsstaat schafft sehr wohl Voraussetzungen seiner selbst. Man denke in der Generationenperspektive und i. S. des Topos von „Zeit und Verfassung" (1974) nur an die Erziehungsziele sowie andere Integrationselemente wie Präambeln, Hymnen und Flaggen, auch Feiertage.

RvO: Folgte hieraus, aus der fundamentalen Verbindung von Menschenwürde und Demokratie nicht auch ein generelles „Ausländerwahlrecht"?

P.H.: Aus der fundamentalen Verbindung von Menschenwürde und Demokratie, ist es konsequent, dass es ein *kommunales* EU-Ausländerwahlrecht gibt. Denn Ausländer leben und arbeiten im Alltag vor Ort gerade auf kommunaler Ebene, in örtlicher Gemeinschaft. Ein generelles Ausländerwahlrecht im Verfassungsstaat der heutigen Entwicklungsstufe ist utopisch. Es gibt zwar schon ein platonisches Weltbürgerrecht aus Kultur, greifbar im UNESCO-Weltkulturerbe und Naturerbe sowie durch kulturelle Teilhaberechte einforderbar. Aber ein generelles Ausländerwahlrecht würde die ja verbleibende kulturelle Identität des Nationalstaats sprengen. Speziell in der EU von heute sind die Bürger einander nicht mehr Ausländer. Sie ist im Ganzen „Freundesland".

RvO: Professor *Häberle*, haben Sie vielen Dank für das Interview und Ihre Gastfreundschaft!

P.H.: Ich danke herzlich für Ihre umsichtige Strukturierung dieses Interviews, ebenso wie für den Band im Ganzen. Wissenschaftliche Interviews haben in Lateinamerika und auch Italien und Spanien eine größere und ältere Tradition (ich habe in den letzten 15 Jahren nicht wenige geben dürfen). Vielleicht leistet dieser kleine Beitrag heute auch etwas dafür, dass diese „Literaturgattung" bei uns heimischer wird: wegen ihrer spontanen Unmittelbarkeit im Persönlichen wäre dies ein Gewinn.

Autoren

Ehs, Tamara, Dr. phil.; Politikwissenschaftlerin am Fachbereich Rechtsgeschichte der Universität Salzburg und Lehrbeauftragte an der Universität Wien.
Publikationen u. a.: Welt ohne Gericht. Die stets vertagte Völkerrechtsrevolution, in: Blätter für deutsche und internationale Politik, 59(4)/2014, S. 65-72; Die Wiener Rechts- und Staatswissenschaftliche Fakultät 1918-1938, Göttingen 2014 (gem. mit Thomas Olechowski und Kamila Staudigl-Ciechowicz); Felix Frankfurter, Hans Kelsen, and the Practice of Judicial Review, in: ZaöRV, 73(3)/2013, S. 451-481.

Lhotta, Roland, Prof. Dr. phil., Professor für Politikwissenschaft, insbes. das politische System der Bundesrepublik Deutschland, an der Helmut-Schmidt-Universität / Universität der Bundeswehr Hamburg.
Publikationen u. a.: Integrationsverantwortung und parlamentarische Demokratie: Das Bundesverfassungsgericht als Agent des „verfassten politischen Primärraums"? (zusammen mit Jörn Ketelhut), in: Zeitschrift für Parlamentsfragen, 40 (2009), H. 4, 864-888. Europäische Mehrebenengovernance und das Bundesverfassungsgericht, in: Systematischer Kommentar zu den Lissabon-Begleitgesetzen. IntVG/EUZBBG/EUZBLG Handkommentar, hrsg. von Andreas von Arnauld und Ulrich Hufeld, Baden-Baden: Nomos 2011, 94-115. Anomisches Recht und Integrationsräson: Pathologien der Integration durch Recht, in: Claudio Franzius/Franz C. Mayer/Jürgen Neyer (Hrsg.), Grenzen der Europäischen Integration. Herausforderungen für Recht und Politik, Nomos: Baden-Baden 2013, 93 ff. Das Lissabon-Urteil: Staat, Demokratie und europäische Integration im "verfassten politischen Primärraum" (Hrsg. mit Jörn Ketelhut & Helmar Schöne), Wiesbaden: Springer VS 2013. Weitere Publikationshinweise unter: http://www.hsu-hh.de/lhotta/index_l MydTjTHBWg1SDZe.html.

Maliska, Marcos Augusto, M.A., Dr. phil; Professor für Verfassungsrecht am UniBrasil – Centro Universitário, in Curitiba-PR, Brasilien. Bundesanwalt.
Publikationen u. a.: Introdução à Sociologia do Direito de Eugen Ehrlich, Curitiba, 2015; Ewolucja Panstwowosci w Brazylii, Posce i Eurazji (Hrsg. mit Krystian Complak), Wroclaw, 2015; O princípio da proporcionalidade e os direitos fundamentais prestacionais (Festschrift für Robert Alexy), Florianópolis, 2015. Weitere Publikationshinweise unter http://buscatextual.cnpq.br/buscatextual/visualizacv.do?id=K4704967P9&idiomaExibicao=2.

Möllers, Martin H. W., Dr. phil., Studienassessor, Politikwissenschaftler und Jurist; Professor für Staatsrecht und Politik an der Hochschule des Bundes für öffentliche Verwaltung, Fachbereich Bundespolizei, Lübeck. Herausgeber der „Blaue Reihe: Studienbücher für die Polizei"; Mitherausgeber des JBÖS und der Reihe JBÖS-Sonderbände (www.JBÖS.de).
Publikationen u. a.: (Doppel)-Staat und Gruppeninteressen, Nomos, Baden-Baden 2009 (Hrsg. mit Robert van Ooyen); Wörterbuch der Polizei, C. H. Beck, 2. Aufl., München 2010 (Hrsg.); Der Bundespräsident im politischen System, Springer VS, Wiesbaden 2012 (Hrsg. mit Robert van Ooyen); Bundesverfassungsgericht und Öffentliche Sicherheit, 2 Bde., Verlag für Polizeiwissenschaft (VfP), 3. Aufl., Frankfurt/M. 2013 (mit Robert van Ooyen); Die Verwaltung der öffentlichen Sicherheit, Verlag für Verwaltungswissenschaft (VfV), Frankfurt/M. 2013; Polizei und Didaktik, VfP, 3. Aufl., Frankfurt/M. 2014; Polizei und Grundrechte, VfP, 3. Aufl., Frankfurt/M. 2015; Handbuch Bundesverfassungsgericht im politischen System, Springer VS, 2. Aufl., Wiesbaden 2015 (Hrsg. mit Robert van Ooyen); Das Bundesverfassungsgericht als möglicher Vetospieler, VfV, Frankfurt/M. 2015 (mit Rosalie Möllers); [weitere Publikationshinweise unter www.Möllers.info].

van Ooyen, Robert Chr., Dr. phil.; ORR; Hochschullehrer für Staats- und Gesellschaftswissenschaften; 1998-2001 Vertretung einer Professur für Politikwissenschaft an der Universität Duisburg, seitdem hauptamtlich an der Hochschule des Bundes, Fachbereich Lübeck; Lehrbeauftragter für Politik und Verfassung an der TU Dresden sowie am Otto-Suhr-Institut für Politikwissenschaft der FU Berlin; Mitherausgeber der Zeitschrift „Recht und Politik" (RuP).
Publikationen u. a.: Wettbewerbsföderalismus, Baden-Baden 2000; Der Staat der Moderne. Hans Kelsens Pluralismustheorie, Berlin 2003; Der Begriff des Politischen des Bundesverfassungsgerichts, Berlin 2005; Politik und Verfassung, Wiesbaden 2006; Verfassungsrealismus, Baden-Baden 2007; (Doppel-)Staat und Gruppeninteressen, Baden-Baden 2009; Kritische Verfassungspolitologie, Baden-Baden 2011; Der Bundespräsident im politischen System, Wiesbaden 2012; Öffentliche Sicherheit und Freiheit, 2. Aufl., Baden-Baden 2013; Integration, Wiesbaden 2014; Die Staatstheorie des Bundesverfassungsgerichts und Europa, 5. Aufl., Baden-Baden 2014; Bundesverfassungsgericht und politische Theorie, Wiesbaden 2015; Handbuch Bundesverfassungsgericht im politischen System, 2. Aufl., Wiesbaden 2015; Hans Kelsen und die offene Gesellschaft, 2. Aufl., Wiesbaden 2016 (i. V.).

Schmidt, Rainer, Dr. phil. habil.; Privatdozent am Institut für Politikwissenschaft, TU Dresden. Von 2009-2014: Martius-Lehrstuhl für Deutschland- und Europastudien Universität São Paulo, Brasilien (DAAD).
Publikationen: Verfassungskultur und Verfassungssoziologie, Wiesbaden: Springer VS, 2012; Verfassungssoziologie als Kulturwissenschaft, in: Marcus Llanque / Daniel Schulz (Hrsg.), Verfassungsidee und Verfassungspolitik, Berlin/München/Boston: de Gruyter, 2014, S. 117-136; Post-liberale politische Theorien als Grundlage des ‚neuen Konstitutionalismus' in Lateinamerika, in: Berliner Debatte, i. E.

Vorländer, Hans, Prof. Dr. phil. Professor Dr., ordentlicher Professor für Politikwissenschaft an der TU Dresden.
Publikationen u. a.: Demokratie. Geschichte, Formen, Theorien. 2. Aufl., München: C. H. Beck 2010; Die Verfassung. Idee und Geschichte, 3. Aufl., München: C. H. Beck 2009; Die Deutungsmacht der Verfassungsgerichtsbarkeit (Hrsg.), Wiesbaden: VS Verlag 2006.

Voßkuhle, Andreas, Prof. Dr.; Präsident des Bundesverfassungsgerichts und ordentlicher Professor an der Universität Freiburg und Direktor des Instituts für Staatswissenschaft und Rechtsphilosophie;
Publikationen u. a.: Rechtsschutz gegen den Richter, München 1993; Das Kompensationsprinzip, Tübingen 1999; Grundlagen des Verwaltungsrechts, 3 Bde., 2. Aufl. 2012-2013 (als Hrsg. mit Wolfgang Hoffmann-Riem u. Eberhard Schmidt-Aßmann); weitere Publikationshinweise unter http://www.jura.uni-freiburg.de/institute/rphil/stawi/de/personen/prof-dr-andreas-vosskuhle.

Wischmeyer, Thomas, Dr.; Akademischer Rat a. Z. am Institut für Staatswissenschaft und Rechtsphilosophie, Universität Freiburg;
Publikationen u. a.: Zwecke im Recht des Verfassungsstaates, Tübingen 2015; Die Kosten der Freiheit, Tübingen 2015; weitere Publikationshinweise unter http://www.jura.uni-freiburg.de/institute/rphil/stawi/de/personen/thomas-wischmeyer.

Bereits erschienen in der Reihe STAATSVERSTÄNDNISSE

Debatten um die Souveränität
Jean Bodins Staatsverständnis und seine Rezeption seit dem 17. Jahrhundert
hrsg. von PD Dr. Michael Philipp, *2016, Band 84*

Staat, Nation und Europa in der politischen Romantik
hrsg. von Prof. Dr. Walter Pauly und Prof. Dr. Klaus Ries, *2015, Band 83*

Hier stehe ich, ich kann nicht anders!
Zu Martin Luthers Staatsverständnis
hrsg. von Prof. Dr. Rochus Leonhardt und Prof. Dr. Arnulf von Scheliha, *2015, Band 82*

Macht, Recht, Demokratie
Zum Staatsverständnis Hans J. Morgenthaus
hrsg. von Christoph Rohde und Dr. Jodok Troy, *2015, Band 81*

Ernst Rudolf Huber
Staat – Verfassung – Geschichte
hrsg. von Prof. Dr. Ewald Grothe, *2015, Band 80*

Den totalen Staat denken
hrsg. von Dr. Frank Schale und Dr. Ellen Thümmler, *2015, Band 79*

Den Staat zerschlagen!
Anarchistische Staatsverständnisse
hrsg. von Dr. Peter Seyferth, *2015, Band 78*

Gewalt, Macht, individueller Widerstand
Staatsverständnisse im Existentialismus Staatsverständnisse im Existentialismus
von Prof. Dr. Dr. Hans-Martin Schönherr-Mann, *Band 77*

Zionismus
Theorien des jüdischen Staates
hrsg. von Prof. Dr. Samuel Salzborn, *2015, Band 76*

Deliberative Demokratie
hrsg. von Prof. Dr. Henning Ottmann und Prof. Dr. Pavo Barisic, *2015, Band 75*

Der Machtstaat
Niccolò Machiavelli als Theoretiker der Macht im Spiegel der Zeit
hrsg. von Prof. Dr. Volker Reinhardt, Dr. Stefano Saracino und Prof. Dr. Rüdiger Voigt, *2015, Band 74*

Recht und Politik
Zum Staatsverständnis von Ulrich K. Preuß
hrsg. von PD Dr. Claudio Franzius und Prof. Dr. Tine Stein, *2015, Band 73*

Gottfried W. Leibniz: Die richtige Ordnung des Staates
hrsg. von Prof. Dr. Peter Nitschke, *2015, Band 72*

Das Staatsverständnis Ernst Cassirers
Der Sozialstaat zwischen Gemeinschaft und Gesellschaft
hrsg. von Prof. Dr. Dirk Lüddecke und Dr. Felicia Englmann, *2015, Band 71*

Ferdinand Tönnies
Der Sozialstaat zwischen Gemeinschaft und Gesellschaft
hrsg. von Dr. Uwe Carstens, *2014, Band 70*

Voraussetzungen und Garantien des Staates
Ernst-Wolfgang Böckenfördes Staatsverständnis
hrsg. von Prof. Dr. Reinhard Mehring und Dr. Martin Otto, *2014, Band 69*

Der moderne Staat und ›le doux commerce‹
Politik, Ökonomie und internationale Beziehungen im politischen Denken der Aufklärung
hrsg. von Prof. Dr. Olaf Asbach, *2014, Band 68*

Idealstaat oder Gedankenexperiment?
Zum Staatsverständnis in den klassischen Utopien
hrsg. von Dr. Thomas Schölderle, *2014, Band 67*

Voraussetzungen und Garantien des Staates
Zu Ernst-Wolfgang Böckenförde
hrsg. von Prof. Dr. Reinhard Mehring und Dr. Martin Otto, *2014, Band 66*

Ferdinand Lassalle und das Staatsverständnis der Sozialdemokratie
hrsg. von Prof. Dr. Peter Brandt und Prof. Dr. Detlef Lehnert, *2014, Band 65*

Staat und Politik bei Horkheimer und Adorno
hrsg. von Prof. Dr. Ulrich Ruschig und Prof. Dr. Hans-Ernst Schiller, *2014, Band 64*

Lorenz von Stein und der Sozialstaat
hrsg. von Prof. Dr. Stefan Koslowski, *2014, Band 63*

Rechtspositivismus: Ursprung und Kritik
Zur Geltungsbegründung von Recht und Verfassung
hrsg. von Prof. Dr. Rainer Schmidt, *2014, Band 62*

Phönix aus der Asche
Die Geburt des Staates aus dem Geist der Politik
Von Prof. em. Dr. Rüdiger Voigt, *2., überarbeitete Auflage 2014, Band 61*

Politischer Liberalismus und wohlgeordnete Gesellschaften
John Rawls und der Verfassungsstaat
hrsg. von PD Dr. Michael Becker, *2013, Band 60*

Republikanischer Liberalismus
Benjamin Constants Staatsverständnis
hrsg. von Dr. Oliver W. Lembcke und Florian Weber, *2013, Band 59*

Der Parteienstaat
Zum Staatsverständnis von Gerhard Leibholz
hrsg. von Anna-Bettina Kaiser, *2013, Band 58*

Ausnahmezustand
Carl Schmitts Lehre von der kommissarischen Diktatur
hrsg. von Rüdiger Voigt, *2013, Band 57*

Kulturtheoretiker denken den Staat
Der Staat im Werk ausgewählter Kulturdenker des 20. Jahrhunderts
hrsg. von Harald Bergbauer, *2013, Band 56*

---

weitere Bände unter: www.nomos-shop.de